Andreas Edmüller

**Die Legende von der
christlichen Moral**

Andreas Edmüller

Die Legende von der christlichen Moral

Warum das Christentum moralisch orientierungslos ist

Tectum Verlag

Andreas Edmüller

Die Legende von der christlichen Moral
Warum das Christentum moralisch orientierungslos ist

© Tectum Verlag Marburg, 2015
ISBN: 978-3-8288-3655-6

Umschlagabbildung: shutterstock.com © Vadim Georgiev
Satz & Umschlaggestaltung: Mareike Gill | Tectum Verlag

Druck und Bindung: CPI books GmbH, Germany
Alle Rechte vorbehalten

Besuchen Sie uns im Internet
www.tectum-verlag.de

Bibliografische Informationen der Deutschen Nationalbibliothek
Die Deutsche Nationalbibliothek verzeichnet diese Publikation in der Deutschen Nationalbibliografie; detaillierte bibliografische Angaben sind im Internet über http://dnb.ddb.de abrufbar.

Zur Erinnerung an meinen Großvater Johann Edmüller

Vorwort

Worum geht es in diesem Buch? Ich möchte zeigen, dass es keinen vernünftigen Grund gibt, dem Christentum Kompetenz in moralischen Fragen zuzuschreiben. Warum ist diese Debatte wichtig? Kaum jemand glaubt heute noch, die Bibel sei eine brauchbare Quelle für wissenschaftlich relevante Einsichten zu Entstehung und Beschaffenheit unserer Welt. Und kaum jemand glaubt ernsthaft an „harte" christliche Glaubensinhalte wie die Lehren von der Erbsünde, der Jungfrauengeburt, den ewigen Höllenqualen, der Dreieinigkeit oder der Prädestination – die allermeisten Mitglieder der christlichen Kirchen kennen deren Inhalte nicht einmal genau. Allerdings halten viele Menschen das Christentum auch heute noch für moralisch relevant. Und das angesichts der offensichtlichen Tatsache, dass zu fast jeder moralisch wichtigen Frage gläubige Christen so gut wie jede mögliche Antwort vertreten (und immer schon vertreten haben). Pazifismus oder Kriegsbereitschaft? Sozialismus oder Kapitalismus? Gleichberechtigung der Frau? Gleichgeschlechtliche Liebe? Homosexuelle Ehe? Empfängnisverhütung? Sterbehilfe? Todesstrafe? Das Problem ist nicht, dass man von Christen zu diesen und vielen anderen Themen keine Antwort bekäme. Das Problem ist, dass man von Christen jede mögliche Antwort bekommt – und das auf Basis derselben Grundannahmen, z. B. der Bibel oder der Gewissenserforschung.

Diese Beliebigkeit und Orientierungslosigkeit in wichtigen moralischen Fragen legt den Verdacht nahe, dass etwas nicht stimmen kann mit der christlichen Moral. Und diesem Verdacht gehe ich in diesem Buch systematisch aus philosophischer Perspektive nach. Das Ergebnis: Das Christentum verfügt über keine ernstzunehmende Morallehre. Mehr als ein in sich unstimmiges Konglomerat an Geboten, Verboten, Gleichnissen und Erzählungen, Appellen an Autoritäten, Präzedenzfällen, Missverständnissen und oft recht schrägen Interpretationen einer angeblich heiligen Schrift ist da nicht. Und selbst wenn da mehr wäre – sie könnten es nicht vernünftig begründen. Das ganze Gebilde hängt wie jede andere esoterische Pseudo-Lehre in der Luft. Kurz: Die moralische Kompetenz des Christentums entspricht seiner naturwissenschaftlichen – sie ist im Rahmen verantwortungsvoller und vernünftiger Diskussion vernachlässigbar.

Aus dieser Einsicht sollten wir dann auch die richtigen Konsequenzen ziehen und die nächsten Schritte hin zur Entflechtung von Staat und Religion bzw. Kirchen entschlossen gehen: Jede Form von staatlicher Subvention religiöser Gemeinschaften oder Kirchen ist einzustellen. Juristische Privilegien für Religionen und deren Organisationen sind abzuschaffen. Und gläubige Christen sollten sich ernsthaft mit Moralphilosophie beschäftigen; vor allem mit deren säkularen Ansätzen. Gerade weil moralische Fragen so wichtig sind, darf man sie nicht der arationalen Beliebigkeit und Zufälligkeit christlicher Meinungsbildung überlassen. Sie müssen systematisch, sorgfältig und vernünftig behandelt werden – und das ist im Rahmen des Christentums nicht möglich.

Dieses Buch hatte seinen Anfang in einer Frage, die mir vor einigen Semestern ein Student im Rahmen eines meiner Seminare zur Moralphilosophie gestellt hat: *Welche Antwort würde denn die christliche Morallehre dazu geben?* An das Thema und den Fragesteller kann ich mich leider nicht mehr erinnern. Also bedanke ich mich „bei Unbekannt" für den Denk-Anstoß, der mich ziemlich schnell ziemlich stutzig gemacht hat und letztlich zu diesem Buch führte. Tatkräftige Unterstützung haben auch meine Testleser geleistet. Ein donnerndes *Dankeschön* an Sigi Schawe, Elisabeth Maier, Judith Faessler, Inge und Klaus Hofmann-Betlejewski sowie Thomas Wilhelm. Nicht nur die Anmerkungen zu verschiedenen Versionen des Textes waren enorm hilfreich. Auch in unseren zahlreichen Debatten habe ich sehr viel gelernt. Ganz besonders bedanke ich mich bei Pater Hermann Bickel für die akribische Korrektur-Lektüre des Manuskriptes – gerade weil er meine Thesen nicht teilt und vermutlich jede Seite mit gesträubten Haaren gelesen hat.

Inhalt

1. Kapitel: Warum dieses Buch? 15

2. Kapitel: Die normative Beliebigkeit des Christentums 27

    Politische Gerechtigkeit. 27

        Erste Indizien 28

        Politische Gewalt 29

        Wie sieht eine christliche Staatsform aus? 32

        Menschenrechte 35

    Moral. 46

        Die christliche Sexualmoral 46

        Du sollst nicht töten! 51

        Die Hölle des Christentums 54

3. Kapitel: Was ist ein Moralsystem? 61

    Warum brauchen wir moralische Argumente? 62

        Unser Handeln hat Folgen für andere Menschen 62

        Wann benötigen wir ein Moralsystem? 63

    Mindestanforderungen an ein Moralsystem. 66

        Berechenbarkeit 66

        Stimmigkeit 67

        Warum sind Berechenbarkeit und Stimmigkeit wichtig? 67

        Sind Berechenbarkeit und Stimmigkeit
        auch für Christen wichtig? 69

Wie werden Berechenbarkeit und Stimmigkeit sichergestellt? ... 70

Die Grundannahmen ... 71

Das Entscheidungsverfahren ... 74

Die Begründung ... 75

4. Kapitel: Die Grundannahmen der christlichen Moral ... 77

Grundsätzliches zur Bibel ... 78

Die klassische Minimalbasis: Die Zehn Gebote ... 81

Widerspruch zu christlichen Moralvorstellungen ... 84

Moral wird unmöglich bzw. unerreichbar ... 86

**Die etwas erweiterte klassische Basis:
Die Zehn Gebote und das Liebesgebot** ... 87

Der Inhalt der Grundannahmen ist unklar und nicht stimmig ... 88

Die klassische Basis: Die Zehn Gebote und die Bergpredigt ... 91

Die Lehre Jesu basiert auf einem für uns erfreulichen Irrtum ... 91

Umfang und Inhalt der Grundannahmen sind ausgesprochen unklar ... 94

Moral bleibt unmöglich bzw. unerreichbar ... 95

Der Inhalt der Grundannahmen ist und bleibt nicht stimmig ... 97

Die ganze Bibel als Basis ... 99

Die Stimmigkeit der Bibel:
Konkrete Herausforderungen ... 100

Die Bibel lehrt viel Falsches ... 103

Homosexualität und christliche Moral ... 106

5. Kapitel: Nichtchristliche Grundannahmen der christlichen Moral ... 113

Naturrecht und Vernunft als Basis ... 117
Naturrecht: Was ist das? ... 117
Einwände gegen die Konzeption des Naturrechts ... 120
Woher das Gefühl der Gewissheit kommt ... 128
Der finale Sargnagel: Das Naturrecht im Christentum ... 130

Autorität als Basis ... 132

6. Kapitel: Das Entscheidungsverfahren der christlichen Moral ... 135

Beispiele für normative Entscheidungsverfahren ... 136

Mögliche Elemente eines christlichen Entscheidungsverfahrens ... 138
Die Ableitung aus Geboten ... 139
Die Ableitung aus Gleichnissen und Erzählungen ... 141
Die Ableitung aus Präzedenzfällen ... 160
Die Delegation der Entscheidung an eine Autorität ... 164
Die Ableitung aus dem Gewissen ... 169

7. Kapitel: Die Hindernisse einer Begründung der christlichen Moral ... 175

Warum ist eine Begründung überhaupt wichtig? ... 176

Warum sind Begründungen für Moralsysteme wichtig? ... 178

Wie sieht die Begründung der „christlichen Moral" aus? ... 180
Welches Moralsystem ist das richtige? ... 181

Warum soll ich mich an die Normen dieser Moral halten? 181

Was ist von einer säkularen Moral zu halten? 183

Wie sollte man mit normativen Dilemmata umgehen? 183

Die Kernthesen der christlichen Begründung 184

Die Haupthindernisse für eine christliche Begründungsargumentation. **185**

Wer trägt die Beweislast? 186

Die Argumentation gegen den Atheismus ist eigentlich das kleinste Begründungsproblem des Christentums 188

Warum sollen wir eigentlich die Gebote Gottes befolgen? 190

Das Übel in der Welt und das christliche Gottesbild 193

8. Kapitel: Die Begründungsversuche der christlichen Moral. **205**

Der ontologische Gottesbeweisversuch **207**

Der kosmologische Beweisversuch. **211**

Was kann der kosmologische Beweisversuch überhaupt leisten? 212

Das „einfache" kosmologische Argument. 212

Das „philosophisch ausgefeilte" kosmologische Argument 215

Der teleologische Gottesbeweisversuch **218**

Wie weit trägt eigentlich diese Analogie?. 220

Warum nicht auch eine Defizit-Analogie entwickeln? 222

9. Kapitel: Was nun? **225**

Meine Thesen sind sehr leicht zu widerlegen **225**

Ist das Christentum eine friedliche Religion? **226**

Die historische Frage 228

Sind die Lehrinhalte des Christentums klar als ein
Plädoyer für Frieden, Offenheit und Toleranz
zu verstehen? 230

Welchen Anteil haben die Lehrinhalte des Christentums
an seiner geschichtlichen Wirkung? 231

Der christliche Giftcocktail 232

Moralische Fragen sind sehr wichtig................... 233

Moralische Fragen können im Christentum
nicht vernünftig beantwortet werden.................. 234

Das Christentum beansprucht absolute Gewissheit
für seine moralischen Positionen 234

**Das Märchen von den christlichen Grundlagen
unserer Gesellschaft................................240**

Von welchen christlichen Werten ist eigentlich
die Rede? 240

Welche Werte oder Normen sind für unsere Gesellschaft
bzw. unsere politische Kultur tatsächlich prägend?....... 241

Handelt es sich dabei um christliche Werte
oder entstammen sie anderen Quellen? 243

Hat sich das Christentum für diese Werte eingesetzt
oder war es dagegen? 244

Weitere Säkularisierungsschritte 246

Die Säkularisierung unserer Universitäten und Schulen... 246

Die Säkularisierung unseres Rechtssystems............ 249

Die Säkularisierung der „christlichen Moral"........... 250

1. Kapitel: Warum dieses Buch?

Historisch gesehen besteht Europas größte zivilisatorische Leistung in der Säkularisierung von Staat, Gesellschaft und individueller Lebensführung. Es ist uns im Laufe der letzten Jahrhunderte und vor allem Jahrzehnte gelungen, Religion als dominantes Element unserer Zivilisation weitgehend zu entmachten. Diese Entwicklung war bekanntlich keine sanfte. Sie wurde mit zahlreichen Menschenleben, verheerenden Rückschlägen und unermesslichem Leid erkauft.[1] Unsere Generation ist eine der ersten, die die Vorteile dieser umfassenden Säkularisierungsbewegung in erheblichem Umfang genießen kann.

Die Säkularisierung Europas hat enorme Kräfte freigesetzt. Die Wissenschaften haben in relativ kurzer Zeit eine Fülle und Tiefe an Einsichten in unser Universum, dessen Entwicklung und Aufbau erarbeitet, die mittlerweile selbst den gebildetsten Menschen des 19. Jahrhunderts die Sprache verschlagen würde. Neben diesem theoretischen Gewinn hat auch unsere Lebensqualität ganz praktisch davon profitiert. Durchschnittliche Lebenserwartung und Gesundheitszustand waren wahrscheinlich nie höher und besser als in der Gegenwart; auch das Ergebnis einer von religiösen Zwängen befreiten Forschung und Wissenschaft. Im normativen Bereich verdanken wir der Säkularisierung eine grundsätzliche Orientierung an der Vision des liberalen Rechtsstaates mit seinen Grundwerten der persönlichen Freiheit und der Gleichheit vor dem Recht. Diese Ideen wiederum liefern den Rahmen für eine offene und tolerante Gesellschaft. Und in Kombination mit säkularen Moralvorstellungen, vom Christentum über zwei Jahrtausende hinweg erbittert bekämpft, eröffnet sich so der Freiraum für eine selbstbestimmte, an der je eigenen Glücksvorstellung orien-

---

[1] Karlheinz Deschner: **Kriminalgeschichte des Christentums.** Band 1–10. Reinbek, 1986 bis 2013.

tierte Lebensführung. Nicht zuletzt ermöglicht diese Konzeption des Rechtsstaats eine relativ freie und effektive Wirtschaftsordnung, die zu bisher unerreichtem Wohlstand für fast alle Bürger geführt hat. Das alles ist Teil unserer Alltagserfahrung – zum Glück! Denn selbstverständlich ist es nicht. Das zeigt ein Blick auf die Weltgegenden und Zeitalter, in denen Politik und Gesellschaft stark oder überwiegend von religiösen Vorstellungen geprägt sind oder waren. Der islamische Kulturkreis liefert zur Zeit das Anschauungsmaterial, das dem Christentum einen so lehrreichen wie heilsamen Blick in seine eigene Vergangenheit ermöglicht.

Obwohl es gerade dessen katholischer Zweig nicht gerne zugeben wird, hat sich auch das Christentum während der letzten Jahrzehnte sehr stark und umfassend säkularen Einflüssen geöffnet. Bei uns kann man davon ausgehen, dass wissenschaftliche Erkenntnisse, wie z. B. der Biologie, Medizin, Kosmologie und Physik, grundsätzlich akzeptiert werden. Die These von der Scheibengestalt der Erde und deren zentraler Position im Universum hat sich im Großen und Ganzen für unsere Christen erledigt. Exorzismen kommen zwar bisweilen noch vor, der Gang in die Fachklinik ist aber eindeutig der bevorzugte Ansatz. Inhaltlich bezieht das „offizielle" Christentum keine prinzipielle Gegenposition mehr zu den Wissenschaften; es arbeitet vielmehr an einer Vereinbarkeitsstrategie:

> Die Fortschritte, die durch die modernen Wissenschaften erzielt wurden, sind unbestreitbar. Sie bieten ein durch Begründungen abgesichertes, methodisch nachgewiesenes, logisch zusammenhängendes Wissen. Sie konnten viele Fragen lösen, auf die frühere Jahrhunderte nur unvollkommene oder gar keine Antworten hatten. Wir wissen heute unendlich viel mehr, etwa über das Werden der Welt, das Entstehen des Lebens, über die Gesetzmäßigkeiten, welche die Wirklichkeit der Natur und des Menschen bestimmen und die Beziehungen der Menschen untereinander regeln. Dieses Wissen war die Voraussetzung, um mit Hilfe der modernen Technik das menschliche Leben in vielfacher Weise angenehmer zu gestalten als in früheren Zeiten. Es gelang durch Maschinen, dem Menschen die Arbeit zu erleichtern, viele

Krankheiten auszurotten oder heilbar zu machen, die durchschnittliche Lebenserwartung erheblich zu erhöhen und vieles andere mehr. In den letzten 200 Jahren hat die Menschheit durch Wissenschaft und Technik mehr Veränderungen erlebt als in Jahrtausenden zuvor.²

1950 schon hatte Papst Pius XII. Darwins Evolutionstheorie als ernstzunehmende Hypothese bezeichnet, die einer Erforschung und vertiefenden Reflexion würdig sei. 1996, für katholische Verhältnisse also unmittelbar danach, erklärte Papst Johannes Paul II. die Evolutionstheorie für mehr als eine reine Hypothese. Vor allem sei sie mit allen Glaubenswahrheiten in Übereinstimmung.³ Wer hätte das noch einige Jahre vorher gedacht? Auch Papst Franziskus hält Urknallhypothese und Evolutionstheorie für plausibel. Das Wirken eines Schöpfergottes verlagert er wie seine Vorgänger in die Zeit „davor".⁴ Diese gegenwärtig verfolgte Abkoppelung der Wissenschaften von der Religion ist ohne jeden Zweifel ein Riesenfortschritt gegenüber einem Kardinal Bellarmin, einer der kirchlichen Hauptfiguren im Prozess gegen Galilei, der 1615 an einen Bekannten geschrieben hat:

> Zu behaupten, die Erde drehe sich um die Sonne, ist genau solch ein Irrglaube, wie wenn jemand behaupten würde, Jesus sei nicht von einer Jungfrau geboren.⁵

Ähnliches gilt für die normative Ebene. Auch hier hat die Säkularisierung zu sehr positiven Entwicklungen geführt. Die große Mehrheit der Christen bei uns denkt nicht im Traum daran, an die Stelle des säku-

---

2   Deutsche Bischofskonferenz (Hrsg.): **Katholischer Erwachsenenkatechismus.** Band 1, 1985. S. 15. Es ist als absoluter Erfolg der Säkularisierung zu bewerten, dass christliche Theologen seit relativ kurzer Zeit so etwas schreiben dürfen, ohne von Christen dafür mundtot gemacht oder gleich ganz umgebracht zu werden.
3   Süddeutsche Zeitung vom 25.10.1996, Ressort Politik.
4   **Wissenschaft und Glaube: Papst sieht keinen Konflikt von Evolution und Schöpfung.** Spiegel online vom 29. Oktober 2014. Ob die Annahme eines Schöpfergottes Sinn macht, diskutiere ich im 8. Kapitel.
5   Zitiert nach Uta Ranke-Heinemann: **Eunuchen für das Himmelreich.** München, 1999 (aktualisierte Ausgabe). S. 564.

laren Rechtsstaates einen christlichen Gottesstaat zu setzen oder auch nur im Ansatz das eigene Leben an der „christlichen Sexualmoral", dem Konzept „christlicher" Partnerschaft bzw. Ehe oder an „christlichen" Riten auszurichten. Wer glaubt, bei uns wären die Christen mehrheitlich einer starren, fundamentalistisch-biblischen Morallehre verpflichtet, dem sei ein Blick in die USA empfohlen. Dort orientieren sich tatsächlich viele Millionen von Gläubigen an dem, was „wortwörtlich in der Bibel steht" und behaupten dann auch konsequenterweise Dinge wie die folgenden:[6]

- Die Erde ist etwa 6000 Jahre alt. Und das sollte im Schulunterricht den Kindern als gesichertes Wissen der Menschheit vermittelt werden. In diesem Zusammenhang wäre die Evolutionstheorie dann selbstverständlich zu verbieten. Deren Verbreitung ist eine Todsünde.
- Noah hat während der Sintflut mit seiner Arche das Überleben der Menschheit und der Tierarten gesichert.[7]
- Homosexualität ist eine Todsünde und führt direkt in die real existierende Hölle. Dort landet man übrigens auch, wenn man das mit den 6000 Jahren und Noahs Arche nicht glaubt. Oder wenn man vor der Ehe Sex hat.
- Der Teufel existiert und steht mit den Feinden der USA im Bunde. Da aber Gott, der Heilige Geist, Jesus und alle nicht gefallenen Engel mit den USA sind, speziell mit der republikanischen Partei und der Familie Bush, besteht Grund zur Hoffnung.

---

6   Zahlreiche Predigten, Interviews und Dokumentationen auf **youtube** ermöglichen es auf recht unterhaltsame Art, sich zügig einen Überblick über Tiefe und Verbreitungsgrad dieser und ähnlicher Überzeugungen zu verschaffen. Die besten stammen von den jeweiligen Vertretern dieser Ansichten selbst. In Deutschland gibt es zwar vergleichbare evangelikale Strömungen, diese stellen bei uns aber zur Zeit sicherlich eine Minderheit im Christentum dar. Dazu folgende Dokumentation des NDR: **Die Story im Ersten – Mission unter falscher Flagge. Radikale Christen in Deutschland.**

7   Im Creation Museum in Petersburg kann man Baupläne und ein Baustellenmodell der Arche Noah bewundern. Auch sonst gibt es dort viele erstaunliche Dinge zu sehen: **Creationmuseum.org.**

– Diverse von Jahwe laut Bibel befohlene Ausrottungskriege sind natürlich gerechtfertigt.[8] In Hinsicht auf die aktuelle Weltlage könnte ein erneuter, so umfassend wie schwungvoll geführter Religionskrieg durchaus die Lösung sämtlicher Probleme der Menschheit bzw. deren einzig brauchbarem Teil, also der Christenheit, sein.

Es geht mir also nicht darum, alle Christen über den fundamentalistischen Kamm zu scheren oder für Deutschland das Angstszenario einer christlichen Taliban-Bewegung zu entfalten. Davon sind wir momentan weit entfernt. Allerdings sehe ich die Notwendigkeit weiterer Säkularisierungsschritte und möchte mit diesem Buch einen Beitrag dazu leisten. Was heißt das? Das Christentum besetzt bei uns in Staat und Gesellschaft nach wie vor Positionen, die mit den Leitideen des säkularen Rechtsstaates und der offenen Gesellschaft nicht vereinbar sind. Die Beispiele sind bekannt: Der Staat und seine Finanzämter erheben die Kirchensteuer und subventionieren damit bestimmte christliche Kirchen. Religionsunterricht an staatlichen Schulen ist Bestandteil des Lehrplanes. Steuerfinanzierte Lehrstühle für Theologie sowie Konkordatslehrstühle auch in anderen Disziplinen zieren nach wie vor unsere Universitäten (an der LMU in München gibt es einen an der Fakultät für Philosophie, in Bayern sind es insgesamt 21).[9] Kindergärten und Krankenhäuser in kirchlicher Trägerschaft genießen das Privileg eines eigenen „christlichen" Arbeitsrechts. Kindergärten werden allerdings in der Regel zu 80 bis 100 % aus Steuergeldern finanziert; christliche Kliniken über Kassenbeiträge und Steuern – so wie alle anderen auch. Für das Gehalt der Bischöfe müssen die Steuerzahler aufkommen – auch Atheisten wie ich. Die Höhe der Bischofsgehälter orientiert sich übrigens an der Beamtenbesoldung für leitende Positionen des höheren Verwaltungsdienstes.

Das ist nicht nur ein finanzielles, sondern in erster Linie ein normatives Problem. Die eben genannten Privilegien verstoßen eindeutig

---

8   Im 6. Kapitel werde ich diese durchaus plausible fundamentalistisch-apologetische Lesart der Bibel näher beleuchten.
9   **Wikipedia**: Stichwort „Konkordatslehrstuhl".

gegen die Idee des säkularen Rechtsstaates, der gegenüber jeder Religion zu strikter Neutralität verpflichtet ist. Praktisch stellt diese Vermengung eine erhebliche Gefahr dar. Erstens, so sehr das Christentum bei uns auch säkularisiert und befriedet wurde – seine Überzeugungen und Moralvorstellungen wurzeln nach wie vor und grundsätzlich im Bereich des Arationalen und Irrationalen. Diese Basis macht es, wie jede andere Religion auch, unberechenbar. Wie schnell eine religiöse „Fundamentalisierung" passieren kann, zeigt ein Blick auf den zur Zeit enorm einflussreichen christlichen Fundamentalismus in den USA. Auch der Islam führt uns gerade vor Augen, wie schnell und gründlich Religion aggressiv werden kann bzw. eine erhebliche Anzahl von Gläubigen aggressionsbereit machen kann. In allgemeiner Form lehrt uns das auch die Religions- und Kirchengeschichte: Phasen der relativen Zurückhaltung wechseln sich immer wieder mit sehr aggressiven Perioden ab. Und der beste Schutz dagegen ist nun einmal ein stabiler, glaubwürdiger und säkularer Rechtsstaat, der jeder Religion so entschlossen wie ruhig als neutrale Ordnungsmacht entgegentritt und sich deshalb mit keiner verbünden oder vermischen darf.

Zweitens liefert die noch bestehende Vermengung von Staat und Christentum einen gefährlichen Präzedenzfall. Warum sollten nicht auch andere Religionen, z. B. der Islam oder der Hinduismus, dieselben Privilegien einfordern wie das Christentum? Mit welchen Gründen verwehren wir die Einrichtung und Finanzierung von Lehrstühlen für islamische Theologie und Moral an unseren staatlichen Universitäten?[10] Wie wäre es denn darüber hinaus mit islamischen Konkordatslehrstühlen an philosophischen oder pädagogischen Fakultäten? Warum sollten islamische Einrichtungen, z. B. Kindergärten, nicht ihr eigenes Arbeitsrecht bekommen? Warum finanzieren wir nicht Imame in Anlehnung an die Beamtenbesoldung aus Steuermitteln? Kurz: Diese zur Zeit von einem relativ stark säkularisierten und

---

10 Die ersten gibt es schon in Münster/Osnabrück, Tübingen, Frankfurt/Gießen und Nürnberg-Erlangen. Die Erläuterungen des Bundesministeriums für Bildung und Forschung dazu: **Islamische Theologie an deutschen Hochschulen**: http://www.bmbf.de/de/15619.php. Ich halte das für eine gefährliche Fehlentwicklung und gehe im 9. Kapitel näher darauf ein.

friedlichen Christentum besetzten Nischen im Staat können leicht zu gefährlichen Machtpositionen einer fundamentalisierten und radikalisierten Religion werden – des Christentums oder einer anderen. Es reicht doch auch schon, wenn sie zu einer erneuten Ausdehnung religiöser Einflüsse in Staat und Gesellschaft und damit einer Rückführung der bisher erreichten Säkularisierungserfolge führen. Um dem vorzubeugen, halte ich eine Säkularisierung dieser Nischen und den konsequenten Abbau der damit verknüpften Privilegien für den mit Abstand erfolgversprechendsten Weg.

Warum haben wir diese Verquickung von Staat und Religion eigentlich noch? Eine naheliegende Erklärung sehe ich in der durchaus erfolgreichen christlich-kirchlichen Machtpolitik. In fast allen Parteien und Parlamenten sind an führender Stelle Christen zu finden, die sich offensichtlich schwer damit tun, Macht und Einfluss der jeweils eigenen Kirchen im Sinne des säkularen Rechtsstaates zu begrenzen. Die eigentliche Problematik sitzt aber tiefer. Diese Politiker wurden und werden ja in Kenntnis der Tatsache gewählt, dass sie Christen sind. Ich glaube, dass in weiten Teilen der Öffentlichkeit diese Sonderstellung der christlichen Religion gar nicht als problematisch empfunden wird. Kurz, wir sind leider nur teilsäkularisiert: Im Bereich der Wissenschaften ja, im Bereich von Moral und Gerechtigkeit nur fragmentarisch. Was heißt das? Niemand – wie gesehen nicht einmal die Deutsche Bischofskonferenz – kommt mehr auf die Idee, die christliche Religion als relevant für naturwissenschaftliche Fragestellungen zu sehen und ernsthaft Behauptungen wie die folgenden zu verteidigen:

- Irgendwie hängen Religion und Physik schon zusammen.
- Unser wissenschaftliches Weltbild ist letztlich ja doch vom Christentum geprägt.
- Die Grundlagen der Naturwissenschaften lassen sich in der Bibel finden.
- Also, ich bin zwar nicht wirklich gläubig – aber wenn unseren Kindern vermittelt wird, dass eine scheibenförmige Erde im Mittelpunkt des Universums steht und etwa 6000 Jahre alt ist, dann kann das ja nicht schaden.

Aus vielen Diskussionen weiß ich aber, dass immer noch Ansichten wie die folgenden vorgebracht werden – sogar von eher religionsfernen Zeitgenossen:

- Irgendwie hängen Religion und Moral schon zusammen.
- Unsere Werteordnung ist letztlich ja doch vom Christentum geprägt.
- Die Grundlagen unserer Moral lassen sich in der Bibel finden.
- Also, ich bin zwar nicht wirklich gläubig – aber wenn unseren Kindern in der Schule ein paar christliche Werte vermittelt werden, dann kann das ja nicht schaden.

Viele Menschen sehen tatsächlich immer noch eine mehr oder weniger enge Verbindung zwischen Religion und Moral. Für weite Teile der Öffentlichkeit gelten deshalb Vertreter des Christentums als Experten für moralische Fragen. Moraltheologen sind wie selbstverständlich in zahlreichen Ethikbeiräten vertreten. Zu Talkshows werden neben Geistlichen auch regelmäßig Laien wie Norbert Blüm oder Heiner Geißler als Stimme der (christlichen) Moral eingeladen. Jesuitenpater und Mönche sind gefragte und sehr gut bezahlte Vortragende in der Wirtschaft zu allerlei moralischen Fragen.[11] Christliche Ratgeberliteratur erzielt erstaunlich hohe Verkaufszahlen.

Die Überzeugung, dass Christentum und Moral irgendwie zusammengehören ist aber schlicht und einfach falsch. So etwas wie eine christliche Moral gibt es nämlich gar nicht. Es gibt keine christliche Moral, weil unter Bezug auf christliche Werte und Gebote so ziemlich jede Handlung begründet werden kann – eine abscheuliche so gut wie

---

11 Man sollte sich einmal überlegen, was z. B. der Abt eines Klosters wirklich zu Themen wie der Vereinbarkeit von Familie und Beruf, Führung von Frauenteams oder interkulturell anspruchsvollen Projekten zu sagen weiß. Meine Erfahrung nach mehr als 20 Jahren (internationaler) Beratertätigkeit: Der ganz „normale" Manager oder Unternehmer hat zu moralischen Fragen in aller Regel weit mehr beizutragen, als irgendein Geistlicher, der schwierige wirtschaftliche Entscheidungssituationen meistens nur vom Hörensagen (wenn überhaupt) kennt. Manager und Unternehmer sind rhetorisch allerdings weit weniger geschickt als Theologen – darum merkt man das nicht gleich.

eine anständige. Diese normative Beliebigkeit erklärt zu einem guten Teil die tiefrote Blutspur, die das Christentum durch die Geschichte der Menschheit gezogen hat. Kreuzzüge, Inquisition, Missionierungskampagnen in Süd- und Lateinamerika, die mehr als dubiose Rolle christlicher Würdenträger und Christen bei der Zerstörung der Weimarer Republik und ihre Unterstützung des Nationalsozialismus – das waren doch nicht nur verblendete, intellektuell unbedarfte oder zynische Pseudochristen! Das waren intelligente, theologisch gut geschulte Christen, die ihre Untaten nach reiflicher Überlegung mit reinem Gewissen, da ausführlich an christlicher Argumentation geprüft, begangen haben. Und genau darin liegt die eigentliche Gefahr des Christentums: In seiner moralischen Beliebigkeit, seiner Unberechenbarkeit und letztlich in seiner moralischen Verantwortungslosigkeit.

Diese Aussagen werden viele Leser überraschen, vielleicht sogar vor den Kopf stoßen – und genau deshalb habe ich dieses Buch geschrieben. Es geht mir darum, den Blick für diese Beliebigkeit zu schärfen, den Nachweis zu führen, dass sie im Rahmen des Christentums nicht überwunden werden kann und damit den Anspruch des Christentums zu widerlegen, moralisch relevant zu sein. Das Projekt der Säkularisierung kann nur dann auf Dauer erfolgreich sein, wenn uns allen klar ist, dass das Christentum in Fragen der Moral und Gerechtigkeit nicht kompetenter ist als in Fragen der Kosmologie und Kernphysik.

Hier die wichtigsten Schritte meines Argumentationsganges im Überblick: Im 2. Kapitel geht es um die Datenbasis. Ich weise anhand zahlreicher Beispiele nach, dass das Christentum zu fast jeder normativ wichtigen Frage die gesamte Bandbreite an möglichen Antworten vertritt. Dies gilt sowohl für Fragen der politischen Gerechtigkeit (Staats- und Wirtschaftsform, Menschenrechte), als auch für moralische Fragen im engeren Sinne (Sexualmoral, Rolle der Frau, Tötungsverbot). Eine klare oder einheitliche Linie ist dabei nicht zu erkennen. Das führt natürlich zu der Frage, wie dieser inhaltliche Pluralismus zu erklären ist – vor allem angesichts des christlichen Anspruchs, eine herausragende und inhaltlich klare Moralinstanz zu sein.

Die theoretischen Grundlagen für die Antwort lege ich im 3. Kapitel. Ich arbeite die Minimalforderungen an jedes brauchbare Moralsystem heraus. Erstens sollten dessen Grundregeln oder Grundwerte von Umfang und Inhalt her klar und darüber hinaus in sich stimmig sein. Zweitens benötigt jedes Moralsystem ein transparentes und nachvollziehbares Entscheidungsverfahren. Ohne derartige Grundannahmen und Entscheidungsverfahren sind weder berechenbare noch stimmige Ergebnisse im Rahmen moralischer Überlegungen zu erwarten. Drittens müssen Grundannahmen und Entscheidungsverfahren plausibel begründet werden: Warum sollten wir uns an diesem Moralsystem und nicht an anderen orientieren? Auf diese Frage sollte jedes Moralsystem eine gute Antwort geben können.

Im 4. Kapitel zeige ich, dass verschiedene klassische Varianten, die uns im Christentum als moralische Grundannahmen angeboten werden, den Minimalforderungen in keiner Weise genügen. Sowohl die Zehn Gebote für sich genommen, als auch in Kombination mit dem Liebesgebot oder der Bergpredigt liefern keine von Umfang und Inhalt her klare Menge stimmiger Grundannahmen. Gleiches gilt für die Bibel als Ganzes. Sie ist als Basis eines Moralsystems völlig unbrauchbar. Damit ist eigentlich schon erwiesen, dass das Christentum über kein Moralsystem verfügt – dessen Grundlage fehlt schlicht und einfach. Das 5. Kapitel prüft dann nichtchristliche Grundannahmen, die christliche Denker aus verschiedenen Gründen gerne und oft heranziehen. Prominentestes Beispiel ist der Appell an ein objektiv gegebenes Naturrecht als Quelle unserer Werte und Normen. Das Ergebnis: Auch das Naturrecht genügt den Minimalforderungen nicht – und zwar aus ganz prinzipiellen Gründen.

Im 6. Kapitel gehe ich der Frage nach, ob es ein normatives Entscheidungsverfahren für moralische Fragen im Christentum gibt. Es tauchen zwar immer wieder verschiedene Elemente eines solchen auf, wie z. B. die Ableitung aus Geboten bzw. Regeln oder biblischen Gleichnissen, die Berufung auf Präzedenzfälle oder Autoritäten, der Verweis auf die Stimme des Gewissens. Insgesamt genügt nichts davon den Minimalforderungen an ein Moralsystem. Der erste Einwand: Es ist nicht zu sehen, dass und wie diese einzelnen Elemente in ein schlüssiges Entscheidungsverfahren der christlichen Morallehre eingebunden sind. Ihre Verwendung ist unsystematisch, die Ergebnisse deshalb beliebig und unberechenbar. Zweitens lassen sich gegen die prinzipielle Tauglichkeit jedes dieser Verfahren zur moralischen Entscheidungsfindung klare und überzeugende Einwände vorbringen. Das Christentum genügt also auch in dieser Hinsicht den Minimalforderungen an ein Moralsystem nicht. Es fehlt ein brauchbares Entscheidungsverfahren.

Das 7. Kapitel erläutert die zentralen Hindernisse, die jeder Begründungsversuch der christlichen Moral überwinden muss. Dabei lässt sich, wie gerne versucht wird, die Begründungslast nicht abwälzen. Alleine schon deshalb nicht, weil die „christliche Moral" ja nur eine von sehr vielen religiösen Alternativen ist. Wie es sich aber gegenüber diesen Alternativen, also z. B. dem Islam, dem Hinduismus oder dem Judentum als „wahr" begründen lässt, konnte bis heute nicht beantwortet werden. Gleiches gilt für die klassische Frage Platons, warum wir eigentlich die Gebote Gottes befolgen sollen. Und nach wie vor ist vom Christentum das Problem nicht gelöst worden, wie die Vorstellung seines allgütigen, allwissenden und allmächtigen Gottes mit der Existenz einer Welt voller Leiden, Qualen und Übel vereinbart werden kann. Im 8. Kapitel skizziere ich das Scheitern klassischer Versuche, die Existenz Gottes und einiger seiner Eigenschaften zu beweisen. Genauer geht es um den ontologischen, kosmologischen und teleologischen Beweisversuch. Keiner liefert plausible Gründe für die Annahme der Existenz einer oder mehrerer Gottheiten. Und damit wäre der Nachweis geführt, dass das Christentum auch an der dritten Minimalforderung an ein Moralsystem scheitert: Selbst wenn es ein Moralsystem hätte, könnte es dieses nicht begründen. Im abschließenden 9. Kapitel entwickle ich die Konsequenzen meiner Untersuchung für die nächsten Säkularisierungsschritte.

2. Kapitel: Die normative Beliebigkeit des Christentums

In diesem Kapitel geht es mir um die Plausibilisierung der empirischen These, dass zu normativen Fragen so gut wie keine einheitlichen oder berechenbaren Antworten von Seiten des Christentums zu erwarten sind. Dies gilt nicht nur interkonfessionell, also im Vergleich der einzelnen christlichen Glaubensrichtungen, sondern auch intrakonfessionell – z. B. im Rahmen der katholischen Variante des Christentums. Für diese Datensammlung trenne ich aus Gründen der Übersichtlichkeit den Bereich des Normativen in die Fragen nach der politischen Gerechtigkeit und der Moral im engeren Sinne. Ab dem nächsten Kapitel gehe ich dann der Frage nach, wie diese normative Beliebigkeit erklärt werden kann.

Politische Gerechtigkeit

In diesem Abschnitt geht es um die Fragen, wie ein gerechter Staat strukturiert sein sollte, welchen Einfluss er auf das Leben der Bürger nehmen sollte und in welche Lebensbereiche sich der Staat nicht einmischen sollte. Natürlich kann ich nicht für das gesamte Christentum eine umfassende Bestandsaufnahme liefern. Ich beschränke mich deshalb auf so typische wie wichtige und aussagekräftige Beispiele zur Stützung der Beliebigkeitsthese.

Erste Indizien

Betrachten wir die deutsche Parteienlandschaft, so fällt auf, dass mit Ausnahme der Linken überall bekennende Christen in führenden Positionen vertreten sind. Auf jedem Kirchentag treten sie medienwirksam in Erscheinung, halten Reden und leiten Workshops. Gepredigt wird auch von Zeit zu Zeit. Gleiches gilt für die Laienorganisationen der christlichen Kirchen. Bekannte Politiker gehören dort zur Stammbesetzung. Ich glaube nicht, dass dieses Engagement für den Glauben ausschließlich oder vorwiegend auf wahltaktische Überlegungen zurückzuführen ist. Man wird bei uns – ganz im Gegensatz zu den USA – auch ohne Bekenntnis oder aktiven Bezug zur christlichen Religion gewählt.[12] Umso überraschender scheint, dass es offenbar nicht möglich ist, unter aufrichtigen Christen zu einheitlichen Antworten auf wichtige politische Grundsatzfragen zu kommen. Grüne Christen schaffen es nicht, sich mit liberalen Christen auf die Grundlagen der Wirtschaftspolitik zu einigen. Sozialdemokratische Christen haben eine andere Einstellung zu Fragen des Rüstungsexports als christsoziale. Christdemokratische Christen wollen eine grundlegend andere Familienpolitik als grüne oder liberale Christen. Und für Themen wie Sterbehilfe oder Abtreibung gilt genau das Gleiche. Und so weiter ….

Dieser erste Eindruck eines sehr, sehr breit gefächerten christlichen Gerechtigkeitspluralismus wird durch einen Blick in die Regale jeder gut sortierten Buchhandlung oder deren Angebot im Internet verstärkt. Unter Bezug auf Jesus Christus und seine Lehre wird vom klassischen Kapitalismus über den Sozialstaat bis hin zum konsequenten Sozialismus so ziemlich jede politische und wirtschaftliche Systemvariante vertreten. Hier ein paar Titel zur Veranschaulichung:

- Jesus, der Kapitalist: Das christliche Herz der Marktwirtschaft.
- Christentum und Sozialismus: Ein gesellschaftspolitischer Brückenschlag.
- Gieriges Geld: Auswege aus der Kapitalismusfalle – Befreiungstheologische Perspektiven.

---

12   Sie erinnern sich: Die Früchte der Säkularisierung!

Auch hier gilt: Offensichtlich kommen gleichermaßen engagierte und gebildete Christen nach ausführlicher Überlegung zu grundlegend unterschiedlichen Resultaten. Und zwar auf Basis derselben Heiligen Schrift, der Bibel. Wie kann das sein? Die bisher genannten Beispiele mögen harmlos erscheinen, sind sie doch im Rahmen demokratischer Meinungsvielfalt prinzipiell vertretbar.

Politische Gewalt

Dieser Eindruck der Harmlosigkeit ändert sich, wenn man den Blick erweitert und auf die nähere deutsche Vergangenheit richtet. Die Geschichte des Christentums im Nationalsozialismus liefert die ganze Bandbreite möglicher Positionen. Viele Christen standen dem Nationalsozialismus sehr distanziert, sogar feindlich gegenüber. Es gab Christen, deren bewußte und durchdachte Gewissensentscheidung sie in den Widerstand, in das Konzentrationslager und in den Tod geführt hat. Stellvertretend für viele sei an Rupert Mayer, Pater Kolbe, Edith Stein, die Münchner Weiße Rose und viele Mitglieder des Kreisauer Kreises erinnert.

Ihnen gegenüber stehen zahlreiche ebenso überzeugte Christen, die Hitler so aktiv wie wirkungsvoll auf seinem Weg zur Macht und während der gesamten 12 Jahre des Dritten Reiches unterstützt haben. Deren Entscheidungen waren mit Sicherheit ebenso durchdacht und mit ihrem christlichen Gewissen in Einklang. Und sie haben diese Entscheidungen konsequent, systematisch und über lange Jahre hinweg auch gegen Widerstände, also aus voller Überzeugung, in konkretes Handeln umgesetzt. Zwei der zahlreichen christlichen Unterstützer Mussolinis, Hitlers und der anderen faschistischen Diktatoren in Europa waren immerhin die Päpste Pius XI. und Pius XII. – und bei Päpsten darf man sicher davon ausgehen, dass sie ihre politischen Aktivitäten halbwegs stimmig an der christlichen Lehre ausrichten.[13]

---

13 Karlheinz Deschner: **Mit Gott und den Faschisten**. Stuttgart, 1965. Deschner gibt einen guten Überblick über die Verstrickung des organisierten katholischen Christentums in Faschismus und Nationalsozialismus in ganz Europa.

Gleiches gilt für protestantische Christen – gerade aus ihrem reflektierten und an der Bibel geprüften Glauben heraus erwuchs bei vielen eine enorme Begeisterung für den Nationalsozialismus.[14] Mir geht es an dieser Stelle nicht darum, einzelnen Personen Schuld zuzuweisen, historische Details (erneut) zu diskutieren oder möglichst viele unappetitliche Zitate christlicher Würdenträger und Theologen zusammenzutragen. Ich möchte lediglich Daten sammeln, die für meine Beliebigkeitsthese sprechen. Und unabhängig von Einzelfallanalysen erlaubt die historische Faktenlage mit Sicherheit folgendes Fazit: Das Christentum ist prima facie mit überzeugtem Widerstand gegen und ebenso überzeugter Unterstützung für Faschismus und Nationalsozialismus vereinbar! Das gilt für jede seiner bei uns dominanten Glaubensrichtungen, Protestantismus und Katholizismus.

Erweitern wir den Blick auf die länger zurückliegende Vergangenheit des Christentums, so bietet sich das gleiche Bild. Die Kreuzzüge in den Nahen Osten wurden von gläubigen und überzeugten Christen vorbereitet und durchgeführt. Die damit verknüpften Gewaltexzesse wurden ganz bewusst auf Basis der christlichen Lehre begründet und sogar gefeiert. Norman Housley weist dies in seiner exzellenten Darstellung zur Motivationslage der Kreuzritter nach. Hier eine kleine Kostprobe:

> Für den Benediktinermönch und Chronisten Robert von Reims, der im ersten Jahrzehnt des 12. Jahrhunderts schrieb, war der Erste Kreuzzug ein Beispiel für göttliches Einschreiten, das nur noch mit der Erschaffung der Welt und der Erlösung der Menschheit durch den Tod Christi am Kreuz verglichen werden konnte. Wir müssen der Versuchung widerstehen, solche Kommentare als siegestrunkenen Rhetorik oder aufgeregte Übertreibung abzutun. Aus der Sicht von Katholiken, die im frühen 12. Jahrhundert lebten, verlieh das von dem ersten Kreuzfahrern, den später so genannten „Jerusalemiten" Erreichte der Gerechtigkeit und Heiligkeit ihrer Sache eine felsenfeste

---

14 Ernst Klee: **Die SA Jesu Christi**. Frankfurt, 1989. Mit deutlich beschönigender Tendenz Christoph Strohm: **Die Kirchen im Dritten Reich**. München, 2011.

Gewissheit. Ihr Schlachtruf, „Deus lo volt", „Gott will es", war durch Erfolg bestätigt worden.[15]

Treibende Kraft hinter dem zweiten Kreuzzug, einem totalen Debakel, war der Heilige Bernhard. Bernhard von Clairvaux galt und gilt als einer der fähigsten Theologen seiner Zeit und hat sich mit Sicherheit sehr intensiv mit der christlichen Rechtfertigung eines Kreuzzuges auseinandergesetzt. Und nach den Erfahrungen des ersten Zuges nach Jerusalem war ihm auch klar, welches Ausmaß an Gewalt und Elend ein Kreuzzug mit sich bringt. Das Ergebnis seiner Gewissensprüfung war eine generelle Befürwortung gewaltsamer christlicher Mission. Und das in alle Himmelsrichtungen – auch gegen die Wenden wollte er im Namen des Kreuzes marschieren. Es gab natürlich auch gewichtige christliche Stimmen gegen die Kreuzzüge: der Theologe Gerhoch von Reichersberg, der Abt von Cluny Petrus Venerabilis, Isaak von Stella, ein Zisterzienser. Sie argumentierten genau wie die andere Seite mit Bibel und Gewissen.[16]

Ein weiteres, so bekanntes wie schlimmes Beispiel für die Beliebigkeitsthese liefert die christliche „Missionierung" in Süd- und Lateinamerika. Die Indios wurden enteignet und bestohlen, zwangsbekehrt, versklavt und abgeschlachtet. Die christliche Begründung dafür wurde detailliert ausgearbeitet und ausformuliert, so z.B. von dem spanischen Theologen Juan Ginès Sepúlveda. Unter Bezug auf die Bibel, das Naturrecht, den Kirchenvater Augustinus und den Heiligen Thomas legte er messerscharf dar, dass und warum der Massenmord der Conquistadoren und Missionare an den Indios seine Richtigkeit habe. Ein anderer Theologe, Bartolomé de las Casas, kam auf Basis der gleichen christlichen Grundüberzeugungen und Autoritäten allerdings zur gegenteiligen Ansicht: Man dürfe die Indios weder bestehlen, versklaven noch ausrotten.[17] Genützt hat es ihnen wenig.

---

15 Norman Housley: **The Crusaders**. Brimscombe Port, Stroud, Gloucestershire, 2002. Zitat aus der deutschen Übersetzung von Thomas Bertram: **Die Kreuzritter**. Darmstadt, 2004, S. 8.
16 Wikipedia: Stichwort „Kreuzzug".
17 Heinrich Schmidinger (Hrsg.): **Wege zur Toleranz**. Darmstadt 2002.

Inquisition und Hexenjagd in Europa folgen dem gleichen Schema: Die Verfolger, Folterer und Henker rechtfertigen ihre Untaten konsequent mit der Bibel, den Lehren der Kirchenväter und der Stimme ihres intensiv befragten christlichen Gewissens. Ihre christlichen Kritiker und Gegenspieler gründen ihre Ansicht auch auf Bibel, Lehren der Kirchenväter und Gewissenserforschung. Wie kann das sein?

Wie sieht eine christliche Staatsform aus?

Christen und christliche Denker haben im Laufe der Geschichte so gut wie jede Staatsform auf Basis ihrer Heiligen Schriften als die (einzige) dem Christentum angemessene gerechtfertigt. Die große Ausnahme scheint hier der Kommunismus zu sein – kommunistische Regime wurden meines Wissens nicht einmal vom Vatikan unterstützt.[18] Der Grund für diese Gegnerschaft dürfte allerdings weniger in den normativen Inhalten des Kommunismus oder in seinen Großverbrechen liegen, sondern mehr in seinem konsequenten Atheismus.

Im Alten Testament sind eigentlich nur verschiedene Varianten absolutistischer Organisation zu finden. Die Juden werden von einem Oberpriester wie Moses oder Königen wie David geführt. Die Grundregeln für das gesellschaftliche Miteinander sind eindeutig religiöser Natur. Riten, Tabus, Moral und Recht sind kaum voneinander zu trennen. Gewaltenteilung und andere Formen der Machtkontrolle sind so unbekannt wie Toleranz gegenüber anderen Religionen oder gar nichtreligiösen Lebensentwürfen. Sklavenhaltung ist so selbstverständlich wie die Einstufung der Frau als Sachgut. Kurz: Etwas anderes als diverse Varianten barbarischer Theokratie hat das Alte Testament nicht zu bieten.[19] Das ist auch kein Wunder, betrachtet man dessen Umfeld und Entstehungszeit.

---

18 Daraus kann man allerdings kein Argument für den Kommunismus gewinnen.

19 Franz Buggle: **Denn sie wissen nicht, was sie glauben.** Aschaffenburg, 2004. Dieses Buch beleuchtet zahlreiche Aspekte der Bibel, die dem Durchschnittschristen unbekannt sind.

2. Kapitel

Der Jesus des Neuen Testaments scheint an Fragen politischer Gerechtigkeit wenig interessiert zu sein. Das hat einen guten Grund: Er war, wie auch Paulus nach ihm, bekanntlich felsenfest davon überzeugt, dass er und seine Zuhörer Weltende und Gottesgericht in Kürze erleben würden – warum also sich Gedanken über politische Strukturen machen?[20] Das Ende aller bekannten Staaten stand ja unmittelbar bevor.

Aurelius Augustinus[21] und Thomas von Aquin[22] fordern, dass sich staatliche Normen grundsätzlich an von Gott für uns Menschen gesetzten Normen zu orientieren haben. Diese christlichen Normen sollen das gesamte Leben der Staatsmitglieder durchziehen: Ideen wie die einer institutionellen Gewaltenteilung, der Trennung der staatlichen von der gesellschaftlichen oder privaten Sphäre, von Offenheit gegenüber nichtchristlichen Lebensentwürfen oder religiöser Vielfalt sind darin nicht zu finden. Die bevorzugte Regierungsform ist die Monarchie. Für den Heiligen Thomas ist zudem der Papst die höchste politische Instanz auf Erden. Bei Augustinus findet sich eine starke Verlagerung der Wichtigkeit vom Staat in dieser Welt in den Gottesstaat, also die Gemeinschaft der Gläubigen jenseits weltlicher Herrschaftsstrukturen. Auf dieser Basis der relativen Unwichtigkeit irdischer Herrschaftsformen lässt sich natürlich leicht ein Pakt mit den jeweils diesseitig Mächtigen eingehen.

Die theoretisch ausgefeilte Unterstützung von Kaisern, Königen und deren Herrschaftsansprüchen im Mittelalter durch christliche Theologen ist bekannt. Der religiöse Ständestaat wurde von vielen Christen als gottgewollte Ordnung aus der Bibel oder dem Naturrecht begründet. Eine recht einflussreiche neuzeitliche Debatte dazu stammt aus dem

---

20 Der Bibelforscher Bart Ehrman beleuchtet diesen Aspekt der jesuanischen Lehre in mehreren Büchern, so z. B. in: **God's Problem: How the Bible Fails to Answer Our Most Important Question--why We Suffer.** New York, 2008. Eine so exzellente wie umfassende Darstellung unseres Wissens über Jesus liefert Heinz-Werner Kubitza: **Der Jesuswahn.** Marburg, 2011.
21 Aurelius Augustinus: **Vom Gottesstaat.** Band 1 und 2, Zürich, 1955.
22 Thomas von Aquin: **Über die Herrschaft der Fürsten.** Stuttgart, 1971.

England des 17. Jahrhunderts. Sir Robert Filmer hat in seinem Buch *Patriarchia* (1680 veröffentlicht) eine sehr ausführliche, detaillierte und explizit auf Basis der Bibel argumentierende Begründung von Absolutismus und Gottesgnadentum vorgelegt. John Locke widerlegt Filmers Thesen in seiner ziemlich ermüdenden und langatmigen *Ersten Abhandlung zur Regierung* (1690 erschienen) auf Basis derselben Bibel ebenso ausführlich wie überzeugend. In seiner wesentlich berühmteren und gar nicht langweiligen *Zweiten Abhandlung zur Regierung* (ebenfalls 1690) begründet Locke dann seine Konzeption einer durch Vertrag eingesetzten Regierung, die einem Parlament verantwortlich ist. Er plädiert für eine wirkungsvolle Gewaltenteilung und Machtkontrolle – selbstverständlich mit religiösen und theologischen Argumenten aus dem Geist des Christentums.[23]

Martin Luther hat meines Wissens keine systematische Abhandlung zur Staatsphilosophie verfasst. Ich betrachte das in Kenntnis seiner anderen Schriften, speziell derer zum Judentum, als Glücksfall. Für unseren Zusammenhang lehrreich ist aber seine Auseinandersetzung mit dem Priester und Theologen Thomas Müntzer zum Bauernaufstand. Müntzer glaubte, wie auch die aufständischen Bauern, aus der Bibel die Forderung nach sozialen Reformen ableiten zu können. Luther hingegen sah in eben dieser Bibel gerade keine legitime Quelle für die Frage nach politischen Normen oder Reformen. Der Aufstand der Bauern war für ihn also ohne Rechtfertigung; dessen brutale Niederschlagung begrüßte er ausdrücklich.[24] Bei beiden Vordenkern der Reformation kann man davon ausgehen, dass sie ihren jeweiligen Standpunkt nicht willkürlich eingenommen, sondern auf Basis intensiver Auseinandersetzung mit Bibel, Gewissen und allen sonstigen Quellen christlicher Moral gewonnen haben.

---

23 John Locke: **Zwei Abhandlungen über die Regierung**. Hrsg.: Walter Euchner. Frankfurt, 1977.

24 **Wikipedia**: Stichworte „Martin Luther" und „Thomas Müntzer". Dort finden sich auch Hinweise zur weiterführenden Literatur.

Und so ging es dann auch weiter: So gut wie jede Staatsform und jede Regierung hat ihre Rechtfertigung durch kluge und gewissenhaft argumentierende christliche Denker auf Basis der christlichen Werte gefunden. Das galt für die Monarchien und Demokratien Europas während des ersten Weltkrieges wie für die Faschisten in Italien, Portugal, Spanien und Kroatien, den Nationalsozialismus in Deutschland. Heutzutage werden durch Christen Demokratie und Rechtsstaat christlich legitimiert (bei uns); die sich ausschließenden Konzeptionen des Sozialstaates und des minimalstaatlichen Liberalismus ebenfalls. Kurz und wie traditionell gehabt: Alles ist möglich!

Menschenrechte

Die bisher zusammengetragenen Daten legen den Verdacht nahe, dass die Menschenrechte im Christentum der gleichen Beliebigkeit unterliegen wie viele andere normative Aspekte – und das stimmt auch. Das Christentum führt uns das am Beispiel der Freiheit, der Gleichheit und der Toleranz deutlich vor Augen.

Freiheit und Sklaverei

Das Christentum kennt verschiedene Argumentationslinien zur Rechtfertigung der Sklaverei und bietet praktischerweise auch gleich gute Gegenargumente. Sklavenhaltung selbst war über viele Jahrhunderte hinweg integraler und selbstverständlicher Bestandteil der christlichen Kirchengeschichte.[25] Man kann davon ausgehen, dass die christlichen Sklavenhalter – und damit sind eben auch theologisch geschulte Päpste und Bischöfe gemeint – ihre Heilige Schrift gut kannten, ihr Gewissen gründlich erforscht und ihre gottgegebene Vernunft ausführlich dazu befragt haben.

---

25 Karlheinz Deschner: **Abermals krähte der Hahn.** München 1996 (erstmals 1962 erschienen). Kapitel 55.

Im Alten Testament wird die Institution der Sklaverei als normative und gesellschaftliche Selbstverständlichkeit betrachtet. Es finden sich ausführliche Regeln für Versklavung und die Behandlung der Sklaven. Dabei wird zwischen jüdischen und nichtjüdischen Sklaven unterschieden; für alle Sklaven gelten – für die damalige Zeit wohl durchaus fortschrittlich – gewisse Schutzmechanismen. Von „Rechten" zu sprechen wäre hier allerdings nicht angebracht:

> Beim Strafen war der Herrengewalt eine Grenze gezogen: starb der Sklave an den Folgen einer Züchtigung und mindestens einen Tag später, dann blieb der Herr straffrei; starb der Sklave vorher, dann hatte sich der Herr einer Tötung schuldig gemacht. Der Sklave war somit gesetzlich geschützt vor schneller Tötung mit Vorsatz.[26]

Diese Selbstverständlichkeit der Sklaverei spiegelt sich auch in den Zehn Geboten:

> Du sollst nicht nach der Frau deines Nächsten verlangen und du sollst nicht das Haus deines Nächsten begehren, nicht sein Feld, seinen Sklaven oder seine Sklavin, sein Rind oder seinen Esel, nichts, was deinem Nächsten gehört.[27]

Paulus empfiehlt im Neuen Testament den Sklaven, geduldig in ihrem Stande zu verharren und nicht nach Freiheit zu streben:

> Alle, die das Joch der Sklaverei zu tragen haben, sollen ihren Herren alle Ehre erweisen, damit der Name Gottes und die Lehre nicht in Verruf kommen.[28]

---

26   Egon Flaig: **Weltgeschichte der Sklaverei**. München, 2009. Seite 35.
27   Ich greife hier auf die Einheitsübersetzung zurück. In einigen anderen Übersetzungen, so der von Luther und im katholischen Katechismus, wurde das Wort „Sklave" durch „Knecht" ersetzt – auch eine Variante christlicher Argumentationskunst.
28   1. Timotheus 6,1.

Vermutlich spricht er seine Empfehlung in der sicheren Erwartung des nahen Weltendes aus. Oder im Bewusstsein, dass es auf die irdische Welt eh nicht ankommt. Eine prinzipielle moralische Verurteilung der Sklaverei kann ich darin jedenfalls nicht erkennen – eher die Akzeptanz einer zwar unschönen aber durchaus legitimen Einrichtung. Auf keinen Fall aber sollte man Paulus der Fehlinterpretation der christlichen Lehre bezichtigen – diese wurde von ihm ja entscheidend geprägt.

Für die Rechtfertigung der Sklaverei hat das Christentum auf Basis seiner Heiligen Schrift verschiedene Ansätze geliefert. Der Heilige Ambrosius begründet sie unter Rekurs auf einen geistigen Mangel, der die Unterordnung des Sklaven grundsätzlich nötig mache. So die Interpretation dieses Kirchenvaters der Geschichte von Esau in der Bibel.[29] Kirchenvater Augustinus sieht das etwas anders. Für ihn findet die Sklaverei ihre Rechtfertigung zwar auch in der Bibel, allerdings eher im Fluch Noahs bzw. im Sündenfall Adam und Evas. Sklaverei sei Strafe für Verfehlung bzw. Sünde, nicht für ein natürliches Defizit:

> „Die Schuld hat es verdient, nicht die Natur" (culpa meruit, non natura). Augustin lehnt es ab, bestimmte Völker als Nachkommen von Kanaan zu benennen, da durch die Schuld Adams alle Menschen überhaupt die Sklaverei verdient haben. Frei zu sein ist eine Gnade, kein Verdienst; Sklaverei hingegen ist nicht bloß gerecht, sondern ein Medium der Nächstenliebe, denn der Herr hindert den Sklaven am Sündigen.[30]

Da nach biblischer Lehre alle Menschen seit Adam und Eva erbsündlich belastet sind, eröffnet sich Dank des Heiligen Augustinus für gottesfürchtige Sklavenhalter ein weites Feld rechtschaffener Betätigung. Weitere Argumente lieferten dann einerseits die Konzeption des mittelalterlichen Ständestaates als Ausdruck der gottgewollten Ordnung: Kein Mensch solle so hochmütig sein und seinen gottgegebenen Platz verlassen wollen. Andererseits wurde die Versklavung der Heiden, also

---

29 Egon Flaig: **Weltgeschichte der Sklaverei**. München, 2009. S. 81.
30 Egon Flaig: **Weltgeschichte der Sklaverei**. München, 2009. S. 82.

der Nichtchristen, als Mittel ihrer Bekehrung zum wahren christlichen Glauben der Liebe und Barmherzigkeit erlaubt und empfohlen. Wie oben schon erläutert, haben sich dann in der Neuzeit die Conquistadoren auf diese Argumentationslinie berufen.

Wie üblich liefert das Christentum auch die Gegenargumente. Eine klare und deutliche Ablehnung der Sklaverei erfolgt im 4. Jahrhundert durch Gregor von Nyssa:

> Gregor von Nyssa erachtete die Sklaverei als unvereinbar mit der Gottebenbildlichkeit des Menschen und den Sklavenhalter als Empörer gegen die göttliche Ordnung.[31]

Dieser Gedanke wurde dann von zahlreichen Christen, speziell Pietisten und Quäkern, als moralische Basis ihres Kampfes für die Abschaffung der Sklaverei aufgegriffen. Jeder Mensch sei ein Kind Gottes und dürfe deshalb nicht versklavt werden. Diese christlich inspirierte Bewegung hatte einen starken historischen Einfluss auf die dann tatsächlich erfolgte Abschaffung der Sklaverei als Institution in Nordamerika und Europa.[32]

Die Gleichheit und die Frau

Die Literatur zu dieser Thematik ist so umfangreich wie mittlerweile allgemein bekannt.[33] Im Alten Testament finden sich immer wieder Stellen, die eine unaufhebbare und grundsätzliche Minderwertigkeit der Frau implizieren. Wie anders sollte man die Geschichte des gottesfürchtigen Lot verstehen, der seine jungfräulichen Töchter einer randalierenden Meute zur Massenvergewaltigung anbietet, damit er und seine männlichen Gäste (zwei Engel, die vermutlich den Untergang Sodoms vorbereiten sollen) nicht behelligt werden?

---

31 Egon Flaig: **Weltgeschichte der Sklaverei**. München, 2009. S. 81.
32 Einen ersten Überblick liefert wie so oft **Wikipedia**: Stichwort „Abolutionismus".
33 Uta Ranke-Heinemann: **Eunuchen für das Himmelreich**. München, 1999 (aktualisierte Ausgabe).

> Seht, ich habe zwei Töchter, die noch keinen Mann erkannt haben. Ich will sie euch herausbringen. Dann tut mit ihnen, was euch gefällt. Nur jenen Männern tut nichts an; denn deshalb sind sie ja unter den Schutz meines Daches getreten.[34]

Dieses Motiv findet sich auch an anderer Stelle, im Buch der Richter. Dort werden dem Mob die Nebenfrau des Gastes und die jungfräuliche Tochter des Hausherrn angeboten und übergeben. Vater und Gatte ziehen sich dann zur Nachtruhe zurück. Die Nebenfrau wird zu Tode vergewaltigt:

> Während sie sich's nun wohl sein ließen, umringten plötzlich einige Männer aus der Stadt, übles Gesindel, das Haus, schlugen an die Tür und sagten zu dem alten Mann, dem Besitzer des Hauses: Bring den Mann heraus, der in dein Haus gekommen ist; wir wollen unseren Mutwillen mit ihm treiben. Der Besitzer des Hauses ging zu ihnen hinaus und sagte zu ihnen: Nein, meine Brüder, so etwas Schlimmes dürft ihr nicht tun. Dieser Mann ist als Gast in mein Haus gekommen; darum dürft ihr keine solche Schandtat begehen. Da ist meine jungfräuliche Tochter und seine Nebenfrau. Sie will ich zu euch hinausbringen; ihr könnt sie euch gefügig machen und mit ihnen tun, was euch gefällt. Aber an diesem Mann dürft ihr keine solche Schandtat begehen. Doch die Männer wollten nicht auf ihn hören. Da ergriff der Levit seine Nebenfrau und brachte sie zu ihnen auf die Straße hinaus. Sie missbrauchten sie und trieben die ganze Nacht hindurch bis zum Morgen ihren Mutwillen mit ihr. Sie ließen sie erst gehen, als die Morgenröte heraufzog. Als der Morgen anbrach, kam die Frau zurück; vor der Haustür des Mannes, bei dem ihr Herr wohnte, brach sie zusammen und blieb dort liegen, bis es hell wurde. Ihr Herr stand am Morgen auf, öffnete die Haustür und ging hinaus, um seine Reise fortzusetzen. Da lag die Frau, seine Nebenfrau, zusammengebrochen am Eingang des Hauses, die Hände auf der Schwelle. Er sagte zu ihr: Steh auf, wir wollen gehen! Doch sie antwortete nicht.[35]

---

34 1. Mose 19,8.
35 Richter 19, 22–28.

Das passt insgesamt zur Stellung der Frau im Rahmen der Zehn Gebote. Wie schon gesehen, wird die Frau auf der Liste der Sachwerte geführt, die dem Manne gehören und deren Verwendung selbstverständlich seiner Entscheidung obliegt. Auch zahlreiche Regeln des Alten Testamentes für das tägliche Zusammenleben machen klar, dass Frauen grundsätzlich männlicher Vormundschaft bedürfen, um gesellschaftlich überhaupt agieren zu können.[36]

Das Neue Testament ist da schon etwas widersprüchlicher. Jesus selbst signalisiert durch seinen offenbar recht ungezwungenen Umgang mit Frauen, dass er sie keinesfalls als Menschen zweiter Klasse betrachtet.[37] Dem gegenüber finden sich allerdings auch zahlreiche Stellen wie die folgende „über die christliche Familienordnung":

> Ihr Frauen, ordnet euch euren Männern unter wie dem Herrn (Christus); denn der Mann ist das Haupt der Frau, wie auch Christus das Haupt der Kirche ist; er hat sie gerettet, denn sie ist sein Leib. Wie aber die Kirche sich Christus unterordnet, so sollen sich die Frauen in allem den Männern unterordnen.[38]

Im Gegenzug wird dann die Pflicht des Mannes bestimmt, seine Frau zu lieben:

> Darum sind die Männer verpflichtet, ihre Frauen so zu lieben wie ihren eigenen Leib. Wer seine Frau liebt, liebt sich selbst.[39]

So sehr darin ein Unterschied und ein Fortschritt zum Alten Testament gesehen werden kann, so deutlich wird die Frage der Unterordnung der Frau geklärt. Damit war aber schon eine Art Höhepunkt erreicht – von da an ging es mit den Frauen im Christentum sehr lange bergab. Vom Heiligen Augustinus stammen Einsichten wie diese:

---

36 Franz Buggle: **Denn sie wissen nicht, was sie glauben.** Aschaffenburg, 2004. S. 182ff.
37 Heinz-Werner Kubitza: **Der Jesuswahn.** Marburg, 2011. S. 137.
38 Epheser 5,22.
39 Epheser 5,28.

> Ich sehe nicht, zu welcher Hilfe die Frau für den Mann geschaffen wurde, wenn der Zweck der Zeugung ausgeschlossen wird. Warum man trotzdem diesen Zweck ausschließt, verstehe ich nicht. Wenn die Frau nicht zur Hilfe des Kindergebärens dem Manne gegeben ist, zu welcher Hilfe dann? Etwa, damit sie zusammen die Erde bearbeiten sollen? Wenn dazu eine Hilfe notwendig gewesen wäre, dann wäre der Mann dem Manne eine bessere Hilfe. Das gleiche gilt vom Trost in der Einsamkeit. Wieviel angenehmer für das Leben und das Gespräch ist es doch, wenn zwei Freunde zusammenwohnen, als wenn Mann und Frau beieinander wohnen.[40]

Albertus Magnus, auch er Heiliger und Kirchenlehrer, rät ebenfalls zur äußersten Vorsicht beim Umgang mit Frauen:

> Die Frau kennt keine Treue. Glaube mir, wenn du ihr Glauben schenkst, wirst du enttäuscht werden. Glaube einem erfahrenen Lehrmeister. Kluge Männer teilen darum ihre Pläne und Taten ihren Frauen am wenigsten mit. Die Frau ist ein mißglückter Mann und hat im Vergleich zum Mann eine defekte und fehlerhafte Natur.[41]

Wie immer man diese und viele ähnliche Stellen genau interpretieren mag – irgendwie bleibt der Eindruck, die Frau sei dem Manne nicht ganz ebenbürtig. Und den Nachweis der gesellschaftlichen Wirksamkeit dieser und vieler anderer „Theorien" kann ich mir hier sparen, er ist nur allzu bekannt. Heute lachen wir darüber – wir sollten aber nicht aus den Augen verlieren, dass diese Aussagen von herausragenden Theologen nach bestem theologischen Wissen und christlichem Gewissen formuliert und begründet wurden. Leichtfertigkeit im Umgang mit der Bibel oder ihrem Glauben darf man diesen herausragenden Heiligen und Kirchenvätern nicht unterstellen.

---

40 Zitiert nach Uta Ranke-Heinemann: **Eunuchen für das Himmelreich**. München, 1999 (aktualisierte Ausgabe). S. 136.
41 Zitiert nach Uta Ranke-Heinemann: **Eunuchen für das Himmelreich**. München, 1999 (aktualisierte Ausgabe). S. 265.

Aber natürlich lassen sich auch christliche Lehrinhalte finden, die eine Gleichstellung von Mann und Frau argumentativ begründen können. Man muss zwar schon recht fleißig suchen, aber es gibt sie:

> Gott schuf also den Menschen als sein Abbild; als Abbild Gottes schuf er ihn. Als Mann und Frau schuf er sie. Gott segnete sie und sprach zu ihnen: Seid fruchtbar und vermehrt euch ....[42]

Das klingt nach einem gleichberechtigten Miteinander, auch für den Katholischen Katechismus. Dort wird dann auch gleich sehr selbstbewusst (und gut säkularisiert) eine traditionelle, wie gesehen bis in das Alte Testament zurückreichende christliche Argumentationstradition als unchristlich eingestuft:

> Als Gottes Bild sind beide in ihrer Verschiedenheit ebenbürtig und gleichwertig. Jede Diskriminierung wegen des Geschlechts widerspricht deshalb dem christlichen Glauben.[43]

Allerdings lässt sich eine zweite biblische Variante der Schöpfung des Menschen durch Gott gegen diesen Optimismus des Katechismus anführen:

> Dann sprach Gott, der Herr: Es ist nicht gut, dass der Mensch allein bleibt. Ich will ihm eine Hilfe machen, die ihm entspricht.[44]

Dieser Entschluss mündet in der Schöpfung der Frau aus der Rippe des Mannes – offensichtlich, damit dieser nicht ohne Hilfe (!) sein Dasein fristen muss. Gegenwärtig arbeitet die feministische Theologie konsequent daran, auf Basis der Bibel und christlicher Glaubensinhalte die traditionell patriarchalische christliche Theologie in Frage zu stellen. Ich bin sicher, dass es irgendwie gelingen kann und wird,

---

42 1. Mose 1, 27.
43 Deutsche Bischofskonferenz (Hrsg.): **Katholischer Erwachsenenkatechismus.** Band 1, 1985. S. 117.
44 1. Mose 2, 18.

die Bibel als feministische Emanzipationsschrift zu interpretieren. Warum auch nicht?

Das Christentum und die Juden

Fast zwei Jahrtausende alt ist die feindselige Haltung des Christentums gegenüber den Juden. Ihre Wurzel dürfte – neben der von Paulus forcierten Erweiterung dieser Religion aus dem Judentum heraus in die hellenistische Welt – darin liegen, dass die Christen die Juden für den Kreuzestod Jesu verantwortlich machen. So wurde es auch mir noch an einer katholischen Knabenvolksschule vermittelt: „Die Juden" hätten Jesus Christus auf dem Gewissen. Einmal abgesehen davon, dass dieses „Sühneopfer" ja Teil eines von Gott geplanten und gewollten Heilsplanes war, stellt sich natürlich die Frage, ob eine jahrtausende währende „Sippenhaft" überhaupt zu rechtfertigen ist. Nach Meinung vieler christlicher Vordenker ist die Antwort darauf allerdings klar: Selbstverständlich! Justin, Kirchenvater des zweiten Jahrhunderts, liefert eine der zahlreichen systematischen Ausarbeitungen zum Judentum in seinem „Dialog mit dem Juden Tryphon". Juden seien

> schlimme Menschen, seelisch krank, Götzendiener, verschmitzt und verschlagen, blind und lahm, ungerecht, unvernünftig, sündhaft, vollständig hartherzig und verständnislos. Er behauptet, sie hurten, sie seien voll jeder Schlechtigkeit, ihre Sündhaftigkeit steige bis ins Maßlose, alle Wasser des Meeres würden nicht genügen, um sie zu reinigen. ...[45]

Diese Tradition der Judenfeindschaft wird von den meisten Kirchenvätern aufgenommen und fortgeführt. Tertullian, Augustinus, Johannes Chrysostomos und viele andere haben uns ihre christlichen Gedanken und Argumente in zahlreichen Schriften mit dem phantasievollen Namen „Gegen die Juden" hinterlassen. Im Mittelalter wurde es auch

---

45   Zitiert nach Karlheinz Deschner: **Abermals krähte der Hahn**. München, 1996 (6. Auflage). S. 508.

nicht besser. Der religiös motivierte Hass auf die Juden fand in massiver politischer Diskriminierung und zahlreichen Gewalttaten ihren Niederschlag. Der Heilige Thomas war da keine Ausnahme:

> Was die Juden angeht, so mußten sie, wenn es streng nach dem Recht zugehen sollte, alle in ewiger Knechtschaft gehalten weden, und all ihr Eigentum gehörte ihren christlichen Herrschern. Nur sollen christliche Herrscher auf dieses Recht verzichten, damit der Name Christi nicht verlästert werde ...[46]

Auch „unser großer Reformator" Luther hat an diese christliche Traditionslinie angeknüpft. Seine Schrift „Von den Juden und ihren Lügen" liegt moralisch, sprachlich und inhaltlich auf dem Nichtniveau des „Stürmer", dem Kampfblatt der Nazis.[47] Dessen Herausgeber Julius Streicher hat sich in seiner Verteidigung beim Nürnberger Kriegsverbrecherprozess übrigens auf Luther berufen: Wenn sogar die herausragendsten Köpfe der Christenheit erkennen, dass mit den Juden was nicht stimmt ....

> Luthers Aufruf, die Synagogen niederzubrennen, die Häuser der Juden zu zerstören und ihnen ihre heiligen Bücher wegzunehmen, gab dem volkstümlichen Judenhaß eine theologische Sanktion. Luther forderte öffentlich auf zur Judenverfolgung: ....[48]

1933 hat sich die Evangelische Kirche dann auch gleich einen eigenen Arierparagraphen verpasst: Nichtarier konnten ab sofort weder als Geistliche noch als Beamte der kirchlichen Verwaltung berufen

---

46   Kurt Flasch: **Das philosophische Denken im Mittelalter.** Stuttgart, 2000 (2. revidierte Auflage). S. 390.

47   Unter dem Stichwort „Martin Luther und die Juden" findet sich bei **Wikipedia** ein erster Überblick. Man darf gespannt sein, wie man uns im anstehenden Lutherjahr 2017 diesen Hassprediger als Lichtgestalt der deutschen Geschichte verkaufen will. Margot Käßmann, die Beauftragte der EKD für das Lutherjahr, wird das allerdings schon irgendwie hinkriegen.

48   Kurt Flasch: **Das philosophische Denken im Mittelalter.** Stuttgart, 2000 (2. revidierte Auflage). S. 652.

werden; Geistliche und Beamte, die in einer Mischehe leben, seien zu entlassen. Ariernachweise wurden ab 1939 schon von den Kandidaten der Theologie gefordert.[49] Ob es dem christlichen Argumentationsniveau geholfen hat? Als eine von mehreren Landeskirchen legte die Thüringer fest:

> Juden können nicht Mitglieder der Thüringer evangelischen Kirche werden.[50]

Es gab selbstverständlich auch mutige Christen und Theologen, die offen gegen diese Hetze und Diskriminierung aufgetreten sind. Viele Mitglieder der Bekennenden Kirche lehnten sie unter (dem naheliegenden) Bezug auf das Gebot der Nächstenliebe ab:

> Wenn den Christen im Rahmen der nationalsozialistischen Weltanschauung ein Antisemitismus aufgedrängt wird, der zum Judenhaß verpflichtet, so steht für ihn (sie) dagegen das christliche Gebot der Nächstenliebe.[51]

Tatsache ist: Zahlreiche Christen – Katholiken und Protestanten, Laien und Geistliche – haben enormen Mut bewiesen und sehr viel riskiert, um verfolgten Juden zu helfen. Und wir können davon ausgehen, dass sie ihre Haltung und ihr Handeln auf Basis der Bibel begründet haben. Ganz offensichtlich finden wir also auch hier das mittlerweile vertraute Muster der normativen Beliebigkeit: Judenhetze und deren Verteidigung, Judenverfolgung und Hilfe für die Verfolgten – alles ist gleichermaßen mit christlicher Lehre, christlichen Autoritäten, christlichen Werten und christlichem Gewissen vereinbar.

---

49 Karlheinz Deschner: **Abermals krähte der Hahn.** München, 1996 (6. Auflage). S. 525ff. Dazu auch: Ernst Klee: **Die SA Jesu Christi.** Frankfurt, 1989.
50 Zitiert nach Karlheinz Deschner: **Abermals krähte der Hahn.** München, 1996 (6. Auflage). S. 526.
51 Zitiert nach Karlheinz Deschner: **Abermals krähte der Hahn.** München, 1996 (6. Auflage). S. 527.

Moral

Was heißt es, sich anderen Menschen gegenüber anständig zu verhalten? An welchen Tugenden sollte ich mein Leben ausrichten – welche Laster meiden? Welche moralischen Pflichten habe ich gegenüber Fremden, Bekannten, Freunden, Partnern, Kindern und Verwandten? Wie sieht der Zusammenhang zwischen einem gelungenen und glücklichen Leben auf der einen und einem moralischen Leben auf der anderen Seite aus? Wie lassen sich moralische Behauptungen begründen? Diese Fragen umreißen den Untersuchungsgegenstand der Moralphilosophie. Schon der erste Teil dieses Kapitels dürfte den Leser ins Grübeln gebracht haben, worin christliche Normen und Werte eigentlich bestehen und welches Verhalten sie von den Gläubigen fordern. Im zweiten Teil wird sich dieses durchaus berechtigte Grübeln weiter verstärken.

Die christliche Sexualmoral

Traditionell werden im Christentum die Diskussionen zu sämtlichen Aspekten der Sexualität mit enormer Hingabe, Leidenschaft und Akribie geführt. Das Ergebnis ist allerdings ein heilloser Wirrwarr von Positionen – das indische Kamasutra muss sich im Vergleich dazu den Vorwurf der Einfallslosigkeit gefallen lassen. Zum Einstieg die knappe und klare Einschätzung der katholischen Theologin Uta Ranke-Heinemann:

> In der jüngsten Vergangenheit hat die katholische Moraltheologie viel an Ansehen verloren. Praktisch steht sie mit ihrem ausgeklügelten Sexualkunstwerk heute vor einem Scherbenhaufen. Sie ist eine sich religiös gebende und sich auf Gott berufende Narrheit, die viele menschliche Gewissen verbog. ... Ihre Theologie ist keine Theologie, und ihre Moral ist keine Moral. ... Es ist ihre eigene Unbarmherzigkeit, an der sie versagte, indem sie den Menschen ihren eigenen

kettenden Gesetzen zu unterwerfen suchte, statt ihn den zur Freiheit rufenden Geboten Gottes gehorsam sein zu lassen.[52]

Das mit der Narrheit stimmt. Den detaillierten Nachweis erbringt Frau Ranke-Heinemann auf knapp 600 Seiten. Ihre Überzeugung, man komme zu vernünftigen moralischen Ansichten, indem man „den zur Freiheit rufenden Geboten Gottes gehorsam sei", ziehe ich allerdings in Zweifel. Die geistigen Väter der christlichen Sexualmoral, also diese ganzen Kirchenväter, Heiligen und Theologen haben zwar Narrheiten behauptet, diese aber auf Basis der Gebote Gottes, von Naturrecht und Bibel begründet – selbstverständlich im Einklang mit der Stimme ihres Gewissens. Frau Ranke-Heinemann tappt hier in dieselbe Falle wie die von ihr kritisierten Kollegen. Sie nimmt an, es gebe so etwas wie eine inhaltlich bestimmbare christliche Moral. Um sie zu erkennen, müsse man nur „richtig" an die Sache herangehen. Mit anderen Worten: Sie vertritt die ausgesprochen unplausible und unwahrscheinliche These, dass sich (fast) alle großen christlichen Gelehrten (fast) immer in Bezug auf die Inhalte der christlichen Sexualmoral massiv geirrt haben. Und dass sie es sei, die den wahren Zugang zu selbiger gefunden habe. Ist die Annahme nicht viel wahrscheinlicher, dass es so etwas wie eine klar bestimmbare christliche Moral gar nicht gibt? Dass sich alle diese Positionen, ob närrisch oder nicht, gleichermaßen gut (oder schlecht) auf Basis der Bibel begründen lassen?

Die katholische Kirche selbst führt uns gerade vor Augen, welche argumentative Wertigkeit selbst über viele Jahrhunderte von den klügsten, theologisch geschultesten und aufrichtigsten Denkern der Christenheit ausformulierte und untermauerte Positionen haben:

„Barmherzigkeit" für Homosexuelle und Geschiedene fordert der Papst. Doch bei der Sex-Synode im Vatikan schmettern die konservativen Kleriker jede Öffnung der katholischen Kirche ab.[53]

---

52 Uta Ranke-Heinemann: **Eunuchen für das Himmelreich.** München, 1999 (aktualisierte Ausgabe). S. 538.
53 Constanze Reuscher: **Franziskus scheitert mit der sexuellen Revolution.** Die Welt, 19.10.2014.

Worum geht es? Es wurden auf dieser Synode unter anderem diese zwei Fragen diskutiert:

- Sollen Geschiedene zur Kommunion zugelassen werden?
- Wie sollte sich die Kirche zu homosexuellen Menschen und Paaren stellen?

Hinter diesen Fragen stehen über Jahrhunderte mit allen Mitteln christlicher Argumentationskunst begründete und gefestigte katholische Lehrüberzeugungen:

- Geschiedene haben das Sakrament der Ehe verletzt und sind deshalb von der Kommunion ausgeschlossen.
- Homosexuelle sind fleischgewordene Todsünde und gehören in die Hölle.

Zur Hölle kommen wir später noch – an Stelle weiterer Zitate christlicher Denker führe ich auch hier die Gesamtbewertung Frau Ranke-Heinemanns an:

> Die Geschichte der Homosexuellen im Christentum ist eine bittere Geschichte. Das Christentum hat, sobald es zur Macht kam, versucht, die Homosexuellen auszurotten.[54]

Gerade in jüngster Vergangenheit hat die katholische Kirche ihre Meinung zur Homosexualität bzw. den vermeintlich nötigen Ausrottungsaktivitäten deutlich abgemildert:

> Von der Schöpfungsordnung und vom Schöpfungsauftrag Gottes an Mann und Frau her kann Homosexualität nicht als eine der Heterosexualität gleichwertige sexuelle Prägung angesehen werden. Der eigentliche Raum der vollen Geschlechtsgemeinschaft ist nach dem

---

54 Uta Ranke-Heinemann: **Eunuchen für das Himmelreich**. München, 1999 (aktualisierte Ausgabe). S. 499.

Verständnis der Bibel die Ehe zwischen Mann und Frau, und die Keimzelle der menschlichen Gesellschaft ist die Ehe.[55]

Nach einer recht detaillierten Darstellung auch therapeutischer Aspekte gelangt man schließlich zu diesem Fazit:

> In der Gesellschaft ist es allen Menschen aufgegeben, homosexuell veranlagten Menschen Verständnis entgegenzubringen. Diffamierung und Herabsetzung treibt sie in eine unerträgliche Situation und erschwert ihnen die Kommunikation. Die Christen sind aufgerufen, homosexuellen Menschen pastorale Hilfe anzubieten. Eine kirchliche Anerkennung als Institution können gleichgeschlechtliche Partner nicht erlangen.[56]

Doch – diese Formulierungen weichen meilenweit von noch kurz vorher behaupteten, wesentlich konsequenteren und „brutaleren" moralischen Positionen ab. Wie gesagt: Der Säkularisierung konnte und kann sich auch der Katholizismus nicht entziehen. Ich nehme allerdings an, dass auch die Verfasser des Katechismus ihre Aussagen auf Basis christlicher Werte, der Bibel und der Stimme ihres Gewissens getätigt haben. Die Erklärung, sie würden ihr Fähnchen einfach nach dem Wind der politischen Korrektheit richten, ist mir zu oberflächlich und platt. Gleiches gilt dann aber auch für jene konservativen Bischöfe, die jene Paragrafen abschmetterten,

> … in denen es hieß, man dürfe gleichgeschlechtliche Beziehungen nicht mit der Ehe von Mann und Frau gleichsetzen, man müsse aber Homosexuellen mit „Respekt und Taktgefühl" begegnen.[57]

---

[55] Deutsche Bischofskonferenz (Hrsg.): **Katholischer Erwachsenenkatechismus.** Band 2, 1995. S. 386.

[56] Deutsche Bischofskonferenz (Hrsg.): **Katholischer Erwachsenenkatechismus.** Band 2, 1995. S. 387.

[57] Constanze Reuscher: **Franziskus scheitert mit der sexuellen Revolution.** Die Welt, 19. 10. 2014.

Auch sie haben ihre guten christlichen Gründe. Und ebenso unterstelle ich Papst Franziskus, dass er das Christentum inhaltlich kennt und ein reines und wohlgeprüftes christliches Gewissen hat, wenn er Homosexuelle und Geschiedene als „Bereicherung der Kirche" sieht oder sehen möchte. Also: Wie kann denn jahrhundertelanger substantieller Irrtum in diesen Fragen auf Basis derselben Heiligen Schrift und derselben Auslegungstradition überhaupt möglich sein?

Allerdings sind diese Fragen auch besonders heikel. Nach jahrhundertelangem und vergleichsweise einmütigem Kampf des (katholischen) Christentums gegen Homosexualität und Scheidung muss ein Zurückrudern schon sehr sorgfältig argumentativ abgesichert werden. Man kann ja nicht einfach sagen, man habe es sich jetzt zur Abwechslung mal anders überlegt, die Kirchenväter und ganze Heerscharen von Heiligen, Theologen, Päpsten etc. wären in Irrtum oder Missverständnis der Bibel gefangen gewesen. Dadurch könnte leicht der Eindruck enstehen, die christliche Moral sei irgendwie beliebig. Meine Prognose: Man wird auch weiterhin die Haltung zu Homosexualität und Scheidung in der Praxis Schritt für Schritt aufweichen und immer wieder in offiziellen kirchlichen Gremien wie Synoden kontrovers diskutieren. Und dann wird es in einigen Jahrzehnten die ersten von „fortschrittlichen" Theologieprofessoren verfassten Gesamtdarstellungen geben, die (auf mindestens 1200 Seiten) den Nachweis erbringen, dass das Christentum und speziell dessen katholischer Zweig im Grunde schon immer Vorkämpfer für Homosexualität und Scheidung waren.

Bei den Protestanten sieht es ähnlich aus: Es ist ihnen nicht möglich, klare Antworten auf die Fragen nach Anerkennung gleichgeschlechtlicher Ehen und dem dazugehörigen Adoptionsrecht zu finden. Man diskutiert schon lange und recht intensiv, allerdings ohne klares Ergebnis. So unterhaltsam wie lehrreich ist zur Gesamtthematik ein Blick in die Internetenzyklopädie Wikipedia unter dem Stichwort „Homosexualität und Christentum". Dieser Eintrag gibt einen guten Überblick über die bunte Vielfalt christlicher Positionen zum Thema – und alle sind sie prima durch Bibel und christliche Werte begründet!

Beim Thema Scheidung herrscht die gleiche Meinungsvielfalt wie bei allen anderen Themen von Gerechtigkeit und Moral. Die Katholiken erlauben sie nur im Ausnahmefall (Übertritt eines Partners zu einer anderen Religion; Nichtvollzug der Ehe). Die orthodoxen Kirchen sehen Scheidung unter dem Blickwinkel der Barmherzigkeit und erlauben bis zu drei Eheschließungen (allerdings nur nacheinander). Und bei den Protestanten scheint eine Mehrheit der Meinung zu sein, dass Scheidung und Wiederverheiratung ganz grundsätzlich zulässig sind – im Unterschied zum katholischen Zweig des Christentums ist für diese Christen die Ehe kein Sakrament .... aber natürlich sehen das viele evangelikale Protestanten auch ganz anders, irgendwie katholischer. Also: Moralische Beliebigkeit und Orientierungslosigkeit, wohin man im Christentum auch schaut! Und das in dem Bereich von „Moral", der die wohl größte argumentative Aufmerksamkeit christlicher Theologen und Denker erfahren hat.

Du sollst nicht töten!

Man könnte nun meinen, wenigstens das Tötungsverbot als eines der Zehn Gebote der Christen sei vor moralischer Beliebigkeit gefeit – weit gefehlt. Im Alten Testament, genauer, im Kontext der Zehn Gebote, findet sich eine Fülle von Handlungen, die als todeswürdig eingestuft werden. Die Todesstrafe darf bzw. soll u. a. für folgende Vergehen verhängt werden: Regelmäßiger Ungehorsam gegen die Eltern, Schlagen der Eltern, Ungehorsam des Sklaven gegen den Herrn, Götzendienst, Kindesopfer für fremde Götter, Gotteslästerung, Entheiligung des Sabbat, unerlaubtes Betreten heiligen Bodens, Zauberei, Wahrsagerei, Menschenraub, Sodomie, Ehebruch, Homosexualität (siehe oben, katholischer Katechismus), Inzest, Verkehr mit einer Frau während ihrer Monatsregel, Hurerei, Falschaussage vor Gericht, Mord, Anwesenheit bzw. Siedlung auf Land, das Jahwe den Israeliten versprochen hat.[58]

---

58 Einige dieser Beispiele werde ich in den folgenden Kapiteln näher betrachten.

Selbst wenn man versucht, diese Liste von Ausnahmen bzw. das Alte Testament dadurch zu entschärfen, dass man die Todesstrafe „lediglich" als Symbol für eine schwere Strafe bzw. höchste Strafwürdigkeit versteht, bleibt ein fundamentaler Widerspruch zur säkularen Kernmoral bestehen: Sehr viele dieser „Vergehen" sind aus heutiger Sicht schlicht und einfach gar nicht strafwürdig, andere sicher nicht mit Höchststrafe zu ahnden. Und ich bin sicher, dass die allermeisten Christen (bei uns) diese Einschätzung teilen. Auch hier eröffnet ein Vergleich mit der islamischen Welt (oder dem Mittleren Westen der USA) den Christen der deutschen Gegenwart den Blick auf ihre doch schon sehr weit gediehene Säkularisierung in normativer Hinsicht – wofür wir alle sehr dankbar sind.

Die Geschichte des Christentums spiegelt dann auch konsequent über zwei Jahrtausende wider, wie leicht es ist, Ausnahmen zum Tötungsverbot auf Basis christlicher Werte zu begründen. Ketzer (ein sehr weit gefasster Begriff, der auch auf zahlreiche Wissenschaftler angewendet wurde), Hexen, Heiden (das christliche Verständnis dieses Begriffes gibt den größten Teil der Menschheit zum Töten frei), Juden, rebellische Bauern, Sklaven (aufständisch oder nicht).

Und natürlich gab und gibt es zu jedem Punkt christliche Denker, die eine konträre Ansicht vertreten. So haben sowohl die katholische als auch die evangelische Kirche während der letzten Jahrzehnte ein eher zurückhaltendes Verhältnis zur Todesstrafe bzw. eine eher säkular inspirierte Interpretation der Zehn Gebote entwickelt (bei uns – in den USA schaut es anders aus):

> Nach Verabschiedung des bundesdeutschen Grundgesetzes 1949 legitimierten die lutherischen Theologen Paul Althaus,[97] Werner Elert und Walther Künneth die Todesstrafe erneut. Künneth behauptete in einem Gutachten für einen Bundestagsantrag zur Wiedereinführung 1949, durch die Todesstrafe für Mord stelle der Staat seine Hoheit und Gottes Heiligkeit wieder her.[98]
> Karl Barth dagegen begründete ihren Ausschluss 1951 mit dem Kreuzestod Jesu Christi, der alle Vergeltung auf sich genommen und damit

erübrigt habe. Von da aus sei ein Staatsrecht zum Strafen durch den Tod eine mit der ein für alle Mal vollzogenen Versöhnungstat Jesu Christi, dem Zentrum des christlichen Glaubens, unvereinbare Anmaßung.[99]
Ernst Wolf widersprach der traditionellen lutherischen Staatsmetaphysik: Röm 13 legitimiere nicht bedingungslos jede Obrigkeit und überhöhe sie nicht zu Gottes Stellvertreter auf Erden, sondern ordne alle Staatsformen und Regierungen Gottes Recht zur Gnade unter, die Christus ein-für-allemal vollzogen habe. Das „Schwertamt" (Röm 13,4) impliziere daher kein unbedingtes Recht zur Todesstrafe; diese könne Unrecht nicht sühnen.[100][59]

Zum Abschluss noch ein Zitat aus dem Katholischen Katechismus. Es zeigt einmal mehr, wie weit sich das Christentum (bei uns) mittlerweile von zentralen Teilen der Bibel entfernt und den Einflüssen der säkularen Moral geöffnet hat:

Vom Glauben her werden Christen über alle staatliche Rechtsordnung hinaus daran erinnert, daß auch der schlimmste Verbrecher sich mit Gott versöhnen lassen kann, indem er die Gnade der Einsicht und Umkehr annimmt. Vor diesem Hintergrund hat sich die Überzeugung verstärkt, daß Christen – besonders in unseren Verhältnissen – keine Verfechter der Todesstrafe sein sollten.[60]

Tja – es geht halt hin und her und vor und zurück und rauf und runter mit den moralischen Positionen des Christentums. Diese Textstellen zur Todesstrafe bieten auch schon einen Vorgeschmack auf Art und Weise christlicher Argumentation und erste Indizien für meine These, dass die moralische Beliebigkeit des Christentums kein Betriebsunfall, sondern Wesenskern ist.

---

59 **Wkipedia:** Stichwort „Todesstrafe".
60 Deutsche Bischofskonferenz (Hrsg.): **Katholischer Erwachsenenkatechismus.** Band 2, 1995. S. 286.

Die Hölle des Christentums

Bisher habe ich mich auf eine Bestandsaufnahme christlicher Positionen zu wichtigen normativen Fragen beschränkt. Fragen nach der christlichen Ontologie, also nach der Existenz höherer Wesen (Gott, Erzengel, andere Engel, gefallene Engel, Dämonen), ihren Eigenschaften, den Teilen des christlichen Universums (Welt, Paradies, Himmel, Fegefeuer, Vorhölle, Hölle) usw. habe ich bewusst ausgeklammert. Zum Abschluss dieses Kapitels lohnt sich aber zumindest ein kurzer Blick auf einen für die christliche Morallehre so wesentlichen wie bekannten Aspekt: Die Hölle.

Jedes Moralsystem sagt etwas über strafwürdige Handlungen, über Schwere und Ausmaß einer angemessenen Bestrafung. Mord wird in der Regel härter bestraft als das Nichterscheinen zu einer Verabredung im Kino oder Betrug bei einer Schulprüfung. Im Rahmen der christlichen Moral spielt die Hölle sowohl als Motivationsquelle für moralisches Handeln als auch als Ort des Strafvollzugs eine wichtige Rolle. Ob es die Hölle überhaupt gibt, wie dieser Begriff, falls überhaupt sinnvoll, zu verstehen ist – der christliche Meinungspluralismus erreicht diesbezüglich einen Höhepunkt.

Die christliche Lehre von der Hölle wurzelt im Neuen Testament. Sie spielt im Alten Testament eine eher bescheidene Rolle. Das liegt wohl in erster Linie daran, dass ein ausgefeiltes Konzept eines Lebens nach dem (weltlichen) Tod im Alten Testament nicht zu finden ist. Göttliche Strafen werden von Jahwe üblicherweise im Dieseits vollzogen, der Nachhaltigkeit wegen gerne auch an den Nachkommen der Frevler (und deren Nachkommen etc.). Es war Jesus, der im Neuen Testament den Gedanken einer ewigen Strafe mit „Heulen und Zähneklappern" in der jenseitigen Hölle einführt und immer wieder klar und deutlich betont.[61] Jesus predigte ja aus dem festen apokalyptischen Glauben heraus, Weltende und Gottesgericht stünden unmittelbar bevor. Da

---

61 So z. B. in Mt 24,50–51, Lk 10,12–15, Mt 10,15; 23,33. Das Höllenmotiv taucht in Verbindung mit Jesu Predigten in allen Evangelien auf, scheint also tatsächlich Teil seiner Lehre gewesen zu sein.

liegt es nahe, sich zu den konkreten Folgen des göttlichen Gerichtes zu äußern.[62] Auf dieser von Jesus gelegten Basis hat das Christentum dann in den folgenden Jahrhunderten in liebevoller Detailarbeit seine Lehre von der Hölle entwickelt.[63] Bis in die jüngste Vergangenheit hinein dominiert darin das Element des erbarmunglosen Psychoterrors. Unzählige Kirchenväter, Heilige, Theologen und Geistliche haben diverse Vergehen und die zugehörigen Strafarten präzise beschrieben und katalogisiert, die Architektur der Hölle ausgearbeitet (Vorhölle, Fegefeuer, eigentliche Hölle mit verschiedenen Abteilungen), revidiert (Schließung der Vorhölle durch den Vatikan im Jahre 2007), in aller Anschaulichkeit die Sündern drohenden, unsäglichen Höllenqualen den Menschen vor Augen geführt.[64] Man war auch nicht zögerlich damit, ganze Bevölkerungsgruppen an diesen Ort zu delegieren. Dabei handelt es sich um die üblichen Verdächtigen: Schamlose und eitle Frauen, habgierige, hochmütige und ungläubige Menschen, Homosexuelle und Juden sowieso. Später dann, je nach Bedarf und visionärer Erleuchtung, Wissenschaftler (speziell Kosmologen und Evolutionsbiologen), Freimaurer, sämtliche Angehörigen jeder christlichen Konfession (allerdings immer die der jeweils anderen), Sozialisten, Liberale, Demokraten und Trägerinnen von Miniröcken (vermutlich auch deren Träger). Alle, die vor der Ehe oder in ihr Freude am Sex haben. Einige Philosophen selbstverständlich auch, aber das geht für mich in Ordnung; man will ja gar keine Sonderbehandlung. Die Liste ist nicht vollständig, liefert aber einen guten Einblick in die höllische Bevölkerungsstruktur.

Die sehr handfeste Variante der Höllenlehre wird auch heute noch von vielen christlichen Glaubensrichtungen vertreten. Im US-amerikanischen Fundamentalismus ist der Glaube an eine manifeste Hölle gang

---

62 Zum historischen bzw. realen Jesus Karl-Heinz Kubitza: **Der Jesuswahn**. Marburg, 2011.

63 Einen exzellenten Überblick liefert Herbert Vorgrimler: **Geschichte der Hölle**. München, 1994 (2. verb. Auflage).

64 Für mich persönlich ist dies eine der verwerflichsten Traditionslinien des Christentums. Man stelle sich nur die Verheerungen in der Psyche der Kinder vor, die diesem perversen Unfug ausgesetzt wurden und zum Teil immer noch sind.

und gäbe. Zur moralischen Stärkung, inbesondere der Kinder, kann man in sogenannten *Hell Houses* reale Szenen aus der realen Hölle (gespielt von ziemlich motivierten und inspirierten christlichen Schauspielern) anschauen und hautnah miterleben.[65] Auch bei uns möchten evangelikale Kreise nicht auf diesen Teil christlicher Tradition verzichten. Ohne manifeste Hölle keine Strafe und ohne drohende Höllenstrafe kein Motiv für moralisch anständiges Verhalten. Glauben sie jedenfalls.

Allerdings sind da viele Christen und Theologen auch gleich wieder ganz anderer Meinung. Hier ein paar Beispiele aus dem aktuellen Angebot zum Thema:

> Hölle ist theologisch die endgültige Verlorenheit des Menschen in einer letzten Trennung von Gott. ... Das Wesen der Hölle ist das Nein zu Gott als die letzte und totale Entscheidung des Menschen gegen Gott, die letzte, vom Wesen der Freihheit selbst her nicht mehr revidierbare Entscheidung.[66]

Damit entfernt man sich natürlich recht weit vom eigentlichen Höllengedanken und den Höllenqualen. Es gibt ja erwiesenermaßen eine Menge glücklicher Atheisten, die Zeit ihres Lebens ihre Trennung von Gott weder als Problem noch als Verlorenheit empfunden haben oder empfinden. Schon gar nicht als Qual. Es scheint, als wären die aus dieser Trennung resultierenden Probleme dann doch nur für Christen reserviert.

Für Rudolf Bultmann gehören alle futurisch-materialen Aussagen der Eschatologie in den Bereich der apokalyptischen oder gnostischen Mythologie. Sie sind für den modernen Menschen unannehmbar und müssen entmythologisiert werden, d. h. auf ihren existentiellen Gehalt

---

65 **Wikipedia**: Stichwort „Höllenhaus". Bei **youtube** finden sich interessante Reportagen dazu.
66 Karl Rahner, zitiert nach Herbert Vorgrimler: **Geschichte der Hölle**. München, 1994 (2. verb. Auflage). S. 336.

hin interpretiert werden. Der linear-zeitliche und der kosmologische Aspekt der einzelnen Vorstellungen werden so bedeutungslos.[67]

Für die beiden sehr einflussreichen Theologen Rahner und Bultmann existiert die Hölle also weder als realer Ort noch als Abschnitt auf unserer Zeitachse. Hans Küng stimmt seinen Kollegen in diesem Punkt zu:

> Die Hölle ist kein bestimmter Ort und keine bestimmte Zeit, sondern gemeint ist der Moment der Begegnung eines sterbenden Menschen mit Gott. In diesem Moment begegnet der unfertige und unvollkommene Mensch dem heiligen, unendlichen, liebevollen Gott. Diese Begegnung ist zutiefst beschämend, schmerzhaft und deswegen reinigend.[68]

So kann man das also auch sehen. Gut. Die Ausdrucksweise Rahners, Bultmanns und Küngs ist übrigens typisch für Theologen. Eigentlich wird nur gesagt, dass es jetzt doch keine Hölle im traditionellen Sinne gibt. Deshalb muss man die christliche Lehre von der Hölle irgendwie uminterpretieren. Wie genau – das wird dann in schwer verständlicher, mehrdeutiger „Gelehrtensprache" formuliert. Hauptsache, man ist die gute alte handfeste Hölle mit Pech und Schwefel, Heulen und Zähneklappern irgendwie losgeworden. Ein bisschen was davon möchte man aber schon gerne behalten, man weiß ja nie ....

Joseph Ratzinger, der spätere Papst Benedikt XVI., liegt mit seiner Meinung zur Hölle irgendwo dazwischen; es gibt sie zwar wirklich, aber keiner will so recht, dass man dort landet:

> Jesus Christus ist gekommen, um uns zu sagen, dass er uns alle im Paradies haben wolle und dass die Hölle, von der man in unserer Zeit so wenig spricht, existiere und ewig sei für jene, die ihre Augen vor seiner Liebe verschließen.[69]

---

67 Herbert Vorgrimler: **Geschichte der Hölle**. München, 1994 (2. verb. Auflage). S. 324.
68 **Wikipedia**: Stichwort „Hölle", Fußnote 9.
69 **Wikipedia**: Stichwort „Hölle", Fußnote 12.

An dieser Stelle sei mir die Frage gestattet, woher diese ganzen christlichen Höllentheoretiker eigentlich ihr Wissen von der Hölle haben? Auch bei den Verfassern des katholischen Katechismus würde mich eine Antwort interessieren:

> Aber, so wird gefragt, kann man sich einen gütigen Gott denken, der in gnadenloser Weise ewige Höllenqualen will? Wie kann man Höllenpredigten, die Angst machen und Druck ausüben, mit der frohen und befreienden Botschaft des Evangeliums vereinbaren? Bedeutet die Überzeugung von ewigen Höllenstrafen nicht das Aufgeben der christlichen Solidarität mit allen Menschen?
>
> Als Antwort kann man zunächst darauf verweisen, daß alles Deuteln nicht darüber hinwegtäuschen kann, daß nicht nur das Alte Testament, sondern auch Jesus und das Neue Testament den Bösen, den Gottlosen und den schweren Sündern die Möglichkeit der Verwerfung vor Augen gestellt haben (vgl. Mt 5,29–30; 10,28; 23,15.33 u.a.). Es ist die Rede vom ewigen Feuer (vgl. Mt 3,12; 25,41 u.a.), von der ewigen Pein (vgl. Mt 25,46), von Finsternis (vgl. Mt 8,12 u.a.), von Heulen und Zähneknirschen (vgl. Mt 13,42.50).
>
> Die Lehre der Kirche, welche die Ewigkeit der Höllenstrafen ausdrücklich verteidigt hat, steht also auf einem guten und gesicherten biblischen Fundament.
>
> ...
>
> Das Wesen der Hölle wird uns in der Heiligen Schrift in Bildern ausgedeutet. Wenn dort vor allem vom Feuer der Hölle die Rede ist, dann ist dies nicht in einem grob-realistischen Sinn zu verstehen; schon gar nicht darf man an sadistische Quälereien denken. Aber auch ein rein geistiges Verständnis wird der Aussage der Schrift nicht gerecht. Im Bild wird vielmehr eine Realität viel tieferer Art ausgesagt. Es handelt

sich um das verzehrende Feuer, das Gott in seiner Heiligkeit für das Böse, die Lüge, den Haß und die Gewalttat ist.[70]

Danke für die Klarstellung. Mein Fazit: Die Hölle ist für die Christen ein Mysterium, das sie bis heute nicht näher erklären können. Davon lässt man sich aber nicht abschrecken, mit der Hölle zu argumentieren und sie in der einen oder anderen Form in die christliche Morallehre einzubauen. Gerade so, wo und wie man sie gerade brauchen kann.

Das Fazit dieses Kapitels: Ganz offensichtlich lassen sich auf Basis des Christentums und seiner Heiligen Schrift Massenmord und Pazifismus, harter Kapitalismus und Sozialismus, Folter und Krankenpflege, Nationalsozialismus und Widerstand, Todesstrafe und ihre Ablehnung, Diskriminierung diverser Bevölkerungsgruppen und deren Gleichberechtigung, Sklaverei und der Kampf dagegen, Demokratie und Absolutismus, Polygamie und Monogamie etc. rechtfertigen. Dieses Kapitel bietet eine Fülle von Indizien, die den Verdacht nahelegen, dass mit den christlichen Werten und Normen etwas nicht stimmen kann. Meine Datensammlung ist zwar sicher nicht vollständig, aber leicht erweiterbar und durchaus repräsentativ. Sie reicht auf jeden Fall zur Stützung der Beliebigkeitsthese aus: Christliche Moral rechtfertigt, erlaubt und verbietet alles. Die folgenden Kapitel entwickeln Schritt für Schritt die Erklärung für diese normative Haltlosigkeit.

---

70 Deutsche Bischofskonferenz (Hrsg.): **Katholischer Erwachsenenkatechismus.** Band 1, 1985. S. 422ff.

3. Kapitel: Was ist ein Moralsystem?

Das letzte Kapitel wirft zwei Fragen auf. Erstens, die Frage nach der Eigenwahrnehmung vieler Christen. Konkret: Wie kommt es, dass angesichts einer so umfassenden wie offensichtlichen normativen Beliebigkeit so viele Christen felsenfest davon überzeugt sind, es gebe brauchbare christliche Antworten auf normative Fragen – und dass ausgerechnet sie diese hätten?[71]

Zweitens, die Frage nach der Erklärung dieser Beliebigkeit. Wie kommt es, dass auf Basis christlicher Normen und Werte so gut wie jede Handlung begründbar ist? Mich interessiert als Philosoph natürlich die zweite Frage am meisten. In diesem und den nächsten Kapiteln werde ich meine Gründe für folgende Antwort entwickeln: Das Christentum verfügt schlicht und einfach über kein Moralsystem – genausowenig, wie es über eine Physik, Biologie oder Kosmologie verfügt. Genau deshalb kann das Christentum keine belastbare moralische Argumentation entwickeln. Es ist nichts anderes als eine esoterische Apologetik, tauglich nur dazu, vorgefasste Meinungen und Überzeugungen mit Scheinargumenten zu umgeben. Das klingt schroff, ist aber so. Und kann plausibel begründet werden.

Mein Argumentationsweg sieht so aus: Im ersten Schritt werde ich die Frage beantworten, warum moralische Argumentation für uns eigentlich so wichtig ist. Danach arbeite ich die Minimalanforderungen an jede moralische Argumentation bzw. an jedes Moralsystem heraus. Den Nachweis, dass das Christentum keiner einzigen dieser Minimalanforderungen genügt, führe ich dann in den nächsten Kapiteln.

---

71 Prominentes Beispiel dafür ist Joseph Ratzinger, der als Papst Benedikt XVI. immer wieder energievoll gegen die „Diktatur des Relativismus" gepredigt hat. Die Pius-Bruderschaft erhebt allerdings gegen ihn so oft wie gerne genau diesen Relativismus-Vorwurf. Also: Christlicher Relativismus auch beim Relativismus! Grundsätzlich empfiehlt sich zur Erweiterung des Horizontes ein Besuch der Website der Piusbrüder: www.pius.info.

Warum brauchen wir moralische Argumente?

Ich beziehe mich aus Gründen der Anschaulichkeit in erster Linie auf Moral im engeren Sinne. Meine Überlegungen gelten aber selbstverständlich auch für Fragen der politischen Gerechtigkeit.

Unser Handeln hat Folgen für andere Menschen

Alle unsere Entscheidungen und Handlungen haben Folgen. Sehr oft wirken diese Folgen sich auf andere Menschen aus. In vielen Fällen sind die Auswirkungen den Betroffenen allerdings mehr oder weniger egal. Ob ich meine Vorlesung mit Hilfe von Overheadfolien, einem Beamer oder einem traditionellen Tafelbild unterstütze ist meinen Studenten im Grunde egal. Hauptsache, die Qualität stimmt. Das hoffe ich zumindest. Ob ich mir an der Kinokasse eine Karte für *Star Wars* oder *Das Leben des Brian* kaufe, ist dem Kinobesitzer weitgehend egal.

Es kann natürlich auch sein, dass die Auswirkungen meines Tuns anderen willkommen sind. Meine Entscheidung, einen Autostopper mitzunehmen, freut den Betroffenen vermutlich. In anderen Fällen sind die Folgen meiner Handlung sicher nicht willkommen. Meine Entscheidung, ein Auto von Verkäufer A zu kaufen, freut Verkäufer B, dem das Geschäft mit mir entgeht, sicher nicht. Trotzdem hat Verkäufer B keinen Grund, mir moralische Vorwürfe zu machen. Ich darf natürlich bei A bzw. woanders kaufen. Hätte ich den Autostopper nicht mitgenommen, so hätte auch er keine Berechtigung, sich bei mir zu beschweren. Handlungen, die Freude auslösen, sind natürlich nicht per se moralisch einwandfrei. Die Freude einer Meute von Rassisten, wenn vor ihren Augen ein Mensch der von ihnen verachteten Rasse verprügelt wird, ist sicher kein Indiz für die moralische Vertretbarkeit der Gewaltanwendung. Kurz: Kenne ich die Folgen einer Handlung, so weiß ich noch nicht, wie diese Handlung moralisch zu beurteilen ist.

3. Kapitel

Moralische Überlegungen sollen nun genau die Frage beantworten, welche Entscheidungen und Handlungen angesichts der zu erwartenden (oder vielleicht gar nicht abschätzbaren) Folgen vertretbar, geboten oder verboten sind. Salopp gesprochen, sollen sie es uns ermöglichen oder erleichtern, gut miteinander auszukommen, obwohl wir ständig etwas tun, womit wir andere beeinflussen und in ihr Leben eingreifen. Wesen, die keinerlei Wirkung aufeinander haben, brauchen keine Moral. Es gibt irgendwo im Universum vermutlich andere empfindungsfähige intelligente Lebewesen – solange unser Tun keinerlei Auswirkung auf sie hat, brauchen wir uns keine moralischen Gedanken über sie zu machen.

Wann benötigen wir ein Moralsystem?

Im Alltag denken wir eher selten über substantielle moralische Fragen nach. Wir wissen in der Regel ganz gut, wie wir mit anderen Menschen umgehen sollten. Dahinter steckt allerdings ein Bestand an moralischen Selbstverständlichkeiten, die wir „mitbekommen" haben, die wir akzeptieren und an denen wir uns eben im Normalfall orientieren. Diese Selbstverständlichkeiten waren das aber nicht immer. Wir schauen heute niemanden mehr schief an, wenn er vorehelichen Sex hat, nicht regelmäßig in die Kirche geht oder eine Scheidung hinter sich hat. Und niemand hat ein Problem damit, wenn an unseren Schulen Jungen und Mädchen, Katholiken und Protestanten in einer Klasse unterrichtet werden. Das war nicht immer so. Wir folgen heute im Alltag einem anderen Moralsystem, anderen Selbstverständlichkeiten als vor fünfzig oder hundert Jahren. Auch die Alltagsmoral entwickelt sich.

Wann greifen wir ganz bewusst auf ein Moralsystem zurück? In schwierigen Situationen wissen wir bisweilen nicht, was wir tun sollen. Wir möchten eine möglichst anständige Entscheidung treffen, haben aber verschiedene Möglichkeiten zur Auswahl – und keine sticht als „die richtige" ins Auge. Ein Beispiel: Soll ich einem guten Freund eine für ihn sehr schmerzliche Wahrheit sagen, oder warten, bis er sie selbst herausfindet? Es kann für jede Alternative Gründe geben. Ein Moralsysten soll uns helfen, diese zu gewichten und zu einer vertretbaren Entscheidung zu kommen.

Moralische Überlegungen stellen wir auch an, wenn (vermeintliche) Selbstverständlichkeiten ins Wanken kommen. Wir habe das in den letzten Jahren in Bezug auf gleichgeschlechtliche Partnerschaften erlebt. Vor 50 Jahren war Homosexualität noch der Gipfel der Unmoral. Heute werden homosexuelle Menschen und Partnerschaften weithin akzeptiert. So etwas geschieht nicht von alleine. Diese Entwicklung wurde und wird von intensiven moralischen Diskussionen begleitet. Auch von Diskussionen "mit mir selbst": Vernünftiges Nachdenken kann helfen, eigene Vorurteile oder unbegründete Haltungen abzubauen. Selten über Nacht – aber auch hier gilt: Steter Tropfen höhlt den Stein.

Es gibt auch Situationen, in denen wir moralische Fragen mit anderen diskutieren: Ich weiß einfach nicht, was ich tun soll und frage um Rat. Dieser Rat soll mehr sein als eine Zufallsentscheidung – sonst könnte ich ja auch würfeln. Ein guter Rat hilft mir dabei, die Situation besser zu verstehen, argumentativ zu klären und zu einer gut begründeten Entscheidung zu kommen. Oft müssen moralische Entscheidungen gemeinsam getroffen werden. Dabei möchte ich jemand von meiner Anschauung überzeugen, ihm meine Entscheidung erklären. Ein Beispiel dafür sind Gesetze zu Abtreibung, Sterbehilfe oder Klonen. Sie haben eine stark moralische Dimension und müssen auf argumentativer Ebene sehr sorgfältig bearbeitet werden. Und genau dafür brauchen wir ein moralisches System als Grundlage und Rahmen der Diskussion. Ein bloßes „wir machen das jetzt so, weil wir die Mehrheit haben" ist kein zufriedenstellendes Ergebnis. Die Mehrheit sollte für unser Verständnis ihre Gründe zumindest transparent darlegen und nachvollziehbar machen. Und die Mehrheit liegt in moralischen Fragen keinesfalls automatisch richtig.

Gerade für die nachvollziehbare Begründung einer Entscheidung ist ein Moralsystem sehr wichtig. Oft orientieren sich andere Menschen ja an der Entscheidung und ihrer Begründung als „Musterfall". Kinder lernen von Eltern und anderen Erwachsenen durch Beispiele und „vormachen", wie man an moralische Fragen herangeht. Das gilt auch für die Politik. Ein Parlament sollte jedes Gesetz in letzter Analyse auf Basis der Verfassung begründen können. Hier ist transparente Argumentation ein wichtiges Element politischer Glaubwürdigkeit (und Stabilität). Gleiches gilt für die Begründung von Sanktionen oder Strafen. Nur im Rahmen eines Moralsystems können wir prüfen, ob Strafe für eine bestimmte Handlung überhaupt gerechtfertigt ist, welches Strafmaß stimmig ist.

Für religiöse Menschen kommt eine weitere Dimension der Wichtigkeit eines Moralsystems hinzu. Für sie ist nicht nur der Umgang mit anderen Menschen moralisch wichtig. Dazu kommt die Frage, wie man sich gegenüber Gott oder den Göttern verhalten soll.

Moralische Fragen betreffen aber nicht nur den Umgang mit anderen Menschen (oder Göttern). Die moralische Kardinalfrage für die antike Ethik war die nach dem geglückten bzw. glücklichen Leben. Wie sollte ich an mein Leben herangehen, damit ich glücklich werde? In welche Richtung sollte ich mich, meine Persönlichkeit, meinen Charakter entwickeln? Welche Ansprüche sollte ich an mich und mein Leben stellen? Worin liegt der Sinn meines Lebens?[72]

Das Fazit: Bei all diesen Gelegenheiten benötigen wir ein Moralsystem als Grundlage und Rahmen für Entscheidungsfindung und Diskussion. Wir wollen durch Nachdenken und Argumentieren vertretbare Antworten finden – ansonsten könnten wir ja würfeln oder die Sache im Losverfahren entscheiden. Mir geht es hier nicht darum, die Frage nach dem richtigen Moralsystem zu diskutieren und zu entscheiden.[73]

---

72 Einen exzellenten Überblick dazu bietet Christoph Horn: **Antike Lebenskunst.** Glück und Moral von Sokrates bis zu den Neuplatonikern. München, 1998.

73 Einen sehr zuverlässigen Überblick zur Moralphilosophie liefert John Hospers: **Human Conduct.** New York, 1982 (2. Aufl.). Diese Textsammlung ist ebenfalls uneingeschränkt zu empfehlen: Dieter Birnbacher und Norbert Hoerster (Herausgeber): **Texte zur Ethik.** München, 1982 (4. Aufl.).

Für meine Zwecke reicht es aus, die Frage nach den Mindestanforderungen zu stellen, die ein Moralsystem erfüllen muss, damit es uns bei der Suche nach Antworten auf moralische Fragen wirklich helfen kann.

Mindestanforderungen an ein Moralsystem

Warum losen wir die Antworten auf moralische Fragen eigentlich nicht aus? Wir könnten doch jeweils alle möglichen Antworten auf einen Zettel schreiben und dann eine Ziehung vornehmen. Mit so einem Verfahren gingen uns aber mindestens zwei Aspekte am Prozess moralischer Entscheidungsfindung verloren, die uns sehr wichtig sind: Berechenbarkeit und Stimmigkeit. Was heißt das?

Berechenbarkeit

Berechenbarkeit ist wichtig, da wir unsere eigenen Entscheidungen und Handlungen sehr oft in Unkenntnis der Entscheidungen anderer treffen und ausführen. Dabei verlassen wir uns aber darauf, dass diese anderen sich an bestimmte Vorgaben oder Regeln halten – und die anderen verlassen sich auf uns. Zwei ganz banale Beispiele: Bei uns gehe ich bei Grün ohne Zögern über die Straße, weil ich davon ausgehe, dass alle anderen Verkehrsteilnehmer bei Rot stehenbleiben. Deren Entscheidungen und Handlungen sind für mich berechenbar, da nicht von einem Losverfahren abhängig. Bei uns kann man sich auch darauf verlassen, dass im Postamt Ansichtskarten nicht wieder aus dem Postkasten geholt, die Marken abgezogen und noch einmal verkauft werden. Für andere Länder gilt das leider nicht. Ein weniger triviales Beispiel: Ich verlasse mich auf Skitour im Fall eines Lawinenunglücks darauf, dass meine Kameraden sofort Hilfe leisten und nicht erst losen, ob sie mich suchen und ausgraben sollen. Ihre Entscheidung und ihr Handeln ist für mich berechenbar. Ein gar nicht triviales Beispiel: Ich weiß, dass Polizisten in Deutschland mich bei einer Demonstration nicht einfach abknallen. Ihr Verhalten ist für mich weitgehend berechenbar. Diese Berechenbarkeit ginge verloren, würde man sich nicht an dasselbe Moralsystem halten, sondern würfeln.

Stimmigkeit

Stimmigkeit ist wichtig, weil moralische Entscheidungen und Handlungen in verschiedenen Bereichen nicht unabhängig voneinander sind. Ein Beispiel: Alle Fragen um Leben und Tod hängen moralisch zusammen und sollten stimmig beantwortet werden. Die Forschung an Stammzellen, die Zulässigkeit des Klonens, Abtreibung, Euthanasie, Sterbehilfe usw. können nicht unabhängig voneinander, nicht einzeln und jede für sich beantwortet werden. Wer z. B. für die absolute Entscheidungsfreiheit der Mutter bei der Abtreibung plädiert, wird sich schwer damit tun, ein absolutes Verbot der Sterbehilfe stimmig zu vertreten. Oder: Wer sich konsequent für Religionsfreiheit einsetzt, kann nicht gleichzeitig für systematische Pressezensur sein – das passt einfach nicht zusammen. Ein drittes Beispiel: Wer das Recht auf freie Lebensgestaltung vertritt, sollte nicht dafür plädieren, Bürger an der Ausreise bzw. am Auswandern zu hindern. Ein Losverfahren würde diese Forderung der Stimmigkeit missachten.

Warum sind Berechenbarkeit und Stimmigkeit wichtig?

Gerade habe ich einfach behauptet, Berechenbarkeit und Stimmigkeit seien wichtig. Zur Veranschaulichung habe ich Beispiele gegeben. Ich konnte das tun, weil ich sicher bin, dass die allermeisten Leser das ebenso sehen und diese Überzeugung mit mir teilen. Als Philosoph hat man aber gelernt, bei Übereinstimmung nicht einfach stehenzubleiben, sondern weiter zu fragen. Also, warum sind Berechenbarkeit und Stimmigkeit bei der moralischen Entscheidungsfindung so wichtig? Die Antwort: Es stehen Interessen auf dem Spiel, die für jeden von uns extrem wichtig sind. Ein Würfelsystem oder Losverfahren würde mit hoher Wahrscheinlichkeit diese Interessen massiv verletzen. Was heißt das?

Zum einen haben wir alle ein Interesse an Sicherheit. Wir möchten vor Gewalt, Erpressung, Betrug, Instrumentalisierung etc. geschützt sein. Wenn ich ständig auf der Hut vor meinen Mitmenschen sein müsste, ständig an meine Sicherheit denken müsste, wäre mein und unser Leben anders. Man kann das leicht in Weltgegenden sehen, in denen moralische Berechenbarkeit und Stimmigkeit zusammengebrochen sind. Zum anderen haben wir darüber hinaus das Interesse, nach der eigenen Fasson zu leben. Wir haben ganz unterschiedliche Vorstellungen davon, wie ein gutes Leben aussieht und möchten unsere Lebensführung daran ausrichten. Dazu gehört auch die Möglichkeit, einen Kurswechsel vorzunehmen, wenn man einen Weg als Sackgasse oder ein Ideal als falsch erkannt hat. Um so zu leben, brauche ich ein stabiles, also berechenbares und stimmiges normatives Umfeld, das mir Freiräume sichert.

Diese beiden Interessen liefern auch schon erste Inhalte eines berechenbaren und stimmigen Moralsystems. Es ist unschwer zu erkennen, dass die kupferne Regel *Was du nicht willst, dass man dir tu, das füg' auch keinem anderen zu!* als grundlegendes inhaltliches Kriterium einer Mindestmoral sehr gut zu diesen beiden Kerninteressen passt. Anders ausgedrückt: Leben und Leben lassen – solange ich anderen keinen unzumutbaren Schaden zufüge, kann ich tun und lassen was ich will.

Mein Fazit: Wir brauchen ein Moralsystem, um auf moralische Fragen berechenbare und stimmige Antworten erarbeiten zu können. Darauf wiederum legen wir so großen Wert, weil ansonsten zwei Kerninteressen massiv gefährdet sind: Unser Interesse an Sicherheit (für uns und unsere Lieben) und unser Interesse, nach der jeweils eigenen Fasson (zusammen mit unseren Lieben) leben zu können. Lebt man in Gesellschaft mit anderen Menschen, bedeuten moralische Berechenbarkeit und Stimmigkeit ein stabiles Umfeld. Damit habe ich eine ganz wesentliche Grundüberzeugung der säkularen Moralphilosophie skizziert. Moral gründet nicht in den Vorgaben oder Befehlen eines oder mehrerer Götter, sondern hat den Zweck, unsere Kerninteressen zu schützen. Gleiches gilt für den säkularen Rechtsstaat. Er orientiert sich nicht an göttlichen Vorgaben, sondern ist ein Mittel zum Zweck, reale Kerninteressen der Bürger bestmöglich zu schützen.[74]

Sind Berechenbarkeit und Stimmigkeit auch für Christen wichtig?

Warum habe ich diesen Bogen zur säkularen Moral geschlagen? Es geht in dieser Untersuchung doch um die religiöse, speziell die christliche Moral! Ich glaube, dass sich bei uns in Deutschland in Fragen der Alltagsmoral die allermeisten Leute, auch Christen, an der oben skizzierten Kupfernen Regel orientieren. Ich bin auch davon überzeugt, dass die allermeisten Leute deren oben angedeutete Begründung auf Basis der Kerninteressen akzeptieren. Für Christen sieht das aber „offiziell" anders aus. In letzter Analyse geht es ihnen um andere Interessen. Es geht ihnen darum, die Gebote Gottes zu befolgen und sich vor Sünde zu hüten (um „in den Himmel zu kommen"). Weltlich orientierte Interessen spielen für ihr Moralverständnis nur eine sekundäre Rolle.

Das ändert aber nichts daran, dass sowohl Berechenbarkeit als auch Stimmigkeit für ein christliches Moralsystem so wichtig sind wie für ein säkulares. Alle oben angeführten Situationen, in denen moralische Fragen argumentativ geklärt werden sollen, gelten auch für Christen. Sie wägen die Gründe für ihre Entscheidungen ab, stellen (zumindest hin und wieder, z. B. als Bischof in einer Synode) vermeintliche Selbstverständlichkeiten in Frage, suchen Rat, diskutieren mit anderen, wollen ihren Kindern beibringen, was es heißt, sich moralisch zu verhalten. Die Basis, auf der für überzeugte Christen Berechenbarkeit und Stimmigkeit ruhen, ist ja gerade das Moralsystem, das sie in der Bibel zu finden glauben. Genau darin, in diesem christlichen Fundament für Berechenbarkeit und Stimmigkeit, sieht Joseph Ratzinger ja den einzigen Schutz gegen den Relativismus säkularer Moral, der kaum besser sei als ein Losverfahren:

---

74 Andreas Edmüller: **Plädoyer für die Freiheit und gegen die Gleichheit.** Kindle Direct Publishing, 2013.

Einen klaren Glauben nach dem Credo der Kirche zu haben, wird oft als Fundamentalismus abgestempelt, wohingegen der Relativismus, das sich „vom Windstoß irgendeiner Lehrmeinung Hin-und-hertreiben-lassen", als die heutzutage einzige zeitgemäße Haltung erscheint. Es entsteht eine Diktatur des Relativismus, die nichts als endgültig anerkennt und als letztes Maß nur das eigene Ich und seine Gelüste gelten läßt.[75]

Also: Berechenbarkeit und Stimmigkeit der Ergebnisse sind für jedes Moralsystem wichtig – unabhängig davon, ob es ein säkulares oder religiöses ist.

Wie werden Berechenbarkeit und Stimmigkeit sichergestellt?

Ich habe Sie weiter oben ja schon gewarnt: So schnell hört ein Philosoph nicht mit dem Fragen auf. Und die nächste Frage liegt auf der Hand. Welche Eigenschaften muss ein Moralsystem haben, damit es berechenbare und stimmige Resultate liefern kann? Meine Antwort besteht aus drei Teilen. Es braucht, erstens, eine klare, abgeschlossene und in sich stimmige Menge an Grundannahmen, d. h. Werte, Prinzipien oder Regeln. Zweitens ist ein transparentes und funktionierendes Entscheidungsverfahren wichtig, das auf Basis der Grundannahmen und der konkreten Situation zu einer Antwort auf die Frage führt, was zu tun sei. Und drittens sollten die Grundannahmen und das Entscheidungsverfahren nicht willkürlich aus der Luft gegriffen, sondern nachvollziehbar begründet oder zumindest plausibel sein. Auch hier gilt: Es handelt sich dabei um formale Eigenschaften, die unabhängig davon wichtig sind, ob wir über ein religiöses oder säkulares Moralsystem reden.

---

75 Joseph Ratzinger/Papst Benedikt XVI: **Was ist das – der Glaube?** Dieser Text findet sich auf der Homepage der Papst Benedikt XVI – Stiftung: **ratzinger-papst-benedikt-stiftung.de**.

Eines der bekanntesten Beispiele für ein Moralsystem in diesem Sinne liefert (vermeintlich) das Christentum: Es legt großen Wert darauf, die herausragende Qualität seiner Menge an Grundannahmen, ihrer stabilen Begründung und die Zuverlässigkeit seines Entscheidungsverfahrens zu betonen. Was heißt das genau? Die Grundannahmen, z. B. die Zehn Gebote, seien inhaltlich klar, sehr übersichtlich und in sich stimmig. Die Bibel – aus ihr stammen diese Gebote – sei eine Heilige Schrift, deren Verfasser göttlich inspiriert waren. Es handle sich bei ihr um Gottes Wort; eine bessere Begründung ist gar nicht denkbar. Und schließlich beruhe auch das Entscheidungsverfahren auf göttlicher Unterstützung. Natürliche Vernunft und Gewissen führen uns im Einzelfall zur richtigen Entscheidung. Bisweilen helfen da auch Offenbarungen, Erzengel und Visionen. Oder Synoden.

Ganz widerspruchslos sollte der Leser diese Behauptungen des Christentums nicht hinnehmen. Die Daten zur normativen Beliebigkeit aus Kapitel 2 werfen da schon die eine oder andere Frage auf. Bevor wir die christlichen Ansprüche auf den Prüfstand stellen, möchte ich aber noch die genaue Bedeutung dieser Forderungen herausarbeiten.

Die Grundannahmen

Die Grundannahmen liefern uns in Form von Regeln, Werten oder Prinzipien den moralischen Kerngehalt des Moralsystems, seine moralische Substanz. Es macht natürlich einen großen Unterschied, ob ich die (zehn) Gebote einer puritanischen Variante des Christentums als Grundannahmen akzeptiere oder mich z. B. auf eine homerische Raubritterethik festlege. Letztere kennt z. B. kein ernsthaftes und umfassendes Verbot zu Lügen oder zu Stehlen – beides scheint erlaubt, wenn man damit durchkommt. Und wenn man sich besonders geschickt dabei anstellt, hat man sich allgemeine Anerkennung verdient. Im Extremfall sogar ein belustigt-bewunderndes Schulterklopfen der einen oder anderen Gottheit. Auch der Umgang mit Sexualität ist bei den griechischen Helden ein eher entspannter. Odysseus erlebt während seiner langen Reise zurück nach Ithaka ja so einiges – ohne dass ihm diese Abenteuer von den Göttern und Göttinnen (oder sonst jemandem) angekreidet würden.[76]

Die Grundannahmen eines Moralsystems müssen drei Eigenschaften haben, um zu berechenbaren und stimmigen Entscheidungen zu führen:

Klarer Umfang

Es muss klar sein, welche Regeln oder Werte zu den Grundannahmen gehören und welche nicht. Kann man diese Menge nach Belieben erweitern, verkleinern oder verändern, so bricht die Berechenbarkeit des Systems schnell zusammen. Von diesen Grundannahmen hängt ja ab, was ein Moralsystem gebietet, erlaubt und verbietet.

Klarer Inhalt

Es muss klar sein, was die einzelnen Grundannahmen bedeuten. Zumindest sollte der Spielraum für mögliche Interpretationen soweit wie möglich eingeengt werden. Zum einen sind dafür klare Begriffe nötig, zum anderen klar formulierte Regeln. Ein Beispiel: Das einfache Gebot „Du sollst nicht töten!" für sich genommen erfüllt diese Bedingung nicht, es ist zu unbestimmt. Es lässt die Frage offen, unter welchen Bedingungen Gewaltanwendung mit Todesfolge (vielleicht) trotzdem erlaubt ist. Wie sieht es mit Notwehr, Nothilfe, Tötung auf Verlangen, Tötung im Duell oder Zweikampf, Kriegshandlungen oder Selbstmord aus? Genau deshalb stehen die Zehn Gebote auch in der Bibel in einem Kontext, der die Ausnahmen anführt und erläutert. Im nächsten Kapitel werde ich darauf ausführlich eingehen.

---

76 Homer: **Ilias** und **Odyssee**.

3. Kapitel

Stimmigkeit

Die Grundannahmen sollten zusammenpassen, d. h. sich nicht grundsätzlich widersprechen. Das ist eine recht knifflige und nicht leicht zu präzisierende Forderung. Es passiert nämlich immer wieder, dass sich eigentlich stimmige Regeln in der Anwendung auf einen konkreten Einzelfall widersprechen. Ein Beispiel: Die Alltagsmoral kennt die beiden Regeln, dass man nicht lügen solle und dass man andere nicht unnötig quälen sollte. Prima facie passen beide Regeln gut zusammmen, sie sind stimmig. Im konkreten Einzelfall können sie sich aber widersprechen bzw. zu unterschiedlichen Entscheidungen führen. Was soll ich tun, wenn ich genau weiß, dass ich einer Person große Schmerzen zufüge, wenn ich ihr die Wahrheit sage?

Deshalb sollten wir uns damit zufriedengeben, eine grundsätzliche Stimmigkeit zu fordern: Die Regeln sollten sich, wenn überhaupt, nur in wenigen Fällen widersprechen, in Ausnahmefällen. Diese Bedingung wäre z. B. verletzt, würde man Gewaltverzicht als absoluten Wert in das Moralsystem der homerischen Helden einführen. Eine Pazifismusforderung passt einfach nicht zu den anderen Geboten einer Raubrittergesellschaft.

Ein sehr schönes Beispiel für die Sinnhaftigkeit dieser drei Forderungen stellt unser Rechtssystem dar. Gerichte ziehen nur solche Annahmen für die Entscheidungsfindung als relevant heran, die in einem Gesetzestext stehen. Weder Richter, noch Staatsanwalt oder Verteidigung dürfen Gesetze nach Belieben einführen oder abändern. Gesetzestexte bemühen sich auch um möglichst präzise Formulierungen.[77] So werden Ausnahmen so vollständig und klar wie möglich benannt und definiert. Der Tötungsbegriff wird z. B. relativ genau in seine Bedeutungsvarianten aufgeschlüsselt. Juristen unterscheiden zwischen Totschlag (im Affekt), fahrlässiger Tötung, Mord, besonders heimtückischem Mord, strafbarer Handlung mit Todesfolge, Notwehr, Nothilfe etc. Und natürlich ist ein guter Gesetzestext auch um Stimmigkeit

---

77 Das kann auf Kosten umgangssprachlicher Klarheit erfolgen.

bemüht. Die Forderung nach einer Staatsreligion würde z. B. nicht zu den anderen Artikeln unserer Verfassung passen.

Das Entscheidungsverfahren

Wir benötigen außer den Grundannahmen ein zuverlässiges Entscheidungverfahren, um zu stimmigen und berechenbaren Ergebnissen zu kommen. Was heißt das genau? Neben den Grundannahmen brauchen wir für moralische Entscheidungen Informationen zur konkreten Situation. Wer ist beteiligt oder betroffen? Welche Vorgeschichte gibt es? Wer hat was getan? Welche Handlungsalternativen gibt es? Welche Folgen hat jede Alternative wahrscheinlich? Die erste Teilaufgabe eines Entscheidungsverfahrens besteht darin, festzulegen, welche Arten von Zusatzinformationen überhaupt relevant sind, wie diese gewichtet werden und welche für die moralische Entscheidungsfindung vernachlässigt werden können. Ein Beispiel: Für ein Moralsystem, das Menschen in verschiedene Kasten einteilt, ist es von höchster Bedeutung, wer im Falle eines Tötungsdeliktes Täter und Opfer war. Gewisse Kasten genießen „moralische Privilegien". Für unsere Alltagsmoral spielt das eine weit weniger wichtige Rolle. Wir gehen mittlerweile von der grundsätzlichen moralischen Gleichwertigkeit aller Personen aus.

Auf Basis dieser Zusatzinformationen und der Grundannahmen sollte uns ein Entscheidungsverfahren eine Handlungsempfehlung bzw. eine Handlungsbeurteilung liefern. Es sollte dies nachvollziehbar und transparent tun, damit wir verstehen, wie diese Entscheidung zustande kommt und warum sie die bestmögliche ist. Darüber hinaus sollte das Verfahren praktisch anwendbar sein. Ein Entscheidungsverfahren, das in jedem Fall mindestens 100 Tage dauert, ist im Alltag schlicht und einfach unbrauchbar. Und es sollte stabil sein. Legt man dieselbe Situationsbeschreibung unterschiedlichen Personen vor, so sollten sie zum selben Ergebnis kommen. Ansonsten sind Berechenbarkeit und Stimmigkeit nicht gesichert. Diese letzte Forderung ist im Grunde eine Idealisierung. Die allermeisten Moralsysteme geben sich mit dem Anspruch zufrieden, Handlungen in die Kategorien verboten, erlaubt, geboten und edelmütig einzuteilen und dabei fließende Übergänge oder Grauzonen zuzulassen. Ein Beispiel: Zwei Freunde können zu unterschiedlichen Entscheidungen kommen, ob man einem gemeinsamen Freund eine für diesen sehr schmerzhafte Wahrheit sagen sollte oder nicht. Kaum ein Moralsystem tritt mit dem Anspruch auf, alle derartigen Fälle eindeutig beantworten zu können. Der Anspruch ist ein anderer. Für die große Zahl von Fällen sollte es möglich sein, zu klaren Entscheidungen zu kommen. Für den Rest sollte das Moralsystem es ermöglichen zu verstehen, dass und warum eine eindeutige Entscheidung nicht möglich ist und welche Alternativen erlaubt sind.

Die Begründung

Die Raubritterethik der homerischen Helden als Alternative zu unserer Alltagsmoral beleuchtet einen Punkt, den ich bisher zurückgestellt habe: Wir sind nicht bereit, jedes beliebige Moralsystem zu akzeptieren und anzuwenden. Es sollte ein gutes Moralsystem sein, das uns zu (den) moralisch richtigen Entscheidungen und Handlungen führt. Mit anderen Worten: Wir wollen eine nachvollziehbare, verständliche und möglichst plausible Begründung haben, warum wir ein bestimmtes Moralsystem anwenden sollten – und andere nicht. Religiöse Moralsysteme geben hier alle dieselbe Antwort. Ihr jeweiliges Moralsystem wurde (angeblich) von einer oder mehrerer Gottheiten für uns Menschen als verbindlich gesetzt. Und um sich z. B. den Anordnungen eines allgütigen, allwissenden und allmächtigen Gottes zu widersetzen, braucht es schon sehr, sehr gute Argumente. Das gilt übrigens auch für die Anordnungen allmächtiger, allwissender und extrem boshafter Götter.

Weiter oben habe ich angedeutet, wie eine säkulare Moral begründet werden kann. Ein Moralsystem wird nicht als Werk Gottes, sondern als Mittel zum Zweck eines vernünftigen Miteinanders gesehen. Zweck ist es, für jeden Beteiligten dessen Kerninteressen zu schützen. Wer zeigen kann, dass ein Moralsystem den Wunsch nach Sicherheit und den Wunsch, nach der jeweils eigenen Fasson zu leben, abdeckt, der hat gute Begründungskarten in der Hand.

Also: Eine weitere Mindestanforderung an ein Moralsystem ist dessen plausible Begründung. Wir wollen wissen, warum wir uns an diesem System orientieren sollen und nicht an den unzähligen anderen, die es gibt und die Menschen (und Götter) im Laufe der Zeit ersonnen haben.

Damit wäre dieses eher theorielastige Kapitel abgeschlossen. Das Fazit: Damit ein Moralsystem überhaupt so genannt zu werden verdient, muss es zu berechenbaren und stimmigen Ergebnissen führen. Dazu braucht es wiederum eine in Bezug auf Umfang und Inhalt klare und stimmige Menge von plausiblen Grundannahmen und ein zuverlässiges Entscheidungsverfahren. Auf Basis dieser einfachen Forderungen lässt sich die im letzten Kapitel festgestellte normative Beliebigkeit des Christentums erklären. Es verfügt, erstens, nicht über eine genau umrissene Menge klarer, stimmiger Grundannahmen. Zweitens fehlt ein zuverlässiges Entscheidungsverfahren. Drittens: Die Grundannahmen der christlichen Moral sind nicht begründbar.

4. Kapitel: Die Grundannahmen der christlichen Moral

Die allermeisten Christen machen sich nicht bewusst, dass weitgehend unklar ist, was eigentlich zu den Grundannahmen christlicher Moral gehört – und was nicht. Viele Leser dürften jetzt spontan an die Zehn Gebote gedacht haben, die Aufforderung zur Nächstenliebe, eventuell noch an die Bergpredigt. Das sieht recht klar und überschaubar aus, ein zweiter Blick liefert ein ganz anderes Bild. Christliche Denker greifen in ihren Überlegungen bei Bedarf auf die gesamte Bibel mit allen Gleichnissen und Erzählungen zurück, auf einen Kanon von Todsünden, Lehren der Tradition, der Kirchenväter und anderer herausragender Theologen wie z. B. Martin Luther, auf nichtchristliche Annahmen wie die aristotelischen Kardinaltugenden oder das stoische Naturrecht. Neuerdings auch auf die Menschenrechte, die von vielen Christen bis vor kurzem noch erbittert bekämpft wurden. In diesem und dem nächsten Kapitel weise ich nach, dass völlig unklar ist, auf welche moralischen Grundannahmen sich das Christentum tatsächlich beruft und dass die üblicherweise akzeptierten Annahmen keine stimmige Menge ergeben (können). Zudem enthält selbst der Kernbestand der christlichen Grundannahmen viele falsche und moralisch ausgesprochen fragwürdige Aussagen. Mein Fazit: Das Christentum verfügt über keine vom Umfang her klar bestimmte, keine inhaltlich klare und keine stimmige Menge moralischer Grundannahmen. Diese Erkenntnis ist bereits ein wichtiger Teil der Erklärung der Beliebigkeitsthese. Beliebigkeit der Ergebnisse entsteht unter anderem durch Beliebigkeit der Grundannahmen bzw. deren Auswahl und Interpretation.

Grundsätzliches zur Bibel

Mittlerweile gibt es eine Fülle an soliden historischen und textkritischen Forschungen zur Bibel und speziell zum Neuen Testament. Eine so kompetente wie lehrreiche Zusammenfassung liefert der Theologe Heinz-Werner Kubitza in seinem Buch *Der Jesuswahn*.[78] Ich möchte einige diese Aspekte hier zur Einstimmung in meine Argumentation anführen.

Im Grunde haben wir mindestens 3 christliche Bibeln: Die katholische, die protestantische und die orthodoxe. Sie unterscheiden sich im wesentlichen darin, welche Teile der jüdischen Bibel als gültig übernommen werden. Auch das Neue Testament ist in seinem Inhalt nicht alternativlos. Neben den anerkannten Evangelien gibt es eine Fülle von Schriften ähnlichen Inhalts, die es nicht geschafft haben, in den Kanon heiliger Texte aufgenommen zu werden. Wären im Laufe der ersten Jahrhunderte der Kirchengeschichte diverse Machtkämpfe anders verlaufen, so hätten wir wahrscheinlich ein (ganz) anderes Neues Testament.[79]

Zahlreiche Schriften des Neuen Testamentes tragen nicht zutreffende Verfassernamen, sind als Fälschungen erkannt. So stammen einige der Paulusbriefe sicher nicht von Paulus. Gleiches gilt für die vermeintlichen Briefe der drei Apostel Petrus, Jakobus und Johannes. Die vier Evangelien des Markus, Matthäus, Lukas und Johannes wurden erst gegen Ende des zweiten Jahrhunderts mit diesen Namen versehen. Sie wurden bis dahin anonym überliefert. Mehr als fragwürdig ist, ob auch nur eines der Evangelien auf einen Augenzeugen zurückgeht. Vermutlich wurde keines davon auch nur in Palästina verfasst. Als ältestes gilt

---

78 Heinz-Werner Kubitza: **Der Jesuswahn**. Marburg, 2011. Ebenfalls sehr empfehlenswert sind Karlheinz Deschner: **Der gefälschte Glaube**. München, 1988. Bart Ehrman: **Forged: Writing in the Name of God-Why the Bible's Authors Are Not Who We Think They Are**. New York, 2011.

79 Man kann diese These natürlich durch Verweis auf den Heiligen Geist und seine Inspirationskraft entkräften: Dieser habe dafür gesorgt, dass nur die „richtigen" Texte in die Bibel aufgenommen wurden.

das Markusevangelium. Es wird in etwa auf das Jahr 70 datiert. Diese Vorlage war den Verfassern des Matthäus- und Lukasevangeliums bekannt. Sie haben ihre Texte allerdings nur in Teilen daran ausgerichtet: Sie haben es sprachlich verändert, Inhalte hinzugefügt, theologische Aspekte bzw. Ausrichtungen verändert. Seinen Höhepunkt findet das Walten christlich inspirierter Phantasie dann im Johannesevangelium. Es wird zwar von vielen Christen hoch geschätzt, ist aber voller Erfindungen:

> So gesehen ist das Johannesevangelium die mit Abstand dreisteste Fälschung aller neutestamentlichen Schriften. Denn hier wurde ein ganzes Evangelium weitgehend frei erfunden.[80]

Einleuchtendes Hauptindiz für diese Behauptung ist die Tatsache, dass die Vorgänger-Evangelien vieles nicht enthalten, was im Johannesevangelium dann auf einmal von Jesus berichtet wird. Diese Fälschungsthese ist keine „unchristliche" Propagandabehauptung, sie wird auch von herausragenden Theologen vertreten:

> Für Rudolf Bultmann, den bedeutendsten Neutestamentler des zwanzigsten Jahrhunderts, kommt das Johannesevangelium, so sehr er es persönlich auch schätzt, als Quelle für die Verkündigung Jesu „wohl überhaupt nicht in Betracht". (Rudolf Bultmann, Theologie des Neuen Testaments, S. 418).[81]

Die meisten von uns lesen die Bibel sicher nicht im Original. Wir sind auf Übersetzungen angewiesen – und auch da haben sich bekanntlich sehr viele Fehler und bewusste Täuschungsmanöver eingeschlichen. Zum Teil mit prominenten Folgen. Im Alten Testament prophezeite Jesaja:

---

80 Heinz-Werner Kubitza: **Der Jesuswahn**. Marburg, 2011. S. 77.
81 Zitiert nach Heinz-Werner Kubitza: **Der Jesuswahn**. Marburg, 2011. S. 77.

> Darum wird euch der Herr von sich aus ein Zeichen geben: Seht, die Jungfrau wird ein Kind empfangen, sie wird einen Sohn gebären und sie wird ihm den Namen Immanuel (Gott mit uns) geben.[82]

Auf diese Prophezeiung bezieht sich dann später eine Stelle im Evangelium des Matthäus:

> Dies alles ist geschehen, damit sich erfüllte, was der Herr durch den Propheten gesagt hat: Seht, die Jungfrau wird ein Kind empfangen, einen Sohn wird sie gebären, und man wird ihm den Namen Immanuel geben, das heißt übersetzt: Gott ist mit uns.[83]

Und auf dieser Basis steht die christliche Lehre, Jesus sei von einer Jungfrau geboren worden. Und damit steht diese Lehre auf einem Übersetzungsfehler. Im Original spricht Jesaja nämlich von einer jungen Frau. Bei der Übersetzung ins Griechische wurde aus dieser dann eine Jungfrau.[84] Übrigens kann und sollte man auch einmal darüber nachdenken, für welchen Zeitraum bzw. Bezugspunkt auf der Zeitachse Jesaja seine Prophezeiungen getätigt hatte – und wie wahrscheinlich der im Evangelium unterstellte Bezug zur Geburt Jesu tatsächlich ist.

Kurz: Wer die Ergebnisse historischer und textkritischer Forschung zur Bibel ernst nehmen möchte, muss sich die Frage nach der Qualität dieser Texte und ihrer Brauchbarkeit als Grundannahmen einer akzeptablen Morallehre stellen, die sich auf Vorbilder wie Jesus und seine (vermeintlichen) Lehren beruft. Mein eigenes Argument beruht aber auf einem anderen Ansatz. Ich akzeptiere wie die allermeisten Christen Altes und Neues Testament in der heutigen Form als Ausgangspunkt und zeige, dass sie als Grundannahmen eines Moralsystems schlicht und einfach unbrauchbar sind.

---

82 Jesaja 7, 14.
83 Mt, 22–23.
84 Heinz-Werner Kubitza: **Der Jesuswahn**. Marburg, 2011. S. 297–298.

4. Kapitel

Die klassische Minimalbasis: Die Zehn Gebote

Aus nüchterner philosophischer Sicht lassen sich die Zehn Gebote in ihrem Kontext von Umfang und Inhalt her als in sich stimmige Kernmoral identifizieren und akzeptieren – als Kernmoral eines barbarischen Nomadenstammes. Die Zehn Gebote sind erklärbar als Grundregeln eines harten, aber in Grundzügen halbwegs friedlichen und geordneten Miteinanders einer wenig entwickelten Zivilisation. Religion und zugehörige Riten dienen, nicht nur bei diesem Stamm, als wirkungsvolles Mittel, um Zusammengehörigkeit zu bestimmen und Zusammenhalt zu stärken. Die Regeln gelten allerdings nur für den Stamm selbst – andere Menschen werden als außerhalb dieser Moral stehend betrachtet und sind grundsätzlich nicht oder nur bedingt geschützt. Sie (auf Befehl Jahwes) auszurotten oder zu versklaven ist kein moralischer Schnitzer, das darf man. Das wird im Kommentar zur zweiten Fassung der Zehn Gebote im 5. Buch des Moses unmissverständlich klargestellt:

> Wenn der Herr, dein Gott, dich in das Land geführt hat, in das du jetzt hineinziehst, um es in Besitz zu nehmen, wenn er dir viele Völker aus dem Weg räumt – Hetiter, Girgaschiter und Amoriter, Kanaaniter und Perisiter, Hiwiter und Jebusiter, sieben Völker, die zahlreicher und mächtiger sind als du –, wenn der Herr, dein Gott, sie dir ausliefert und du sie schlägst, dann sollst du sie der Vernichtung weihen. Du sollst keinen Vertrag mit ihnen schließen, sie nicht verschonen und dich nicht mit ihnen verschwägern. Deine Tochter gib nicht seinem Sohn und nimm seine Tochter nicht für deinen Sohn! Wenn er deinen Sohn verleitet, mir nicht mehr nachzufolgen, und sie dann anderen Göttern dienen, wird der Zorn des Herrn gegen euch entbrennen und wird dich unverzüglich vernichten. So sollt ihr gegen sie vorgehen: Ihr sollt ihre Altäre niederreißen, ihre Steinmale zerschlagen, ihre Kultpfähle umhauen und ihre Götterbilder im Feuer verbrennen. Denn du bist ein Volk, das dem Herrn, deinem Gott, heilig ist. Dich hat der Herr, dein Gott, ausgewählt, damit du unter allen Völkern, die auf der Erde leben, das Volk wirst, das ihm persönlich gehört.[85]

---

85 5. Mose 7, 1–7.

Man sieht leicht, wie groß der Abstand der Zehn Gebote zum Gedanken universaler Nächstenliebe ist. Wir kennen viele vergleichbare Regelsysteme – und selbstverständlich erkennen wir sie als Produkte ihrer Zeit: Der Codex Hammurapi, die homerische Raubritterethik, der Kriegerethos der Zulu und als vermutlich eher säkulare Variante der Codex der Karibikpiraten. Und genauso selbstverständlich kommt niemand auf die Idee, darin taugliche Modelle für unser heutiges Miteinander zu sehen. Anders die Christen – sie sind stolz auf ihr barbarisches Erbe aus der Bronze- und Eisenzeit. Zu Recht? Hier zur Erinnerung eine der beiden Bibelstellen, in denen die Zehn Gebote dargestellt werden:

> Dann sprach Gott alle diese Worte: Ich bin Jahwe, dein Gott, der dich aus Ägypten geführt hat, aus dem Sklavenhaus. Du sollst neben mir keine anderen Götter haben. Du sollst dir kein Gottesbild machen und keine Darstellung von irgendetwas am Himmel droben, auf der Erde unten oder im Wasser unter der Erde. Du sollst dich nicht vor anderen Göttern niederwerfen und dich nicht verpflichten, ihnen zu dienen. Denn ich, der Herr, dein Gott, bin ein eifersüchtiger Gott: Bei denen, die mir Feind sind, verfolge ich die Schuld der Väter an den Söhnen, an der dritten und vierten Generation; bei denen, die mich lieben und auf meine Gebote achten, erweise ich Tausenden meine Huld. Du sollst den Namen des Herrn, deines Gottes, nicht missbrauchen; denn der Herr lässt den nicht ungestraft, der seinen Namen missbraucht. Gedenke des Sabbats: Halte ihn heilig! Sechs Tage darfst du schaffen und jede Arbeit tun. Der siebte Tag ist ein Ruhetag, dem Herrn, deinem Gott, geweiht. An ihm darfst du keine Arbeit tun: du, dein Sohn und deine Tochter, dein Sklave und deine Sklavin, dein Vieh und der Fremde, der in deinen Stadtbereichen Wohnrecht hat. Denn in sechs Tagen hat der Herr Himmel, Erde und Meer gemacht und alles, was dazugehört; am siebten Tag ruhte er. Darum hat der Herr den Sabbattag gesegnet und ihn für heilig erklärt. Ehre deinen Vater und deine Mutter, damit du lange lebst in dem Land, das der Herr, dein Gott, dir gibt. Du sollst nicht morden. Du sollst nicht die Ehe brechen. Du sollst nicht stehlen. Du sollst nicht falsch gegen deinen Nächsten aussagen. Du sollst nicht nach dem Haus deines Nächsten verlangen.

Du sollst nicht nach der Frau deines Nächsten verlangen, nach seinem Sklaven oder seiner Sklavin, seinem Rind oder seinem Esel oder nach irgendetwas, das deinem Nächsten gehört.[86]

Beginnen wir mit der These, diese Zehn Gebote seien die Grundannahmen der christlichen Moral. Vom Umfang her ist die Bedingung der Klarheit erfüllt. Man weiß, was Grundannahme ist und was nicht. Auch vom Inhalt her halten sich Unklarheiten und Mehrdeutigkeiten im Rahmen. Der Kontext der Zehn Gebote im Alten Testament erklärt und präzisiert ihren Inhalt recht genau. Direkt im Anschluss an die oben zitierte Bibelstelle finden sich zahlreiche weitere Regeln und Vorschriften, deren Funktion als Kommentar verstanden werden kann. Darunter aus heutiger Sicht sinnvolle und weniger sinnvolle, wie die folgende:

Eine Hexe sollst du nicht am Leben lassen. Jeder, der mit einem Tier verkehrt, soll mit dem Tod bestraft werden. Wer einer Gottheit außer Jahwe Schlachtopfer darbringt, an dem soll die Vernichtungsweihe vollstreckt werden.[87]

In sich stimmig sind diese Zehn Gebote mitsamt Erläuterungen. Große Widersprüche oder Dissonanzen sind auf den ersten Blick nicht erkennbar. Nur der moralische Gehalt ist gewöhnungbedürftig. Klar scheint auf jeden Fall, dass Frauen und Sklaven als Sachwerte eingestuft werden, Sklaverei als selbstverständlich (und somit als moralisch akzeptabel) gilt und dass die ersten vier Gebote den Glauben an Jahwe zwingend fordern und Grundlagen seiner Verehrung bestimmen. Im 2. Kapitel habe ich schon aufgelistet, welche Fülle an Ausnahmen z. B. das Tötungsverbot hat und welche Härte und Brutalität der Strafkatalog der Zehn Gebote aufweist. Darüber hinaus sind Polygamie und sexueller Verkehr mit (den eigenen) weiblichen Sklaven damit kompatibel. Zudem erlauben sie aggressive Landnahme in Kombination mit Ausrottung der auf den ins Auge gefassten Ländereien lebenden

---

86 2. Mose 20, 1–17.
87 2. Mose 22, 17–19.

Menschen. Will man diese von Umfang und Inhalt her relativ klaren Gebote als Grundannahmen einer christlichen Moral verwenden, so gerät man sehr schnell in Schwierigkeiten.

Widerspruch zu christlichen Moralvorstellungen

Tatsache ist, dass die bestmögliche Übersetzung der Zehn Gebote moralische Inhalte liefert, die Kernüberzeugungen unseres säkularen Moralverständnisses klar widersprechen:

- Sklaverei ist moralisch inakzeptabel.
- Alle Geschlechter sind moralisch gleichwertig.
- Strafe und Vergehen sollten in einem vernünftigen Zusammenhang stehen; speziell sollte man mit Ausnahmen zum Tötungsverbot und der Todesstrafe sehr bedacht und restriktiv umgehen.
- Die Vernichtung anderer Menschen, weil man ihr Land haben möchte, ist inakzeptabel.
- Religion ist Privatsache und unterliegt dem Toleranzgebot.

Dieser Konflikt mit unserer säkularen Alltagsmoral ist per se aber kein Einwand gegen die Tauglichkeit der Zehn Gebote als Grundlage christlicher Moral. Man kann sich ja auf den Standpunkt stellen, die Zehn Gebote als Gottes Wort seien gültig – und unsere säkulare Moral inakzeptabel. Deshalb seien wir aufgerufen, eine moralische Neujustierung im Sinne des Alten Testamentes und der Zehn Gebote vorzunehmen.

Das ist allerdings nicht ganz so einfach durchzuhalten. Es gibt nämlich zahlreiche moralische Überzeugungen, die selbst von sehr treuen Anhängern der Zehn Gebote geteilt werden und die nicht aus diesen gewonnen werden können. Es ist z. B. nicht zu sehen, wie das derzeit vorherrschende Bild der monogamen christlichen Ehe aus diesen Grundannahmen abgeleitet werden kann. In den Zehn Geboten findet sich auch keine Warnung vor sexueller Lust per se, auch nicht vor der Lust beim Verkehr mit der eigenen Sklavin. Dieser gilt übrigens nicht als Ehebruch – man soll halt nur die Sklavinnen anderer Sklavenhalter nicht begehren. Auch beim Thema Höllenstrafe sollte auf Basis der Zehn Gebote konsequent Verzicht geleistet werden. Im Alten Testament spielen jenseitige Strafen und die Hölle als deren Vollzugsort eigentlich keine Rolle; dieser christliche Gedanke stammt eher aus dem Neuen Testament bzw. von Jesus Christus.[88] Und erst dort ist von konsequenter Nächstenliebe die Rede. Zudem basiert die Gültigkeit der Zehn Gebote klar auf einem Bund zwischen Jahwe und dem von Moses angeführten Nomadenstamm; dieser Bund ist ja gerade gegen viele andere Völker und deren Existenzberechtigung gerichtet. Warum sollte diese Abmachung also für uns bzw. alle Menschen relevant sein? Werden wir davon nicht vielmehr bedroht? Diese Relevanz ist nach christlicher Lehre doch erst mit der Erneuerung des Bundes durch den Kreuzestod Jesu gegeben – irgendwie jedenfalls. Und alle Inhalte, die über das Neue Testament und Jesus Christus in das Christentum eingeflossen sind – wie das Gebot der Nächstenliebe und die Aufforderung zur Missionierung – finden auf Basis der Zehn Gebote eben keine Berücksichtigung.

Das Fazit: Aus den Zehn Geboten alleine und ihrem Kontext lassen sich sehr viele moralische Überzeugungen, die von sehr vielen Christen vertreten werden, nicht gewinnen. Sollen diese Überzeugungen beibehalten und begründet werden, so braucht man eine andere Menge an Grundannahmen. Man muss die Zehn Gebote ändern oder um zusätzliche Elemente erweitern – oder beides. Damit ist zwar ein wesentliches Defizit der Zehn Gebote bezüglich ihrer Tauglichkeit als christliche Grundannahmen offengelegt, aber nicht das einzige.

---

88 Herbert Vorgrimler: **Geschichte der Hölle**. München, 1994 (2. verb. Auflage).

Moral wird unmöglich bzw. unerreichbar

Eine Minimalbedingung sinnvoller moralischer Forderungen wird im Englischen prägnant als *Ought implies can* ausgedrückt: Moralische Forderungen müssen im Prinzip erfüllbar sein. Wer z. B. fordert, man dürfe nicht lügen, der setzt voraus, dass es zumindest im Normalfall in unserer Macht steht, die Wahrheit zu sagen. Genau dagegen verstoßen aber die ersten Gebote. Es stimmt einfach nicht, dass es in unserer Macht steht, sich bewusst für den Glauben an einen oder mehrere Götter und ihre jeweiligen Eigenschaften „zu entscheiden". Ich kann doch nicht einfach den Entschluss fassen, ab sofort Christ, Hindu oder Moslem zu sein![89] Ich kann mich zwar dazu entschließen, mich intensiv mit den Fragen nach einem Gott und seinen Eigenschaften auseinanderzusetzen. Aber für sehr viele Menschen endet dies „nach bestem Wissen und Gewissen" in verschiedenen Formen eines religiösen Skeptizismus. Die Aufforderung *Glaube ab sofort an Jesus/Jahwe/Allah/Zeus – und zwar felsenfest!* ist Unfug. Folglich scheitern die ersten Gebote am Realismus-Prinzip des *Ought implies can*.

Soviel zu den Zehn Geboten. Ihr Umfang ist wie ihr Inhalt zwar klar, in sich sind sie stimmig. Auf ihrer Basis können allerdings weithin geteilte christliche Überzeugungen nicht begründet werden. Auf der Strecke bleiben das christliche Familienbild und die christliche Sexualmoral. Erfreulicherweise sind heute (bei uns) viele Christen der Meinung, Sklaverei und Ausrottungskriege seien moralisch verwerflich, Menschen unterschiedlichen Geschlechtes moralisch (ziemlich) gleichwertig, Vergehen und Strafe sinnvoll abzugleichen (obwohl so ein bisschen ewige Höllenqualen schon auch nicht schlecht sind). Sie sind auch davon überzeugt, Moral dürfe anderen Menschen keine religiösen Glaubensinhalte vorschreiben und keine prinzipiell unerfüllbaren Forderungen stellen. Aber: Auf Basis der Zehn Gebote, wie

---

89 Versuchen Sie doch einmal, als Anhänger von Schalke 04 durch bewusste Entscheidung zum Dortmund-Fan zu werden – das geht nicht! Ich selbst bin Anhänger des TSV 1860 München und kann einfach nicht anders. Schicksal! Wenn man schon bei einer so „trivialen" Entscheidung scheitert – um wieviel schwieriger ist dann die religiöse!

sie in der Bibel stehen und erläutert werden, lassen sich diese Überzeugungen nicht begründen. Deren Bedeutung und Kontext sprechen prima facie klar für deren jeweiliges Gegenteil! Wer sich also als Christ bewusst und konsequent an den Zehn Geboten als Grundlage seiner Moral orientieren möchte, aber gleichzeitig die eben geschilderten Selbstverständlichkeiten akzeptiert, braucht eine Strategie, die es ihm erlaubt, beides unter einen (logischen) Hut zu bringen.

Die etwas erweiterte klassische Basis: Die Zehn Gebote und das Liebesgebot

Im Katechismus der Katholiken werden die Zehn Gebote zusammen mit dem Liebesgebot als Kernannahmen christlicher Moral präsentiert. Ob meine Interpretation stimmt, sei dahingestellt.[90] Sie ist aber zumindest ein plausibler Ausgangspunkt weiterer Überlegungen zu den Grundannahmen christlicher Moral bzw. zu deren Umfang:

> In Jesus Christus wird endgültig offenbar, daß Gott uns liebt und Leben und Zukunft schenkt. Er ruft uns in der Nachfolge in die Liebe, die Jesus als höchstes und wichtigstes Gebot verkündet, in die Gottes- und Nächstenliebe:
> „Darum sollst du den Herrn, deinen Gott, lieben mit ganzem Herzen und ganzer Seele, mit all deinen Gedanken und all deiner Kraft. Als zweites kommt hinzu: Du sollst deinen Nächsten lieben wie dich selbst. Kein anderes Gebot ist größer als diese beiden" (Mk 12,30f).
> Das Gebot der Gottes- und Nächstenliebe hebt die Zehn Worte des Alten Bundes nicht auf, sondern bringt sie zur Vollendung.
>
> Nach dem heiligen Paulus ist die Nächstenliebe die Zusammenfassung der Gebote: „Wer den andern liebt, hat das Gesetz erfüllt. Denn die Gebote: Du sollst nicht die Ehe brechen, du sollst nicht töten, du

---

90 So hilfreich für das Verständnis des Christentums dieser Katechismus ist, so vage, unbestimmt und unentschlossen ist er an vielen Stellen. Strittige Fragen werden sehr oft mit einem wohlformulierten *Sowohl als eventuell auch aber vielleicht doch nicht oder mindestens ein bisschen* in der Schwebe gelassen.

sollst nicht stehlen, du sollst nicht begehren, und alle anderen Gebote sind in dem einen Satz zusammengefaßt: Du sollst deinen Nächsten lieben wie dich selbst" (Röm 13,9).[91]

Was kann diese Kombination der Zehn Gebote mit dem Liebesgebot leisten? Ich verstehe das so: Man betrachtet das von Jesus gepredigte Gebot der Nächstenliebe als Weiterentwicklung und Abschluss christlicher Moral und akzeptiert es als Interpretationsgrundlage der klassischen Zehn Gebote. Konkret: Man versucht, die Zehn Gebote im Lichte des Liebesgebotes zu interpretieren. Ein gewichtiger Einwand fällt allerdings sofort ins Auge. Das Scheitern an der Forderung des *Ought implies can* wird dadurch nicht verhindert. Das oben aus dem Katechismus zitierte Liebesgebot fordert so klar wie nachdrücklich nicht nur die Nächsten-, sondern auch die Gottesliebe. Es wäre auf Basis dieser erweiterten Grundannahmen also nach wie vor solide begründbar, dass Anders- oder Nichtgläubige per se gegen zentrale moralische Forderungen verstoßen – obwohl sie gar nicht anders können. Durch die Aufnahme des Liebesgebotes in die Menge der Grundannahmen tauchen allerdings zusätzliche, ganz neue Schwierigkeiten auf.

Der Inhalt der Grundannahmen ist unklar und nicht stimmig

Der zweite Einwand führt zum Kern meiner Kritik. Es ist leicht gesagt, man solle die Zehn Gebote „im Lichte der Gottes- und Nächstenliebe" verstehen – aber schwer getan. Es ist deshalb so schwer, weil damit keine inhaltliche Klarheit gewonnen, sondern das Tor zur moralischen Beliebigkeit weit aufgestoßen wird. Was heißt das?

Aus moralphilosophischer Sicht ist die Erweiterung der Zehn Gebote als Grundannahmen um das Liebesgebot nicht akzeptabel. Erstens

---

91 Deutsche Bischofskonferenz (Hrsg.): **Katholischer Erwachsenenkatechismus.** Band 2, 1995. S. 151.

geht die Stimmigkeit verloren. Ein umfassendes Gebot der Nächstenliebe widerspricht prima facie vielen Inhalten der Zehn Gebote. Passen Nächstenliebe und Sklaverei, Nächstenliebe und der Strafenkatalog der Zehn Gebote, Nächstenliebe und Ausrottungskrieg, Nächstenliebe und die Stellung der Frau als Sache usw. wirklich zusammen? Warum sollte man in seinen moralischen Grundannahmen derart offensichtliche Unstimmigkeiten akzeptieren? Ich bitte speziell den christlichen Leser, folgende Frage für sich ehrlich zu durchdenken und zu beantworten:

Wenn Sie die Gelegenheit hätten, von Umfang und Inhalt her klare und in sich stimmige Grundlagen eines Moralsystems vorzuschlagen – würden Sie dann als bestmögliche Lösung die Zehn Gebote des Alten Testaments mit dem Liebesgebot kombinieren?

Diese Frage werden sicher einige Christen mit einem selbstbewussten *Selbstverständlich – was denn sonst!* beantworten. In Diskussionen mit Gläubigen muss man sich erfahrungsgemäß auf alle Eventualitäten gefasst machen. Ich glaube aber, dass eine große Mehrheit der Christen (bei uns) speziell die Zehn Gebote durch Normen oder Werte ersetzen würde, die sich mehr an der Erklärung der Menschenrechte oder einem „humanistischen Ideal" orientieren.

Um den Inhalt der Grundannahmen zu klären und den Vorwurf der Unstimmigkeit zu entkräften, fehlt das Wesentliche. Es fehlt ein Leitfaden oder eine Interpretationshilfe, an welchen Stellen das Liebesgebot Veränderungen am Wortlaut der Zehn Gebote erlaubt oder erfordert, wie tiefgreifend diese sein sollten, und an welchen dieser zahlreichen möglichen Varianten wir uns tatsächlich orientieren sollten. Reicht es aus, Sklaven „menschlicher" zu behandeln und sie z. B. nicht mehr einfach totzuschlagen, wenn man sich über sie ärgert? Sollte man vielleicht weiter gehen und auf Prügel ganz verzichten? Oder Prügel nur noch bei „gutem Grund" verabreichen? Und was wäre denn ein solcher? Fordert die Nächstenliebe, weibliche Sklaven nicht mehr als Lustsklavinnen zu benutzen? Oder nur noch mit ihrem Einverständnis? Oder weniger oft? Reicht es aus, Sklaven nach einer bestimmten

Zeitspanne freizulassen, um dem Gebot der Nächstenliebe zu genügen? Sollte man keine neuen Versklavungen mehr vornehmen, alte Sklaven aber beibehalten? Ist die Sklaverei ganz abzuschaffen, da moralisch verwerflich? Tausend Möglichkeiten – keine klare Antwort auf Basis der Grundannahmen. Tatsache ist: Verschiedene Christen haben jede dieser Varianten als plausible Interpretation ihrer Grundannahmen vertreten und ihr Handeln daran ausgerichtet. Und sie waren alle überzeugt davon, dies im Sinne der „einzig wahren" christlichen Morallehre zu tun.

Gleiches gilt für die Ausnahmen vom Tötungsverbot. Möglich sind alle Varianten vom radikalen Pazifismus bis hin zur Todesstrafe für Hexen, Gotteslästerer, Heiden und die üblichen Opfer des Christentums – also für einen Großteil der Menschheit. Es kommt halt darauf an, wie weit man an den originalen Zehn Geboten Abstriche auf Basis des Liebesgebotes vornimmt – und dafür liefern die Grundannahmen keine Richtschnur. Weiter: Fordern die Zehn Gebote im Lichte der Nächstenliebe gesehen nicht auch die Anerkennung gleichgeschlechtlicher Ehen, den Verzicht darauf, christliche Vorstellungen von Ehe anderen Menschen aufzuzwingen, Frauen und Männer als gleichwertig zu betrachten? Zu all diesen Fragen vertreten Christen nach ausführlicher Reflexion und Gewissenserforschung alle möglichen Antworten. Es ist völlig unklar, was die Kombination der Zehn Gebote mit dem Liebesgebot eigentlich bedeutet, auf welche moralischen Grundannahmen man sich damit verpflichtet.

Das Fazit: Es ist nicht leicht zu sehen, wie der Wortlaut des Liebesgebotes mit dem der Zehn Gebote und deren Kontext unter einen Hut gebracht werden kann. Es gibt unzählige Möglichkeiten, die Zehn Gebote „aus dem Geist des Liebesgebotes" heraus zu interpretieren – oder umgekehrt. Zahlreiche Heilige, Kirchenväter, Kirchenlehrer, Geistliche, Theologen bieten uns ebenso zahlreiche Versionen dieser „Grundannahmen christlicher Moral" an, die sehr oft natürlich nicht miteinander vereinbar sind. Ein Christentum, das sich auf diese Grundannahmen beruft, verfügt offensichtlich über keine Methode, eine dieser Lesarten als die richtige auszuzeichnen. Diese scheinbar „harmlose" Kombination der Zehn Gebote mit dem Liebesgebot beschert uns also bereits eine inhaltlich beliebig interpretierbare Menge an Grundannahmen. Und somit verstößt sie gegen die im letzten Kapitel formulierten und begründeten Minimalforderungen nach klarem Inhalt und Stimmigkeit.

Die klassische Basis: Die Zehn Gebote und die Bergpredigt

Als Ausweg aus diesem Dilemma bietet sich an, wie schon bei den Zehn Geboten, den Kontext des Liebesgebotes im Neuen Testament mit heranzuziehen. Vielleicht gewinnt man so eine Richtschnur, wie es sinnvoll und stimmig mit den Zehn Geboten zusammengefügt werden kann. Dieser Gedanke führt zur Bergpredigt. Für viele heutige Christen (bei uns) bringt sie angeblich den moralischen Kern ihrer Religion zum Ausdruck. Im folgenden orientiere ich mich an der Variante des Matthäusevangeliums.[92] Die Feldrede im Lukasevangelium ist weniger ausführlich und nicht so bekannt.[93] Das Problem dieser Lösungsstrategie vorab: Mit diesem Schritt werden die Schleusen moralischer Beliebigkeit noch viel weiter geöffnet als mit den bisher diskutierten Vorschlägen. Die bereits erkannten Defizite werden dadurch nicht beseitigt; es kommen sogar weitere Schwachstellen dazu. Als erstes möchte ich an einen Aspekt der Lehre des Jesus Christus erinnern, der für meine Fragestellung nicht ganz unwichtig ist.

Die Lehre Jesu basiert auf einem für uns erfreulichen Irrtum

Will man die moralische Relevanz und Qualität der Aussagen Jesu beurteilen, so darf man die Augen nicht davor verschließen, dass er fest davon überzeugt war, das Reich Gottes stünde unmittelbar bevor.

---

92 Mt 5–7.
93 Lk 6, 17–49.

Er bringt dies an verschiedenen Stellen im Neuen Testament klar zum Ausdruck:

> Das Reich Gottes ist nahe herbeigekommen.[94]

> Es stehen einige hier, die werden den Tod nicht schmecken, bis sie das Reich Gottes kommen sehen in Kraft.[95]

> Wahrlich, ich sage euch: Dieses Geschlecht wird nicht vergehen, bis dies alles geschehen sein wird.[96]

Vielen Christen ist diese apokalyptische Grundüberzeugung ihres Religionsgründers schlicht und einfach unbekannt. Deshalb: Es handelt sich nicht um eine böswillige Unterstellung oder verzerrende Interpretation. Der Irrtum des Jesus Christus in diesem so fundamentalen Punkt ist christlichen Theologen sehr wohl bewusst, so z. B. Rudolf Bultmann:

> Es bedarf keines Wortes, daß sich Jesus in der Erwartung des nahen Weltendes getäuscht hat.[97]

Und dieser kapitale Irrtum ist von höchster Relevanz für das Verständnis der christlichen Morallehre. Ein so naher und alles verändernder Einschnitt ins Weltgeschehen wie dessen Ende mit anschließendem Gericht Gottes (inklusive Wiederauferstehung aller bereits Verstorbenen) muss das Miteinander der Menschen natürlich dramatisch verändern. Wenn Sie sicher wüssten, dass die Welt in 100 Tagen untergeht und dann ein Gottesgericht über uns gehalten wird: Welche moralischen Regeln sollten wir Ihrem Rat nach bis dahin befolgen? Ich bin sicher, dass Sie nicht einfach dazu raten würden, weiterzuleben wie

---

94 Mk 1,15.
95 Mk 9,1.
96 Mk 13,30.
97 Rudolf Bultmann: **Das Urchristentum im Rahmen der antiken Religionen.** 1949, S. 22.

bisher. Aber genau auf diese Frage wollte Jesus seinen Zeitgenossen eine Antwort geben. Seine Moral ist eine Moral für die letzten Tage des seinen Zuhörern bekannten menschlichen Daseins und Miteinanders.[98] Vor diesem Hintergrund sind bestimmte Teile der Bergpredigt ganz gut zu verstehen, die von vielen Christen als gleichermaßen bewundernswert wie zutiefst unrealistisch eingestuft werden:

> Darum sage ich euch: Sorgt nicht um euer Leben, was ihr essen und trinken werdet; auch nicht um euren Leib, was ihr anziehen werdet. Ist nicht das Leben mehr als die Nahrung und der Leib mehr als die Kleidung? Seht die Vögel unter dem Himmel an: sie säen nicht, sie ernten nicht, sie sammeln nicht in die Scheunen; und euer himmlischer Vater ernährt sie doch. Seid ihr denn nicht viel mehr als sie?[99]

> Darum sollt ihr nicht sorgen und sagen: Was werden wir essen? Was werden wir trinken? Womit werden wir uns kleiden? Nach dem allen trachten die Heiden. Denn euer himmlischer Vater weiß, dass ihr all dessen bedürft. Trachtet zuerst nach dem Reich Gottes und nach seiner Gerechtigkeit, so wird euch das alles zufallen. Darum sorgt nicht für morgen, denn der morgige Tag wird für das Seine sorgen. Es ist genug, dass jeder Tag seine eigene Plage hat.[100]

Als moralischer Rat an verantwortungs- und zukunftsbewusste Eltern kleiner Kinder sind diese Ausführungen der Bergpredigt schon recht risikofreudig. So sind sie aber gar nicht gedacht. Es geht ja „nur noch" um das Verhalten während der letzten Brückentage bis zum Weltende. Und da treten viele unserer typischen Zukunftssorgen natürlich in den Hintergrund. Ausbildung meiner Kinder, finanzielle Vorsorge für das Alter, langfristige Karriereplanung – alles unwichtig. Im gleichen Licht

---

98 Auch diese These ist keine Erfindung von Kritikern des Christentums. Sie wird u. a. von Albert Schweitzer vertreten. Abgesehen davon passt sie ganz einfach sehr gut zum Text des Neuen Testamentes. Bart Ehrman entwickelt und begründet diese These so ausführlich wie überzeugend in **Jesus: Apocalyptic Prophet of the New Millenium**. Oxford, 1999.
99 Mt 6, 25–26.
100 Mt 6, 31–34.

lässt sich meines Erachtens Jesu Aufforderung zur Feindesliebe verstehen. Da diese Welt eh bald verschwinden wird – warum dann noch die letzten Tage mit Zank, Streit und Kampf füllen?

Kurz: Jesu Lehre ist schlicht und einfach keine Moral für ein langfristiges Miteinander unter den seinen Zuhörern und Zeitgenossen bekannten Rahmenbedingungen. Dieses Problem ist so offensichtlich wie peinlich für das Christentum. Nach 2000 Jahren ist der von Jesus angekündigte Einschnitt „Weltende mit Gottesgericht und Auferstehung etc." bekanntlich immer noch nicht erfolgt. Das wirft mindestens zwei Fragen auf: Kann Jesus sich nicht auch in vielen anderen Dingen geirrt haben – ist er tatsächlich eine Autorität in Fragen der Moral? Warum sollten wir uns überhaupt an einer „Moral für die letzten Tage" orientieren, die vor 2000 Jahren gepredigt wurde – und die nur in Bruchstücken, falls überhaupt, überliefert ist?

Selbst wenn ein gläubiger Christ diese Fragen hintanstellt, einfach ignoriert, ihre Relevanz anzweifelt oder eine wie auch immer geartete Antwort darauf zu haben glaubt – das ändert nichts daran, dass die Kombination aus Geboten und Bergpredigt als Grundannahmen eines Moralsystems unbrauchbar ist. Das zeigen die nächsten Abschnitte.

Umfang und Inhalt der Grundannahmen sind ausgesprochen unklar

Die im letzten Abschnitt untersuchte Kombination aus Zehn Geboten und Liebesgebot hat mit den Grundannahmen klassischer Systeme der Moralphilosophie eines gemeinsam: Es handelt sich um Normen, die sagen, was gefordert, erlaubt, verboten ist. Mit der Erweiterung um die ganze Bergpredigt verändert sich das. Die Zehn Gebote und das Liebesgebot werden um Gleichnisse, Erzählungen, Geschichten ergänzt. Es kommen also neue Kategorien moralisch relevanter Inhalte dazu. Das aber erhöht die Schwierigkeit, zu einem klaren Verständnis von Umfang und Inhalt der christlichen Grundannahmen zu kommen enorm.

Gleichnisse und Geschichten sind selbst in hohem Maße interpretationsbedürftig und die Erfahrung zeigt, dass menschliche Phantasie den Spielraum für alle möglichen Interpretationsvarianten gerne ausschöpft. Dies gilt in Bezug auf die (tiefere) Bedeutung eines Gleichnisses, die Frage nach seinem Zusammenhang mit den Zehn Geboten und dem Liebesgebot, die Frage nach der Priorisierung. Welche Gleichnisse sind für welche Zusammenhänge überhaupt relevant? Welche Gleichnisse sind für welche Gebote die wichtigsten? Was genau sagt uns ein Gleichnis in diesen (vermuteten) Zusammenhängen?[101]

Also: Es gibt auf die Frage nach Umfang und Inhalt dieser Menge an Grundannahmen keine klare Antwort. Es kommt halt auf die Interpetation an – und davon gibt es eine unübersehbare Fülle. Damit sind diese beiden Minimalforderungen an ein akzeptables Moralsystem definitiv nicht erfüllt.

Moral bleibt unmöglich bzw. unerreichbar

In einigen wenigen Punkten liefert uns die um die Bergpredigt erweiterte Menge der Gebote nach wie vor inhaltlich klare Aussagen. Wie im letzten Abschnitt schon festgestellt, bleibt Moral weiterhin an festen religiösen Glauben gebunden. Das Liebesgebot ist und bleibt auch vor dem Hintergrund der Bergpredigt ein Doppelgebot. Die Liebe zu Gott und zum Nächsten sind untrennbar miteinander verknüpft. Wer nicht an den Gott des Jesus Christus glaubt, begeht einen schlimmen moralischen Fehler. Das geht auch klar aus anderen Stellen des Neuen Testamentes hervor. Wer nicht glaubt oder nicht glauben will, wird nach Jesus Christus extrem hart bestraft:

> Wer sich nun vor den Menschen zu mir bekennt, zu dem werde auch ich mich vor meinem Vater im Himmel bekennen. Wer mich aber vor den Menschen verleugnet, den werde auch ich vor meinem Vater im Himmel verleugnen. Denkt nicht, ich sei gekommen, um Frie-

---

101 Im 6. Kapitel werde ich auf diese Interpretations- und Gewichtungsproblematik detailliert eingehen.

den auf die Erde zu bringen. Ich bin nicht gekommen, um Frieden zu bringen, sondern das Schwert. Denn ich bin gekommen, um den Sohn mit seinem Vater zu entzweien und die Tochter mit ihrer Mutter und die Schwiegertochter mit ihrer Schwiegermutter; und die Hausgenossen eines Menschen werden seine Feinde sein. Wer Vater oder Mutter mehr liebt als mich, ist meiner nicht würdig, und wer Sohn oder Tochter mehr liebt als mich, ist meiner nicht würdig. Und wer nicht sein Kreuz auf sich nimmt und mir nachfolgt, ist meiner nicht würdig. Wer das Leben gewinnen will, wird es verlieren; wer aber das Leben um meinetwillen verliert, wird es gewinnen.[102]

Das Interesse der Sektenbauftragten christlicher Kirchen an ähnlichen Aussagen nichtchristlicher Sekten oder Kirchen ist übrigens recht hoch. Die Ahndung der moralischen Verwerflichkeit der Ungläubigkeit geht bis hin zur auch schon im Alten Testament bei Jahwe sehr beliebten Kollektivstrafe.[103] Jesus Christus gibt seinen Jüngern folgende Aufmunterung für deren Missionstätigkeit mit auf ihren beschwerlichen Weg:

Wenn man euch aber in einem Haus oder in einer Stadt nicht aufnimmt und eure Worte nicht hören will, dann geht weg und schüttelt den Staub von euren Füßen. Amen, das sage ich euch: Dem Gebiet von Sodom und Gomorra wird es am Tag des Gerichts nicht so schlimm ergehen wie dieser Stadt.[104]

Also: Unglaube in allen Varianten ist in den Augen des Jesus Christus ein kapitales moralisches Vergehen. Vielleicht ist das aber von Jesus auch nur als Trost für seine Jünger gedacht. Ein sehr beliebtes christliches Traditionselement der Schilderung christlicher Freude und Seligkeit im Paradies besteht nämlich darin, dass man von dort aus die Qualen der Sünder in der Hölle beobachten darf.[105] Man gönnt sich ja sonst nichts ….

---

102 Mt 10, 32–39.
103 Zur Erinnerung: Jahwe stand die Hölle noch nicht zur Verfügung. Da bleibt für härtere Gangarten zwangsläufig nur das Diesseits übrig.
104 Mt 10, 14–15.
105 Herbert Vorgrimler: **Geschichte der Hölle**. München, 1994 (2. verb. Auflage).

4. Kapitel

Der Inhalt der Grundannahmen ist und bleibt nicht stimmig

Die Erweiterung der Menge der Grundannahmen um die Bergpredigt wurde nicht zuletzt in der Hoffnung vorgenommen, damit eine Leitschnur oder Interpretationshilfe zu gewinnen. Die vielen Unstimmigkeiten zwischen den Zehn Geboten auf der einen und dem Liebesgebot auf der anderen Seite sollten durch die Bergpredigt entschärft oder harmonisiert werden. Sie sollte es uns ermöglichen, die prima facie barbarischen Zehn Gebote mit dem Liebesgebot unter einen Hut zu bringen. Diese Aufgabe kann die Bergpredigt aber grundsätzlich nicht erfüllen. Nach eigener und relativ klarer Aussage Jesu ist es nicht seine Absicht, den Kern der jüdischen Morallehre oder auch nur wesentliche Züge davon zu revidieren oder gar aufzuheben:

> Denkt nicht, ich sei gekommen, um das Gesetz und die Propheten aufzuheben. Ich bin nicht gekommen, um aufzuheben, sondern um zu erfüllen. Amen, das sage ich euch: Bis Himmel und Erde vergehen, wird auch nicht der kleinste Buchstabe des Gesetzes vergehen, bevor nicht alles geschehen ist. Wer auch nur eines von den kleinsten Geboten aufhebt und die Menschen entsprechend lehrt, der wird im Himmelreich der Kleinste sein. Wer sie aber hält und halten lehrt, der wird groß sein im Himmelreich.[106]

Es dürfte selbst einfallsreichen christlichen Interpretationskünstlern schwer fallen, darin eine signifikante inhaltliche Abschwächung der Zehn Gebote oder ihre prinzipielle Unterordnung unter andere Maximen wie das Liebesgebot zu sehen. In der Bergpredigt nimmt Jesus selbst an mehr als einer Stelle sogar eine Verschärfung der Zehn Gebote vor. Hier Jesu Verständnishilfe zum Tötungsverbot:

> Ihr habt gehört, dass zu den Alten gesagt worden ist: Du sollst nicht töten; wer aber jemand tötet, soll dem Gericht verfallen sein. Ich aber sage euch: Jeder, der seinem Bruder auch nur zürnt, soll dem Gericht

---

[106] Mt 5, 17–19.

verfallen sein; und wer zu seinem Bruder sagt: Du Dummkopf!, soll dem Spruch des Hohen Rates verfallen sein; wer aber zu ihm sagt: Du (gottloser) Narr!, soll dem Feuer der Hölle verfallen sein.[107]

Zum Verbot des Ehebruches erfahren wir von Jesus in der Bergpredigt folgendes:

Ihr habt gehört, dass gesagt worden ist: Du sollst nicht die Ehe brechen. Ich aber sage euch: Wer eine Frau auch nur lüstern ansieht, hat in seinem Herzen schon Ehebruch mit ihr begangen.[108]

Es geht mir gar nicht darum, die Sinnhaftigkeit dieser moralischen Ergänzungen Jesu zu beurteilen – obwohl sie schon recht nahe an einen Konflikt mit dem *Ought implies can*-Prinzip herankommen. Viel wichtiger ist für meine Argumentation, dass die Zehn Gebote und das klassische jüdische Gesetz von Jesus in seiner Bergpredigt klar und unmissverständlich aufrechterhalten und teilweise sogar noch signifikant verschärft werden. Und damit ist das entscheidende Problem der Unstimmigkeit der Grundannahmen nach wie vor ungeklärt. Wir erfahren gerade nicht, wie die Zehn Gebote inhaltlich mit dem Liebesgebot vereinbart werden können. Es werden sogar die naheliegendsten Ansätze dazu, nämlich deren inhaltliche Abmilderung im Geist der Liebe und, weitergehend, die Verwerfung einzelner Gebote auf Basis des Liebesgedankens ausdrücklich ausgeschlossen! Und zwar vom Religionsstifter und Sohn Gottes höchstpersönlich.

Den Vorwurf der Unstimmigkeit muss sich allerdings auch die Bergpredigt für sich betrachtet gefallen lassen. An der in ihr skizzierten Straftheorie wird das sehr deutlich. Im Alten Testament spielen ewige Höllenstrafen nach dem Tod keine Rolle; Strafe geschieht in dieser Welt. Der Höllen-Gedanke wird erst von Jesus als Kernlehre im Christentum verankert.[109] Er droht häufig mit ewigen Qualen in der

---

107 Mt 5, 21–22.
108 Mt 5, 27–28.
109 Nachweise dafür finden sich bei Matthäus und Lukas.

Hölle als (gerechte) Strafe für weltliche Vergehen. Sein „Heulen und Zähneklappern" hat als geflügeltes Wort sogar Eingang in unsere Alltagssprache gefunden. Und dieses ewige Heulen und Zähneklappern, unendlich ausgedehnte, unvorstellbare Qualen, werden für Vergehen fehlbarer Menschen in der endlichen Welt verhängt – wie die Beleidigung eines anderen mit den Worten „Du (gottloser) Narr!". Wie passt das mit dem Liebesgebot zusammen? Auch hier also das mittlerweile gewohnte Bild: Unstimmigkeiten über Unstimmigkeiten, Fragen über Fragen – und keine brauchbaren Antworten.

Das Fazit: Man muss bei diesem Erweiterungsvorschlag der Grundannahmen mit den Zehn Geboten, dem Liebesgebot, und der Bergpredigt jonglieren. Daraus eine stimmige Menge moralischer Grundannahmen zu gewinnen, die den zahlreichen möglichen Alternativinterpretationen überlegen ist, ist den Christen 2000 Jahre lang nicht gelungen. Wahres Gottvertrauen hat, wer daran glaubt, dass das irgendwann einmal irgendwem irgendwie gelingen wird. Bis dahin muss aber eines klar sein: Das Christentum verfügt mit den Zehn Geboten, dem Liebesgebot und der Bergpredigt über keine brauchbare Moral. Diese Texte stellen keine stimmige Menge an Grundannahmen für die christliche Morallehre dar.

Die ganze Bibel als Basis

Die Zwischenbilanz ist mehr als ernüchternd. Dem Christentum fehlt die Grundlage für ein brauchbares Moralsystem, nämlich eine Menge von Umfang und Inhalt her klarer und stimmiger normativer Aussagen. Die Erweiterung der Grundannahmen um die gesamte Bibel ist mit Sicherheit keine Lösung. Man handelt sich lediglich noch mehr Unklarheiten, Unstimmigkeiten, Fälschungen und Übersetzungsfehler ein, vermehrt die Menge an Gleichnissen, Geschichten und deren Interpretationsmöglichkeiten. Kurz: Die normative Beliebigkeit und damit die moralische Haltlosigkeit des Christentums werden durch diesen Schritt endgültig festgeschrieben.

Die Stimmigkeit der Bibel: Konkrete Herausforderungen

Hier zur Veranschaulichung dieser Problematik ein paar typische Bibelstellen. Ich bitte den Leser, sich selbst zu überlegen, wie deren moralische Relevanz zu beurteilen ist, ob und wie sie mit dem Liebesgebot oder der Bergpredigt unter einen Hut gebracht werden können.[110]

Zum Thema Feindesliebe

Ich will meinen Feinden nachjagen und sie ergreifen und nicht umkehren, bis ich sie umgebracht habe. Ich will sie zerschmettern, dass sie nicht mehr aufstehen können; sie müssen unter meine Füße fallen. Du rüstest mich mit Stärke zum Streit; du wirfst unter mich, die sich gegen mich erheben. Du treibst meine Feinde in die Flucht, dass ich vernichte, die mich hassen. Sie rufen – aber da ist kein Helfer – zum HERRN, aber er antwortet ihnen nicht. Ich will sie zerstoßen zu Staub vor dem Winde, ich werfe sie weg wie Unrat auf die Gassen. Du hilfst mir aus dem Streit des Volkes und machst mich zum Haupt über Heiden; ein Volk, das ich nicht kannte, dient mir. Es gehorcht mir mit gehorsamen Ohren; Söhne der Fremde müssen mir huldigen. Die Söhne der Fremde verschmachten und kommen mit Zittern aus ihren Burgen. Der HERR lebt! Gelobt sei mein Fels! Der Gott meines Heils sei hoch erhoben, der Gott, der mir Vergeltung schafft und zwingt die Völker unter mich, der mich errettet von meinen Feinden. Du erhöhst mich über die, die sich gegen mich erheben; du hilfst mir von den Frevlern. Darum will ich dir danken, HERR, unter den Heiden und deinem Namen lobsingen, der seinem Könige großes Heil gibt und Gnade erweist seinem Gesalbten, David, und seinem Hause ewiglich.[111]

---

[110] Einen interessanten Überblick über die Teile der Bibel, die im Religionsunterricht und bei Frau Käßmann nicht vorkommen, bietet Franz Buggle: **Denn sie wissen nicht, was sie glauben.** Aschaffenburg, 2004.

[111] Psalm 18, 38–51.

4. Kapitel

Zum Thema religiöse Toleranz

Als nun Mose sah, dass das Volk zuchtlos geworden war – denn Aaron hatte sie zuchtlos werden lassen zum Gespött ihrer Widersacher –, trat er in das Tor des Lagers und rief: Her zu mir, wer dem HERRN angehört! Da sammelten sich zu ihm alle Söhne Levi. Und er sprach zu ihnen: So spricht der HERR, der Gott Israels: Ein jeder gürte sein Schwert um die Lenden und gehe durch das Lager hin und her von einem Tor zum andern und erschlage seinen Bruder, Freund und Nächsten. Die Söhne Levi taten, wie ihnen Mose gesagt hatte; und es fielen an dem Tage vom Volk dreitausend Mann. Da sprach Mose: Füllt heute eure Hände zum Dienst für den HERRN – denn ein jeder ist wider seinen Sohn und Bruder gewesen –, damit euch heute Segen gegeben werde.[112]

Auch im Neuen Testament bezieht Paulus so engagiert wie klar zum Themenkomplex religiöser Toleranz Stellung:

Denn es gibt viele Freche, unnütze Schwätzer und Verführer, besonders die aus den Juden, denen man das Maul stopfen muss, weil sie ganze Häuser verwirren und lehren, was nicht sein darf, um schändlichen Gewinns willen. Es hat einer von ihnen gesagt, ihr eigener Prophet: Die Kreter sind immer Lügner, böse Tiere und faule Bäuche. Dieses Zeugnis ist wahr. Aus diesem Grund weise sie scharf zurecht, damit sie gesund werden im Glauben und nicht achten auf die jüdischen Fabeln und die Gebote von Menschen, die sich von der Wahrheit abwenden. Den Reinen ist alles rein; den Unreinen aber und Ungläubigen ist nichts rein, sondern unrein ist beides, ihr Sinn und ihr Gewissen. Sie sagen, sie kennen Gott, aber mit den Werken verleugnen sie ihn; ein Gräuel sind sie und gehorchen nicht und sind zu allem guten Werk untüchtig.[113]

---

112   2. Moses, 25–29.
113   Titus 1, 10–16.

Zum Thema allumfassender Nächstenliebe

Und Jesus ging weg von dort und zog sich zurück in die Gegend von Tyrus und Sidon. Und siehe, eine kanaanäische Frau kam aus diesem Gebiet und schrie: Ach Herr, du Sohn Davids, erbarme dich meiner! Meine Tochter wird von einem bösen Geist übel geplagt. Und er antwortete ihr kein Wort. Da traten seine Jünger zu ihm, baten ihn und sprachen: Lass sie doch gehen, denn sie schreit uns nach. Er antwortete aber und sprach: Ich bin nur gesandt zu den verlorenen Schafen des Hauses Israel. Sie aber kam und fiel vor ihm nieder und sprach: Herr, hilf mir! Aber er antwortete und sprach: Es ist nicht recht, dass man den Kindern ihr Brot nehme und werfe es vor die Hunde. Sie sprach: Ja, Herr; aber doch fressen die Hunde von den Brosamen, die vom Tisch ihrer Herren fallen. Da antwortete Jesus und sprach zu ihr: Frau, dein Glaube ist groß. Dir geschehe, wie du willst! Und ihre Tochter wurde gesund zu derselben Stunde.[114]

Warum sehen trotz dieser so kapitalen wie offensichtlichen Defizite so viele Christen in der Bibel die Grundlage ihrer oder überhaupt einer Morallehre? Ein Teil der Erklärung dürfte darin liegen, dass die allermeisten Christen gar nicht wissen, was in ihrer Heiligen Schrift steht. Sie kennen oft nur einzelne Stellen ohne deren Kontext, nicht die Bibel als Ganzes. Vielleicht werden unbequeme Stellen auch einfach verdrängt oder als eine Form zeitbedingter Folklore abgewertet. Ein weiterer Teil: Im Laufe der Jahrhunderte haben sich bestimmte Zweige oder Strömungen im Christentum auf moralische Positionen festgelegt, die sich gerade nicht aus den Zehn Geboten, dem Liebesgebot oder der Bergpredigt allein ableiten lassen. Das geht (vermeintlich) nur, wenn man weitere Bibelstellen zur Grundlage nimmt. Die Gebote und die Bergpredigt verbieten z. B. weder Sklaverei, sexuelle Lust, Empfängnisverhütung, Homosexualität noch Polygamie. Es ist zwar sicher nicht unmöglich, deren Verbot aus den Geboten und der Bergpredigt abzuleiten – wie gesagt, im Christentum ist alles möglich –

---

[114] Matthäus 15, 21–28. Aus dieser Stelle geht übrigens auch klar hervor, dass Jesus als Exorzist gewirkt hat. Tja …

viel einfacher geht es aber auf Basis anderer Bibelstellen. Zumindest glauben das sehr viele Christen.

Wie aussichtslos aber das Unterfangen ist, die gesamte Bibel als Grundlage einer Morallehre heranzuziehen, werde ich in diesem Kapitel noch an konkreten Beispielen zeigen. Diese liefern uns dann den inhaltlichen Übergang zum nächsten Kapitel, in dem ich die Übernahme nichtchristlicher Grundannahmen durch das Christentum betrachten werde. Zuvor möchte ich aber auf eine zusätzliche Schwierigkeit hinweisen, die man sich mit der Erweiterung der Grundannahmen auf die gesamte Bibel einhandelt.

Die Bibel lehrt viel Falsches

Die Gebote und die Bergpredigt haben eines gemeinsam: Es geht wesentlich darum, wie Menschen sich gegenüber Gott und ihren Mitmenschen verhalten sollten, welche Einstellung sie im und zum Leben haben sollten. In Bezug auf moralische Forderungen lässt sich – wie gesehen – relativ leicht zeigen, dass sie heute so nicht mehr akteptabel sind. Es lässt sich auch plausibel begründen, dass fast alle heutigen Menschen (bei uns) nicht bereit sind, die Folgen einer Umsetzung zu akzeptieren. Man kann hingegen nicht so einfach sagen, moralische Gebote seien einfach falsch. Zum einen ist unklar, ob und in welchem Sinne in Bezug auf Normen von Wahrheit und Falschheit überhaupt die Rede sein kann. Sie sagen uns ja nicht, was der Fall ist, sondern wie wir handeln (und denken) sollen. Für den Zweck dieser Untersuchung reicht es, diese Frage bis zum Kapitel zu den Begründungsversuchen der christlichen Moral zurückzustellen und mit dem Wahrheitsbegriff eher zurückhaltend zu argumentieren.

Anderes gilt für die Aussagen der Bibel zu Entstehung, Entwicklung und Beschaffenheit der Welt. Hier haben wir es prima facie mit empirischen Aussagen zu tun, die viele Jahrhunderte lang als unumstößliche Wahrheit behauptet und erbittert gegen die Naturwissenschaften verteidigt wurden. Große und einflussreiche Teile des Christentums führen diesen Kampf noch immer.[115] Bei uns hat sich ein mittlerweile weitgehend säkularisiertes Christentum davon verabschiedet. Dies geschah meines Erachtens weniger aus Einsicht denn aus Angst vor Machtverlust. Man macht sich bei uns schlicht und einfach lächerlich, wenn man das Alter des Universums mit 6000 Jahren beziffert oder die Thesen (und Methoden) der moderne Evolutionstheorie, Kosmologie und Physik als falsch bezeichnet, weil sie dem Text der heiligen Schrift eines ungebildeten Barbarenstammes widersprechen. Außerdem bekommt man so kein Abitur. Ähnliches gilt für die Zuverlässigkeit der Bibel als Quelle historischer Auskünfte. Gegen wissenschaftlich seriöse Geschichtsforschung und Archäologie kommt sie nicht an. Das Christentum hat bei uns erkannt, dass es den Kampf um den empirischen Autoritätsanspruch gegen die Wissenschaften auf ganzer Linie verloren hat und ihn deshalb (vorerst) aufgegeben. Was immer noch nicht aufgegeben wird, ist der Anspruch auf moralische Autorität.

Genau diesen Anspruch auf moralische Autorität, auf substantielle Hilfe zur Meisterung des Daseins, sollten wir dem Christentum ebenfalls verwehren; das ist ja gerade das Argumentationsziel dieses Buches. Und ein Argument dafür liefert bereits dieser Teilrückzug des Christentums. Auf der einen Seite gibt man (bei uns) zu, bestimmte Teile der Bibel seien falsch oder dürften irgendwie nicht wörtlich verstanden werden. Im gleichen Atemzug aber erklärt man Teile dieser Schrift zu unverrückbaren moralischen Einsichten. Diese wären – je nach Interpret – zwar auch nicht wörtlich oder weniger wörtlich zu verstehen oder ganz unzutreffend, manchmal aber schon auch irgendwie ziemlich wörtlich. Aber auf jeden Fall seien sie moralisch von höchster Relevanz. Dabei übersieht man zum einen, dass durch die Aufgabe des Wahrheitsanspruches in Bezug auf empirische Fragen die gesamte Glaubwürdigkeit der Bibel in Frage gestellt wird. Warum soll ich überhaupt an die Zuverlässigkeit einer Schrift glauben, die nach Aussage der Gläubigen selbst voller Irrtümer und Ungenauigkeiten

---

115 An dieser Stelle sei erneut ein Besuch auf der Website des Creation Museum empfohlen. Disneyland hat mehr Bezug zur Realität und ist auf jeden Fall kinderfreundlicher.

ist?[116] Liegt da nicht der Schluss nahe, auch den anderen Teilen, die (noch) nicht offiziell zurückgenommen wurden, mit sehr gesunder Skepsis zu begegnen? Und sie erst einmal einer kritischen Prüfung zu unterziehen?

Das Problem wird durch Überschneidungen verschärft. Ein erstes Beispiel: Aussagen des Schöpfungsmythos, deren empirische Relevanz „offiziell" nicht mehr behauptet wird, tauchen in anderem Zusammenhang als wichtige Aussagen von höchster moralischer Relevanz auf. Dass die Frau aus des Mannes Rippe erzeugt wurde, hören unsere Schüler im Biologieunterricht nicht mehr. Einfach deshalb, weil es nicht stimmt. Allerdings baut eine christliche Argumentationslinie gegen die Homosexualität auf genau dieser Aussage auf. Also: Was jetzt?[117] Ein zweites Beispiel: Die Text- und Quellenforschung liefert ein sehr karges Bild von Jesus und den Inhalten, die er vermutlich wirklich gepredigt hat. Das hindert Christen aber nicht im geringsten daran, sogar offensichtlich erfundene Teile der Bibel wie das Johannesevangelium als moralisch höchst relevant zu akzeptieren und sich damit auf Jesus Christus zu berufen.

Das Fazit: Die gesamte Bibel als moralische Grundannahme zu akzeptieren, ist mit hohen Risiken für die Glaubwürdigkeit der christlichen Morallehre verbunden. Wenn der empirische und historische Wahrheitsanspruch aufgegeben wird, kommt natürlich der nächste Bereich, der moralische, unter Beschuss. Alleine dadurch eröffnet sich die Möglichkeit zu kritischen Fragen an die christliche Moral. Vielleicht ist sie genauso unzuverlässig und mit Schwachstellen behaftet wie christliche Kosmologie und Historie?

---

116 Und deren herausragende Gestalt, Jesus Christus, felsenfest davon überzeugt war, das Weltende stehe unmittelbar bevor. Für Paulus gilt dasselbe.
117 Im nächsten Abschnitt gehe ich darauf näher ein.

Homosexualität und christliche Moral

Ich möchte jetzt am konkreten Beispiel eines der klassischen Themen christlicher Moral zeigen, wie schwierig es ist, aus der Bibel brauchbare moralische Grundannahmen zu gewinnen.[118] Für den Katholischen Katechismus ist klar, dass sowohl das Alte wie das Neue Testament Homosexualität verurteilen:

> In biblischer Zeit wurde Homosexualität streng verurteilt. Man war sich im Alten wie im Neuen Testament darüber klar, daß homosexuelle Praktiken nicht dem eigentlichen Sinn menschlicher Geschlechtlichkeit entsprechen können. In Israel wurden Menschen, die homosexuelle Handlungen – aus welchen Gründen auch immer – vollzogen, nach geltendem Recht sogar aus dem Volk ausgestoßen (vgl. Lev 18,22; 20,13). Im Neuen Testament versteht der Apostel Paulus homosexuelles Verhalten als widernatürlichen Verkehr (vgl. Röm 1, 25–27; 1 Tim 1,10), vor dem er in gleicher Weise warnt wie vor anderen sexuellen Fehlhaltungen.[119]

Auf diese Stellen im Alten Testament bezieht sich der Katechismus:

> Du darfst nicht mit einem Mann schlafen, wie man mit einer Frau schläft; das wäre ein Gräuel.[120]

> Schläft einer mit einem Mann, wie man mit einer Frau schläft, dann haben sie eine Gräueltat begangen; beide werden mit dem Tod bestraft; ihr Blut soll auf sie kommen.[121]

Prima facie liegen hier klare Verurteilungen der Homosexualität vor. So sehen das auch sehr viele Theologen. Das Problem: Diese Text-

---

118 **Wikipedia:** Stichwort „Homosexualität". Ein guter erster Überblick mit Literaturhinweisen.
119 Deutsche Bischofskonferenz (Hrsg.): **Katholischer Erwachsenenkatechismus.** Band 2, 1995. S. 386–387.
120 3. Mose 18, 22.
121 3. Mose 20, 13.

stellen werden durch einige ebenfalls sehr kompetente christliche Theologen anders verstanden. Diese kommen nach ausführlichem Studium des Kontextes zu einer alternativen Interpretationslinie. Sie sehen darin keine Verurteilung der Homosexualität oder homosexueller Handlungen per se, es werde nur Analverkehr zwischen Männern verboten. Eine von mehreren Begründungen für diese Lesart: Das Alte Testament kenne keine Homosexualität als sexuelle Ausrichtung; es ist nur die Rede von (bestimmten) homosexuellen Handlungen. Durch Analverkehr werde ein Mann „feminisiert", also in seinem Status einer Frau angeglichen und somit als Mann abgewertet, erniedrigt, also einer Art Vergewaltigung unterworfen. Andere, gleichberechtigt zu praktizierende Formen der Homosexualität seien davon nicht betroffen.

Es geht mir hier nicht darum, die Frage nach der korrekten Lesart zu entscheiden – das dürfte auch gar nicht möglich sein. Aber: Was bedeuten die beiden Stellen aus dem Alten Testament denn nun wirklich? In welcher der verschiedenen Lesarten sollten wir sie als moralische Grundannahmen akzeptieren? Tatsache ist, dass gleichermaßen kompetente und sorgfältig arbeitende Theologen zu ganz unterschiedlichen Antworten kommen.

Ähnliches gilt für die im Katechismus angeführten Stellen der Paulusbriefe:

> Wir wissen: Das Gesetz ist gut, wenn man es im Sinn des Gesetzes anwendet und bedenkt, dass das Gesetz nicht für den Gerechten bestimmt ist, sondern für Gesetzlose und Ungehorsame, für Gottlose und Sünder, für Menschen ohne Glauben und Ehrfurcht, für solche, die Vater oder Mutter töten, für Mörder, Unzüchtige, Knabenschänder, Menschenhändler, für Leute, die lügen und Meineide schwören und all das tun, was gegen die gesunde Lehre verstößt. So lehrt das Evangelium von der Herrlichkeit des seligen Gottes, das mir anvertraut ist.[122]

---

122 1. Timotheus 1, 8–11.

Die Interpretation dieser Briefstelle hängt wesentlich ab von der Übersetzung des Wortes *arsenokoites*. Die Einheitsübersetzung der Bibel versteht *Knabenschänder* darunter, bezieht sich also auf Päderastie und nicht auf Homosexualität per se. Andere Übersetzungen sprechen von *männlichen Homosexuellen*. Also auch hier die Frage: Was bedeutet diese Stelle wirklich?

Zusätzlich ließe sich die Frage stellen, was Paulus unter *Unzucht* genau versteht. Eine vertretbare Interpretation vor dem Hintergrund anderer Ausführungen des Paulus lautet: Jede Form von Sexualität, die außerhalb der christlich-paulinischen Ehe stattfindet bzw., noch weiter verschärft, nicht unmittelbar der Zeugung dient – und Spaß macht. Damit aber würde Homosexualität derselbe moralische Verfehlungsrang zugestanden wie vielen anderen Formen der Ausübung heterosexueller Aktivität. Homosexuelle Handlungen wären dann keine „herausragenden" Verfehlungen mehr, sondern in einer „Sündenklasse" mit vorehelichem Geschlechtsverkehr, Ehebruch oder Geschlechtsverkehr von Eheleuten lediglich um der Lust willen zu sehen. Und das eröffnet doch der moralischen „Entschärfung" der Homosexualität im Christentum Tür und Tor. Also gilt auch hier: Der Interpretationsspielraum ist groß; die Tauglichkeit dieser ipso facto unklaren Bibelstelle als moralische Grundannahme nicht gegeben.

Das ist die vierte Bibelstelle, auf die der Katechismus sich bezieht:

> Darum lieferte Gott sie durch die Begierden ihres Herzens der Unreinheit aus, sodass sie ihren Leib durch ihr eigenes Tun entehrten. Sie vertauschten die Wahrheit Gottes mit der Lüge, sie beteten das Geschöpf an und verehrten es anstelle des Schöpfers – gepriesen ist er in Ewigkeit. Amen. Darum lieferte Gott sie entehrenden Leidenschaften aus: Ihre Frauen vertauschten den natürlichen Verkehr mit dem widernatürlichen; ebenso gaben die Männer den natürlichen Verkehr mit der Frau auf und entbrannten in Begierde zueinander; Männer trieben mit Männern Unzucht und erhielten den ihnen gebührenden Lohn für ihre Verirrung.[123]

---

123 Römer 1, 24–27.

Unklar ist, erstens, ob an dieser Stelle überhaupt von weiblicher Homosexualität die Rede ist. Einige Interpreten sehen hier in erster Linie eine Anspielung auf den Verkehr mit Tieren. Generell ist festzuhalten, dass Formen weiblicher Homosexualität in der gesamten Bibel weit weniger Beachtung erhalten als männliche. Das ist wiederum durchaus stimmig: Frauen werden ja als Sachen gesehen, die Männern gehören – warum sich also groß den Kopf darüber zerbrechen, wie die sich verhalten, solange es dem Mann gefällt oder ihn zumindest nicht groß stört? Zweitens hängt die genaue Bedeutung wieder von der des Begriffes der Unzucht ab – was ist damit eigentlich gemeint?[124] Und drittens ist es für Paulus ja allgemein moralisch verwerflich, in sexueller Begierde zu entbrennen. Vielleicht ist diese Textstelle ja so zu verstehen:

Gott lieferte diese Menschen entehrenden Leidenschaften aus. Frauen betätigten sich nicht mehr ausschließlich zum Zweck der Fortpflanzung sexuell, sondern taten dies aus Lustgewinn – mit anderen Männern als ihren eigenen und sogar mit Tieren! Ebenso die Männer: Sie strebten nach Lust, mit der eigenen Frau oder mit Frauen, mit denen sie nicht verheiratet waren, sogar mit anderen Männern. Deshalb trieben Männer mit männlichen Prostituierten Unzucht.

Mit dieser durchaus plausiblen Lesart wäre zumindest der von vielen Christen behauptete, ganz besondere Verfehlungscharakter der Homosexualität aufgehoben. Homosexuelle Handlungen stehen in einer „Verwerfungslinie" mit heute weithin akzeptierten bzw. als weniger schlimm eingeschätzten. Homosexualität wäre damit, wie viele andere von Christen (bei uns) moralisch akzeptierte Formen der Sexualität, einer säkularen und realistischen Betrachtung und Bewertung zugänglich.

---

124 Auf der Website **bibleserver.com** lässt sich leicht eine Textsuche durchführen. Der Ausdruck „Unzucht" steht in der Bibel für alles, was dem jeweiligen Autor moralisch missfällt und ihn in Empörung versetzt. Eine Einschränkung auf den Bereich sexuellen Verhaltens oder bestimmter Formen davon lässt sich nicht behaupten. Auch der bewusste Verstoß gegen religiöse Riten fällt z. B. unter den Begriff der Unzucht. Ausrottungskriege und die damit verknüpften Massaker und Vergewaltigungen fallen nicht darunter.

Eine weitere Stelle aus dem Alten Testament wird gerne herangezogen, um die Verwerflichkeit der Homosexualität aus der Bibel zu rechtfertigen:

> Die beiden Engel kamen am Abend nach Sodom. Lot saß im Stadttor von Sodom. Als er sie sah, erhob er sich, trat auf sie zu, warf sich mit dem Gesicht zur Erde nieder und sagte: Meine Herren, kehrt doch im Haus eures Knechtes ein, bleibt über Nacht und wascht euch die Füße! Am Morgen könnt ihr euren Weg fortsetzen. Nein, sagten sie, wir wollen im Freien übernachten. Er redete ihnen aber so lange zu, bis sie mitgingen und bei ihm einkehrten. Er bereitete ihnen ein Mahl, ließ ungesäuerte Brote backen und sie aßen. Sie waren noch nicht schlafen gegangen, da umstellten die Einwohner der Stadt das Haus, die Männer von Sodom, Jung und Alt, alles Volk von weit und breit. Sie riefen nach Lot und fragten ihn: Wo sind die Männer, die heute Abend zu dir gekommen sind? Heraus mit ihnen, wir wollen mit ihnen verkehren. Da ging Lot zu ihnen hinaus vor die Tür, schloss sie hinter sich zu und sagte: Aber meine Brüder, begeht doch nicht ein solches Verbrechen! Seht, ich habe zwei Töchter, die noch keinen Mann erkannt haben. Ich will sie euch herausbringen. Dann tut mit ihnen, was euch gefällt. Nur jenen Männern tut nichts an; denn deshalb sind sie ja unter den Schutz meines Daches getreten. Sie aber schrien: Mach dich fort!, und sagten: Kommt da so ein einzelner Fremder daher und will sich als Richter aufspielen! Nun wollen wir es mit dir noch schlimmer treiben als mit ihnen. Sie setzten dem Mann, nämlich Lot, arg zu und waren schon dabei, die Tür aufzubrechen. Da streckten jene Männer die Hand aus, zogen Lot zu sich ins Haus und sperrten die Tür zu. Dann schlugen sie die Leute draußen vor dem Haus, Groß und Klein, mit Blindheit, sodass sie sich vergebens bemühten, den Eingang zu finden. Die Männer sagten dann zu Lot: Hast du hier noch einen Schwiegersohn, Söhne, Töchter oder sonst jemand in der Stadt? Bring sie weg von diesem Ort! Wir wollen nämlich diesen Ort vernichten; denn schwer ist die Klage, die über die Leute zum Herrn gedrungen ist. Der Herr hat uns geschickt, die Stadt zu vernichten.[125]

---

125 1. Moses 19, 1–13.

Christliche Theologen sind unterschiedlicher Meinung, welche moralische Botschaft diese Bibelstelle vermitteln will. Diese Meinungen gehen so weit auseinander, dass selbst das Thema der Geschichte nicht eindeutig identifiziert werden kann. Folgende Möglichkeiten ergeben sich, eventuell auch in diversen Kombinationen:

- Die Geschichte will uns sagen, dass Gastfreundschaft heilig ist und Gäste vom Gastgeber mit allen Mitteln zu beschützen sind.
- Die Geschichte will uns sagen, dass Gott die Seinen schützt. Die Engel werden von Lot aufgenommen und schützen dann seine Töchter und ihn vor dem Mob.
- Die Geschichte will uns sagen, dass Vergewaltigung – egal ob die Opfer Männer oder Frauen oder Kinder sind – ein sehr schlimmes Verbrechen ist.
- Die Geschichte will uns sagen, dass homosexuelle Handlungen eine schlimmere Sünde sind als die Vergewaltigung von Jungfrauen. Lot hätte durch die Freigabe seiner Töchter den Mob vor schlimmster Sünde bewahren wollen. Also will die Geschichte uns auch sagen, dass Lot um das Seelenheil des Mobs besorgt war.
- Die Geschichte will uns sagen, dass die Vergewaltigung von Männern durch Männer ein schlimmes Verbrechen ist. („Normalerweise" werden Frauen vergewaltigt; die im Altertum durchaus übliche Vergewaltigung eines Mannes durch Männer galt als besonders entehrende Erniedrigung).
- Gewalt an Homosexuellen wird verurteilt. Grund: Man könne sich die beiden Engel als homosexuelles Paar vorstellen.[126]

Zum Glück müssen wir uns hier keine Gedanken über die „korrekte" Interpretation dieser Bibelstelle machen. Man sieht an diesem Beispiel aber sehr schön, wie schwierig es ist, aus Geschichten, Gleichnissen oder Erzählungen wirklich belastbare moralische Grundannahmen zu gewinnen bzw. diese als solche zu verstehen. Die Vielfalt möglicher Deutungen verweist klar auf die eigentliche Problematik, wenn man

---

126 Ganz abwegig scheint diese Lesart ja nicht: Wie viele weibliche Engel tauchen in der Bibel auf?

Geschichten und Gleichnisse als moralische Grundannahmen heranziehen möchte: Es fehlt schlicht und einfach ein brauchbares Verfahren, um deren Bedeutung zu ermitteln.

Das Fazit dieses Kapitels: Weder die Zehn Gebote, deren Kombination mit dem Liebesgebot und der Bergpredigt, noch die ganze Bibel genügen den Minimalanforderungen an ein Moralsystem. Sie liefern keine von Umfang und Inhalt her klare, in sich stimmige Menge von Grundannahmen. Kurz: Die Heilige Schrift des Christentums kann nicht als Basis christlicher Moral dienen.

Überzeugten Christen reicht die eigene Bibel als Basis ihrer Moral aber sowieso nicht aus. Sowohl die grundsätzliche Ablehnung der Empfängnisverhütung als auch das Eintreten für die monogame Ehe darf man zum Traditionsbestand christlicher Morallehre zählen.[127] Auf Basis der Bibel lassen sich allerdings neben der Sklaverei weder Polygamie noch Empfängnisverhütung verbieten! Ein starkes Indiz dafür liefert uns wieder der Katholische Katechismus. Er zitiert zur Begründung dieser Verbote keine einzige Bibelstelle und gibt sogar zu, dass Polygamie im Alten Testament als selbstverständliche Eheform akzeptiert wird. Mit anderen Worten: Selbst die Bibel reicht in ihrer schier unerschöpflichen Vielfalt an möglichen Deutungen dem Christentum als moralische Basis nicht aus! Eine dieser Ergänzungen, den Verweis auf Vernunft (!) und Naturrecht, diskutiere ich im nächsten Kapitel.

---

127 Das stimmt allerdings, wie zu erwarten, auch nur zum Teil: Die Mormonen sind der Polygamie gegenüber sehr aufgeschlossen. Anglikanischen und diversen protestantischen Christen wird Empfängnisverhütung von ihren Kirchen bzw. gemäß ihrer Auslegung der Bibel erlaubt. Sicher haben sie alle gute christliche Gründe für ihre christlichen Überzeugungen.

5. Kapitel: Nichtchristliche Grundannahmen der christlichen Moral

Zumindest den Profis, also christlichen Theologen, müssen die Unklarheiten, Unstimmigkeiten und Lücken der Bibel und in Folge davon ihre völlige Unbrauchbarkeit als Quelle normativer Grundannahmen bekannt sein. Man kann ja davon ausgehen, dass dieser Personenkreis die Heilige Schrift gut kennt. Nicht zuletzt der besonders im Protestantismus gepflegten Forschung zum Neuen Testament verdanken wir zahlreiche wertvolle und kritische Einsichten. Dass diese Einsichten durch Theologen kaum in die Öffentlichkeit getragen werden – wozu Hochschullehrer eigentlich verpflichtet sind – steht auf einem anderen Blatt und bedarf eigentlich einer guten moralischen Begründung.

Es gibt eine Reihe normativer Positionen, die von Christen (bei uns) vertreten werden, für die sich aber selbst in der für alle möglichen Interpretationen so offenen Bibel prima facie keine Begründungsbasis finden lässt. Einige Beispiele dafür habe ich schon erwähnt: Die Bibel erlaubt ganz klar Sklaverei und Polygamie, ein Verbot der Empfängnisverhütung ist darin auch nicht zu finden. Aber natürlich möchte man (bei uns) als Christ schon gerne gegen Sklaverei und Polygamie sein. Bei der Empfängnisverhütung ergibt sich ein etwas diffuseres und mittlerweile bekanntes Bild. Christen und deren verschiedene Kirchen vertreten aus christlicher Überzeugung so gut wie jede mögliche Position. Und die meisten Christen (bei uns) stehen seit einigen Jahrzehnten den Konzepten der Menschenrechte und der Würde des Menschen zumindest „offiziell" recht aufgeschlossen gegenüber – obwohl beide Ideen mit der Bibel nicht das Geringste zu tun haben. Beide Konzepte wurden über Jahrhunderte hinweg von den großen christlichen Kirchen und deren Theologen sogar als zutiefst unchristlich entschlossen bekämpft. In solchen Fällen argumentativen Notstandes greift man in Theologenkreisen gerne auf alternative Quellen für moralische Grundannahmen zurück. Sehr beliebt in diesem Zusammenhang ist ein Appell an Naturrecht und Vernunft.[128] Dies sind philosophische Konzepte, die nicht der christlichen Tradition entstammen. Der Heilige Thomas hat allerdings vor etwa 800 Jahren versucht, sie systematisch mit dem Christentum zu verbinden.[129]

Zurück in die Gegenwart – Papst Benedikt XVI. behauptet in seiner Rede im Bundestag unmissverständlich eine sehr enge Verbindung zwischen der Naturrechtstradition und den normativen Lehren des Christentums:

> Wie erkennt man, was recht ist? In der Geschichte sind Rechtsordnungen fast durchgehend religiös begründet worden: Vom Blick auf die Gottheit her wird entschieden, was unter Menschen rechtens ist. Im Gegensatz zu anderen großen Religionen hat das Christentum dem Staat und der Gesellschaft nie ein Offenbarungsrecht, eine Rechtsordnung aus Offenbarung vorgegeben. Es hat stattdessen auf Natur und Vernunft als die wahren Rechtsquellen verwiesen – auf den Zusammenklang von objektiver und subjektiver Vernunft, der freilich das Gegründetsein beider Sphären in der schöpferischen Vernunft Gottes voraussetzt. Die christlichen Theologen haben sich damit einer philosophischen und juristischen Bewegung angeschlossen, die sich seit dem 2. Jahrhundert v. Chr. gebildet hatte. In der ersten Hälfte des

---

128 Auch das gilt natürlich wieder nur für Teile des Christentums. Dessen so starke wie einflussreiche vernunftskeptische Traditionen lasse ich in diesem Kapitel unberücksichtigt. So wusste Luther von der Vernunft, sie sei „die höchste Hur, die der Teufel hat". Von ihm stammt auch die Einsicht, dass wer ein Christ sein will, seiner Vernunft die Augen ausstechen solle. Auch im Katholizismus empfiehlt man den Gläubigen bisweilen, angesichts diverser Mysterien wie der Heiligen Dreifaltigkeit oder der Transsubstantiation, den Vernunftgebrauch nicht auf die Spitze zu treiben.

129 Thomas von Aquin: **Summa Theologica**. Entstanden zwischen 1266 und 1273. Relevante Textstellen in Robert Spaemann (Hrsg.): **Ethik-Lesebuch**. München, 1987. Summa Theologica, II.1., quaestio 94. Einen zuverlässigen Überblick zur Gedankenwelt des Thomas von Aquin liefert Kurt Flasch: **Das philosophische Denken im Mittelalter**. Stuttgart, 2000 (2. revidierte Auflage).

2. vorchristlichen Jahrhunderts kam es zu einer Begegnung zwischen dem von stoischen Philosophen entwickelten sozialen Naturrecht und verantwortlichen Lehrern des römischen Rechts. In dieser Berührung ist die abendländische Rechtskultur geboren worden, die für die Rechtskultur der Menschheit von entscheidender Bedeutung war und ist. Von dieser vorchristlichen Verbindung von Recht und Philosophie geht der Weg über das christliche Mittelalter in die Rechtsentfaltung der Aufklärungszeit bis hin zur Erklärung der Menschenrechte und bis zu unserem deutschen Grundgesetz, mit dem sich unser Volk 1949 zu den „unverletzlichen und unveräußerlichen Menschenrechten als Grundlage jeder menschlichen Gemeinschaft, des Friedens und der Gerechtigkeit in der Welt" bekannt hat.[130]

Neben der Füllung inhaltlicher Lücken dürfte ein zweiter Grund für die Zurückhaltung mit explizit „biblischer" Argumentation in der fortgeschrittenen Säkularisierung unserer Gesellschaft liegen. Die offensive Berufung auf die Bibel als Quelle moralischer Relevanz tritt mangels Plausibilität und Überzeugungskraft in der öffentlichen Diskussion zunehmend in den Hintergrund. Ich vermute, dass sich der Papst bzw. das Christentum mit dem Appell an Naturrecht und Vernunft an die Respektabilität philosophischer Argumentation ankoppeln und sich so mehr Glaubwürdigkeit, Gehör und Gewicht verschaffen möchten. Das nächste Zitat aus der Rede des Papstes legt diesen Verdacht nahe:

> Für die Entwicklung des Rechts und für die Entwicklung der Humanität war es entscheidend, daß sich die christlichen Theologen gegen das vom Götterglauben geforderte religiöse Recht auf die Seite der Philosophie gestellt, Vernunft und Natur in ihrem Zueinander als die für alle gültige Rechtsquelle anerkannt haben.[131]

---

130 www.bundestag.de: Rede Papst Benedikts XVI. im Deutschen Bundestag am 22. September 2011.
131 www.bundestag.de: Rede Papst Benedikts XVI. im Deutschen Bundestag am 22. September 2011.

Ich gebe zu, dass ich mir der historischen Rolle des Christentums als Hort des heldenhaften Widerstandes gegen religiöses Recht und als Speerspitze im Kampf für Aufklärung, Humanität und Menschenrechte bisher nicht bewusst war. An meinem Gymnasium wäre ich mit solchen Thesen auch nicht durchs Abitur gekommen. Meinen Lehrern möchte ich diesbezüglich aber keinen Vorwurf machen. Es geht nämlich auch manch gestandenem Theologen so wie mir:

> Die Menschenrechtsideen und ihre Realisierung aus dem christlichen Schöpferglauben abzuleiten, gelingt wohl nur mit Hilfe einer Geschichtsklitterei, die den erbitterten kirchlichen Widerstand verklärt.[132]

Sogar im Katechismus der deutschen Bischofskonferenz wird eingeräumt, dass die katholische Kirche hin und wieder die eine oder andere kleinere theologische Schwierigkeit mit den Menschenrechten hatte:

> Die Kirche gibt zu, daß ihre Haltung „in den letzten zwei Jahrhunderten gegenüber den Menschenrechten nur zu oft durch Zögern, Einsprüche und Vorbehalte gekennzeichnet war. Gelegentlich kam es auf katholischer Seite sogar zu heftigen Reaktionen gegen jegliche Erklärung der Menschenrechte im Lichte des Liberalismus und des Laizismus . . . Das führte manchmal sogar zu offener Feindschaft und Verurteilung" (ebd.), so bei Papst Pius VI., Pius VII., Gregor XVI. und Pius IX.[133]

Unabhängig von Geschmeidigkeit und Kreativität des päpstlichen Geschichtsverständnisses bleibt aber das Kernproblem der Berufung auf Naturrecht und Vernunft bestehen: Der Beliebigkeitsfalle entrinnt das Christentum dadurch nicht.

---

132 Friedhelm Hengsbach: **Mit der Arroganz des Vatikans.** Süddeutsche Zeitung, 25.9.2011. Friedhelm Hengsbach ist Sozialethiker und gehört dem Jesuitenorden an.

133 Deutsche Bischofskonferenz (Hrsg.): **Katholischer Erwachsenenkatechismus.** Band 2, 1995. S. 107.

5. Kapitel

Naturrecht und Vernunft als Basis

Eine philosophiegeschichtliche Betrachtung des Naturrechtgedankens würde den vorgegebenen Rahmen bei weitem überschreiten.[134] Deshalb beschränke ich mich auf eine Skizze der Kernideen. Diese reicht für den Nachweis, dass eine Berufung auf Naturrecht und Vernunft das Beliebigkeitsproblem grundsätzlich nicht lösen kann.

Naturrecht: Was ist das?

Es gibt einige Überzeugungen, die wir alle für absolut wahr halten. Mehr noch, wir können uns gar nicht vorstellen, dass sie falsch oder unzutreffend sein könnten. Erste Beispiele liefert die Mathematik. Könnte es falsch sein, dass 2 + 2 = 4 ist? Oder könnte es wahr sein, dass zwei parallele Linien einen Schnittpunkt haben? Andere Beispiele liefern Aussagen zu Raum und Zeit. Könnte es wahr sein, dass zwei Gegenstände, die sich zur selben Zeit an unterschiedlichen Orten befinden, miteinander identisch sind? Könnte es wahr sein, dass ein und dasselbe Ereignis an unterschiedlichen Orten zu unterschiedlichen Zeiten passiert ist? Kurz: Wir haben den Eindruck, für die Antworten darauf sei Irrtum ausgeschlossen. Wie ist das aber zu erklären, ist Irren doch menschlich? Der erkenntnistheoretische Objektivismus gibt eine prima facie einleuchtende Antwort. Diese Aussagen beschreiben die mathematische Welt oder die Welt in Raum und Zeit so, wie diese Welten sind – sie sind objektiv wahr. Sie verdanken ihre Wahrheit nicht einer Konvention oder menschlicher Setzung, sondern einer Übereinstimmung mit der Realität.

Die Naturrechtslehre ist eine Form des erkenntnistheoretischen Objektivismus, angewandt auf die Sphäre des Normativen, also der Moral und Gerechtigkeit. Die Vertreter der Naturrechtslehre entwickeln zur

---

134 **Wikipedia:** Stichwort „Naturrecht". Einen vertiefenden Überblick zur neuzeitlichen Debatte bieten Stephen Buckle: **Natural Law and the Theory of Property.** Oxford, 1991. Richard Tuck: **Natural Rights Theories. Their Origin and Development.** Cambridge, 1979.

Plausibilisierung ihrer These ein Analogieargument zur Mathematik: Ist es nicht ebenso wahr, dass man Kinder nicht aus Langeweile foltern darf, dass man Passanten nicht einfach totschlagen darf, um das neue Bleirohr einzuweihen? Ist es nicht ebenso wahr, dass man Neugeborene nicht auf eine Leinwand nageln darf, um ein „Kunstwerk" zu erzeugen, dass man eine neu entwickelte Bombe nicht durch Abwurf auf ein gut besuchtes Einkaufszentrum testen darf? Auch hier haben wir den Eindruck, Irrtum sei ausgeschlossen. Relativismus ist keine Option. Wir können uns nicht vorstellen, dass das anders sein könnte. Und das, so wird das Argument fortgeführt, sei eben dadurch zu erklären, dass diese und ähnliche Aussagen die Welt des Normativen, die Welt der Werte korrekt beschreiben. Deshalb seien diese moralischen Aussagen objektiv wahr – und nicht aufgrund einer Übereinkunft oder Setzung durch uns Menschen gültig.

Wie aber erkennen wir diese Wahrheiten der Mathematik, der Ordnung in Raum und Zeit, der Moral? Die Vernunft ist für alle diese Einsichten unsere Erkenntnisquelle. Wir lernen diese Wahrheiten nicht durch Erfahrung, nicht durch Beobachtung empirischer Phänomene, nicht durch Versuch und Irrtum. Sondern: Wer vernünftig denken kann, sieht ipso facto ein, dass diese Aussagen alle wahr sind. Unser Vermögen der Vernunft sei unser Zugang zu diesen Wahrheiten.

Natürlich taucht sofort folgende Frage auf: Wie ist es zu erklären, dass z. B. Folter und Mord so häufig vorkommen – und so wenig Menschen der Meinung sind, 2+2 sei 5? Offensichtlich erkennen viele Menschen mathematische Wahrheiten viel besser und zuverlässiger als moralische. Ist das nicht eine Disanalogie? Der Vertreter des Naturrechts verweist in seiner Antwort auf die Möglichkeit eines (noch) unterentwickelten oder funktional (stark) gestörten Vernunftvermögens. Bei Kindern und Jugendlichen ist z. B. die Vernunft noch nicht voll entwickelt. Deshalb dürfe man auch nicht erwarten, dass sie in jedem Fall das moralisch Richtige erkennen. Und bei vielen Erwachsenen hat das Vernunftvermögen offenbar nicht den eigentlich möglichen Entwicklungsstand erreicht. Entweder wurde dessen Entwicklung gehemmt oder seine Funktion ist nachhaltig gestört. Dazu muss man die Analogie zu Wahrheiten der Mathematik nicht verlassen. Die meisten mathematischen Wahrheiten sind nur Menschen zugänglich, die ihre Vernunft entsprechend weit und ohne Störungseinflüsse entwickelt haben. Niemand habe behauptet, dass moralische Wahrheiten so leicht zu erkennen seien, wie die allereinfachsten mathematischen.

Um diesen Gedanken näher zu erläutern, sei ein kleiner Exkurs in die Philosophiegeschichte eingestreut. Die Verankerung von Wahrheit in einer Sphäre des Objektiven ist ein wesentliches Element der pythagoreisch-platonischen Tradition. Mathematik bzw. unser Wissen um mathematische Wahrheiten gilt als Musterbeispiel für sichere menschliche Erkenntnis. Und zu dieser Erkenntnis kommen wir durch Nachdenken, durch Entwicklung und Pflege unserer Vernunft. Dass sich zwei Parallelen selbst im Unendlichen nicht schneiden, haben wir nie beobachtet – wie ginge das auch? Wir haben auch keine diesbezüglichen Versuche durchgeführt – wie sähen diese denn aus? Wer vernünftig denken kann, sieht ein, dass es so ist und dass es so sein muss – unabhängig davon, wie die empirische Welt beschaffen ist. Gleiches gilt für arithmetische Wahrheiten. Dass $2+2=4$ ist, lernen wir nicht dadurch, dass wir immer wieder jeweils 2 Murmeln hintereinander auf einen Teller legen und dann nachzählen, wie viele Murmeln auf dem Teller sind.

Deshalb legt Platon in seinem Hauptwerk *Politeia (Der Staat)* auch so großen Wert auf die Entwicklung und Ausbildung des Vernunftvermögens. Für ihn sind moralische Werte objektiv, sie existieren in einer Welt der „Ideen". Zugang zu dieser Welt ermöglicht uns nur eine wohl entwickelte, gut ausgebildete und störungsfrei funktionierende Vernunft.[135] Dieser Gedanke zieht sich dann wie ein roter Faden durch die Philosophie- und Wissenschaftsgeschichte unserer Zivilisation. Bis vor wenigen Jahrhunderten galt die euklidische Geometrie als Muster und Modell für jede Art von Theorie, auch für naturwissenschaftliche. Die Disziplinen der Logik und Mathematik stehen nach wie vor im

---

135 Platon: **Der Staat.** Stuttgart, 1982. (Übersetzer und Herausgeber: Karl Vretska).

Ruf, Paradigmen sicheren Wissens und präzisen Vernunftgebrauches zu sein.

Das Fazit zur Naturrechtsthese: Normative Wahrheiten sind uns objektiv vorgegeben. Sie sind unabhängig von menschlicher Setzung oder Absprache gültig. Die Gesamtheit dieser vorgegebenen moralischen Grundsätze ist das Naturrecht. Es dient als normativer „Urmeter", an dem alle von Menschen gemachten Normen politischer oder moralischer Art zu prüfen sind. Entsprechen diese dem Naturrecht, so sind sie akzeptabel. Falls nicht, so sind sie nicht gültig und müssen verworfen werden. Dieser normative Prüfstein, das Naturrecht, ist allen vernunftbegabten Wesen, also allen Menschen im Prinzip zugänglich.

Einwände gegen die Konzeption des Naturrechts

Die Analogiebasis wackelt

Die Basis für das Analogieargument der Naturrechtskonzeption liefert die vermeintlich sichere und unerschütterliche Erkenntnis der formalen Wissenschaften, also der Logik und Mathematik. Diese Basis aber wackelt. Das zeigt ein kurzer Ausflug in die Philosophie der Mathematik.[136] Schon Anfang des 19. Jahrhunderts begann die Entwicklung der nichteuklidischen Geometrie durch den russischen Mathematiker Lobatschewski. Nichteuklidische Geometrien ruhen auf schwächeren Voraussetzungen bzw. Axiomen als die euklidische. Sie verzichten auf das Parallelenaxiom. Man kann die euklidische deshalb als einen Sonderfall der allgemeinen Geometrie betrachten. Eine sehr bekannte Weiterentwicklung wurde von Bernhard Riemann Mitte des 19. Jahrhunderts vorgelegt. Dessen Ideen wiederum wurden von Albert Einstein aufgegriffen, der mit ihrer Hilfe in seiner Relativitätstheorie das für unser Vorstellungsvermögen so unfassbare Kontinuum aus Raum

---

136 Einen gut lesbaren Überblick bietet Stewart Shapiro: Thinking About Mathematics. Oxford, 2000.

und Zeit beschreibt.[137] Diese Entwicklung wirft nun eine ganz einfache Frage auf: Woran erkennen wir, welche geometrische Variante und welches „Raum-Zeit"-Ordnungssystem unsere Welt beschreibt? Diese Erkenntnis können wir offensichtlich nur durch die Einbettung der Geometrie in eine empirische Theorie gewinnen. Diese unterliegt wiederum den gängigen Verfahren der naturwissenschaftlichen Überprüfung, z. B. durch Bestätigung und Falsifikation, Versuch und Irrtum. Vernunft alleine kann uns die Antwort nicht liefern.

Was heißt das für die Naturrechtslehre? So, wie es verschieden starke Axiomensysteme der Geometrie gibt, gibt es sicher auch verschieden starke, in sich stimmige Systeme moralischer Grundannahmen. Ein Beispiel: Im einen Fall könnte die Todesstrafe strikt verboten sein, im anderen unter bestimmten Sonderbedingungen möglich, im dritten grundsätzlich für eine ganze Palette von Vergehen erlaubt usw. Welches dieser möglichen und stimmigen Moralsysteme ist aber nun das für uns gültige? Die Naturrechtslehre hat bis heute kein Verfahren angeboten, mit dem sich diese Frage beantworten lassen könnte. Ein Appell an das Gefühl der absoluten Sicherheit und Unbezweifelbarkeit kann das nicht leisten – das werden die weiteren Überlegungen zeigen.

Einen weiteren Grund zur Skepsis bzw. eine weitere Schwächung der Analogie liefern die berühmten Resultate des Mathematikers Kurt Gödel zur Beweistheorie. Er hat gezeigt, dass für formale Sprachen ab einer bestimmten Ausdrucksstärke deren Widerspruchsfreiheit nicht bewiesen werden kann. Das heißt: Wir wissen nicht sicher, ob Geometrie und Arithmetik widerspruchsfrei, also wahr, sind! Wir haben bis jetzt zwar noch keine Widersprüche aufgedeckt, das könnte aber jederzeit passieren. Und damit wäre dann auch die vermeintlich so unerschütterliche Gewissheit bezüglich der Wahrheit der Mathematik in Frage gestellt. Es kann sein, dass wir uns täuschen. Damit wäre aber die Mathematik viel näher an die Naturwissenschaften und ihr Erkenntnismodell herangerückt als den Vertretern der Naturrechtslehre lieb sein kann.

---

137 **Wikipedia**: Stichwort „Nichteuklidische Geometrie".

Wenn also nicht einmal das vermeintliche Paradigma unerschütterlichen Wissens, die Mathematik, sicher vor Irrtum bzw. Revision sein kann – warum sollten wir dann an die prinzipielle Unerschütterlichkeit der moralischen Grundannahmen glauben? Substantieller Irrtum in der Mathematik ist schon vorgekommen. Ein weiteres mathematisches Genie des 19. bzw. 20. Jahrhunderts war Gottlob Frege, der Vater der modernen Logik und Mengentheorie. Er wollte durch präzise Formalisierung und Entwicklung dieser beiden Disziplinen zeigen, dass die gesamte Mathematik definitorisch auf sie zurückgeführt werden kann. Mathematik rede im Grunde nur über Mengen und schlussfolgere im Rahmen der Prädikatenlogik.

Sein Axiomensystem der Mengentheorie war genau deshalb wissenschaftlich so fruchtbar, weil es falsch war. Worum geht es dabei? Jede Mengentheorie muss die Fage beantworten, welche Mengen existieren bzw. gebildet werden dürfen. Dies legt ein Mengenexistenzaxiom fest. Frege hat diese Frage so unkompliziert wie intuitiv einleuchtend beantwortet: Zu jeder möglichen Eigenschaft kann man die Menge der Gegenstände bilden, die diese Eigenschaften haben. Also: Zur Eigenschaft, rot zu sein, kann man die Menge der roten Gegenstände bilden. Zur Eigenschaft, Anhänger von Borussia Dortmund sein, kann man die Menge bilden, in der alle Anhänger der Borussia enthalten sind. Das Problem: Der englische Mathematiker und Philosoph Bertrand Russell konnte auf dieser Basis einen Widerspruch herleiten. Er nahm dazu Freges Axiom „beim Wort". Stimmt dieses Axiom, so Russell, müsse es auch zu der Eigenschaft, sich nicht selbst als Menge zu enthalten, die entsprechende Menge geben, also:

$R =_{df} \{x \,|\, x \text{ kein Element von } x\}$

Nun führte eine ganz einfache Überlegung Russell zu der nach ihm benannten und für die mathematische Grundlagenforschung so folgenreichen Antinomie:

Nehmen wir an, R sei Element dieser Menge R. Dann hat R natürlich die Eigenschaft, nicht Element von sich selbst zu sein, also wäre R nicht Element von R. Nehmen wir andererseits an, R sei nicht Element dieser Menge R. Dann aber erfüllt R die mengenbildende Eigenschaft, nicht Element seiner selbst zu sein und wäre folglich Element von R. Kurz: R ist Element aus R genau dann, wenn R kein Element aus R ist. Das aber ist ein glasklarer Widerspruch – das Todesurteil für jedes Axiomensystem, aus dem er abgeleitet werden kann!

In Folge entstanden verschiedene Axiomensysteme zur Mengentheorie, die sämtlich als unterschiedliche Ansätze verstanden werden können, das zu liberale Mengenexistenzaxiom Freges so weit einzuschränken, dass kein Widerspruch mehr abgeleitet werden kann. Sie alle haben eines gemein: Sie sind intuitiv lange nicht so „einleuchtend" wie Freges Axiomatik. Zur Erinnerung: Gödel hat uns gelehrt, dass wir von keinem dieser Systeme mit Sicherheit wissen können, dass es widerspruchsfrei ist. Im Grunde sind wir auch hier auf das Prinzip Hoffnung bzw. Versuch und Irrtum angewiesen.[138]

Was heißt das für die Naturrechtslehre? Die Grundannahmen der Mathematik und unseres Ordnungssystems von Raum und Zeit haben gar nicht den erkenntnistheoretischen Status der absoluten Sicherheit. Sie können sich als falsch erweisen – so, wie jede menschliche Theorie. Darüber hinaus ist das Gefühl der Gewissheit, das Gefühl, es könne gar nicht anders sein, kein zuverlässiges Indiz für Wahrheit. Frege hatte dieses Gefühl für sein erstes Mengenexistenzaxiom – und Russell konnte auf dessen Basis eine Antinomie ableiten. Für die Axiome der anderen Mengentheorien fehlt uns dieses Gefühl der „unmittelbaren Evidenz" – trotzdem halten wir sie für wahr. Zumindest, bis wir einen Widerspruch daraus ableiten können. Gleiches gilt für die Riemannsche Geometrie. Parallelen können sich tatsächlich unter bestimmten Bedingungen schneiden – aber „intuitiv verstehen" können wir das nicht. Diese Möglichkeit ist sicher nicht vom Gefühl begleitet, es könne gar nicht anders sein. Kurz: Das Gefühl der Gewissheit ist weder eine hinreichende noch eine notwendige Bedingung für die Wahrheit eines Axiomensystems.

---

[138] Nach wie vor eine der besten Gesamtdarstellungen ist William S. Hatcher: **The Logical Foundations of Mathematics.** Oxford, 1982.

Damit wäre aber dem Analogieargument der Naturrechtslehre der Boden entzogen. Vernunft erlaubt uns eben nicht die absolut sichere Erkenntnis mathematischer Grundlagen bzw. Axiome; die Möglichkeit eines Irrtums kann nicht grundsätzlich ausgeschlossen werden. Das aber heißt für die Moralphilosophie doch dann erst recht, dass wir nie absolut sicher sein können, über die „richtigen" Grundannahmen zu verfügen.

Unabhängig von diesem Analogieargument könnte ein Naturrechtstheoretiker aber auch so argumentieren: Wir verfügen im Bereich der Moral über absolut sicheres Wissen. Beispiele dafür haben wir oben kennengelernt. Und diese Einsicht bleibt von der Schwäche des Analogieargumentes unberührt. Unsere Erkenntnis moralischer Grundannahmen wäre dann ein erkenntnistheoretischer Sonderfall und gerade nicht mit Mathematik und Naturwissenschaften zu vergleichen. Es lässt sich allerdings leicht zeigen, dass diese Argumentationslinie kritischer Überprüfung ebenfalls nicht standhalten kann.

Die Unerschütterlichkeit moralischer Überzeugungen ist oft eine Illusion

Vermutlich gibt es immer und überall moralische Überzeugungen, die von ihren jeweiligen Vertretern als absolut sicher, unbezweifelbar und zeitlos gültig eingestuft werden. Dies gilt sowohl für konkrete moralische Einzelfallentscheidungen als auch für die allgemein formulierten Grundannahmen eines Moralsystems. Daraus zu folgern, es gebe so etwas wie moralische Kernüberzeugungen, die von allen Menschen zu allen Zeiten akzeptiert würden, ist allerdings schlicht und einfach falsch. Die „absolut sicheren" Inhalte variieren nämlich sehr stark hinsichtlich Zeit und Ort bzw. Kultur. Was heißt das?

Andere Zeiten, andere unbezweifelbare moralische Wahrheiten. Wie schon gesehen, galt bis vor kurzem die Sklaverei in sehr vielen Kulturen als moralische Selbstverständlichkeit. In einigen leider immer noch. Es gab sogar immer wieder recht ausgefeilte Regeln für die moralisch angemessene und „korrekte" Behandlung der Sklaven. Auch im Christentum galt der Sklavenstatus lange Zeit als naturrechtlich einwandfrei. Gleiches gilt für die Stellung der Frau. Ihre Unterordnung unter den Mann galt sehr lange als eine unbezweifelbare moralische Gewissheit – und selbstverständlich als unverrückbarer Teil des Naturrechts. Der Heilige Thomas war sich da z. B. ganz, ganz sicher. Gleiches gilt für die Homosexualität, deren Ablehnung für viele Christen (bei uns nur noch zum Teil) zum Kernbestand des Naturrechts gehört. Zu Zeiten von Platon und Aristoteles war sie zumindest akzeptiert, galt vielen sogar als edelste Form menschlicher Sexualität. Diese Unterschiede in der moralischen Beurteilung derselben Phänomene lassen sich nicht mit unterschiedlichen Entwicklungsgraden der Vernunft erklären. Bei vielen Amazonasstämmen gibt es weder Sklaverei noch eine prinzipielle Unterordnung der Frau – obwohl die euklidische Geometrie dort eher unbekannt sein dürfte. Und ausgerechnet Platon ein eklatantes Vernunftdefizit vorwerfen zu wollen, halte ich für eine eher riskante Argumentationsstrategie.

Gleiches gilt auch „kulturintern". Bei uns ist es doch auch der Fall, dass des einen unerschütterliche moralische Wahrheit für den anderen schlichtes Vorurteil oder Irrtum ist. So gilt für viele Katholiken die Trennung oder Loslösung einer Handlung von ihrem „natürlichen Zweck" (Telos) als Verletzung des Naturrechts. Auf Basis dieser naturrechtlichen Wahrheit wird dann die moralische Fragwürdigkeit der Empfängnisverhütung begründet. Empfängnis sei der natürliche Zweck sexueller Interaktion, Verhütung zweck- und somit naturrechtswidrig. Für andere, auch Christen, liegt dieser Zweck allerdings nicht ausschließlich oder nicht immer in der Empfängnis. Eine naheliegende Alternative könnte der Ausdruck tiefer Zuneigung und Liebe sein. Wer erkennt das Naturrecht wirklich? Wo liegt die unverrückbare, ewige Wahrheit?

Ähnlich lässt sich für die monogame und heterogene Ehe plädieren. Nur in ihr könne der wahre, naturrechtlich festgelegte Zweck menschlicher Partnerschaft realisiert werden. Genauso leicht finden sich allerdings Argumente für eine alternative Position. Es komme gemäß

Naturrecht lediglich auf die richtige, ernsthafte Form der Zweisamkeit an; dies aber lasse Platz für die Partnerschaft von Männern mit Männern und Frauen mit Frauen. Vielleicht kommt es im Naturrecht aber auch nur auf tiefe und ehrliche Zuneigung und Liebe an – warum also nicht auch polygame Eheformen zulassen? Wer erkennt das Naturrecht wirklich?

Weitere Beispiele naturrechtlicher Argumentation für jeweils unvereinbare normative Positionen lassen sich leicht finden; es gibt sie wie Sand am Meer. Platon – und auf ihn geht die Konzeption objektiver Normen in unserer philosophischen Tradition zurück – plädiert in seinem Hauptwerk *Politeia (Der Staat)* für einen sehr strikten, elitären und undemokratischen Ständestaat. Folgt man der durchaus plausiblen Interpretation Karl Poppers, weist dieser zudem stark rassistische Züge auf.[139] Die von Benedikt XVI. bemühte Stoa vertrat im Gegensatz dazu eine mehr an individueller Freiheit und Gleichheit orientierte Konzeption des Naturrechts. Daran orientiert sich dann später der Naturrechtler John Locke. Für ihn fordert das Naturrecht einen Kernbestand gleicher Schutzrechte für jeden Menschen. Ein Ständestaat nach dem Modell Platons oder des Heiligen Thomas ist damit nicht vereinbar.[140] Libertäre Anarchisten wie Murray Rothbard berufen sich ebenfalls auf das Naturrecht bzw. dessen Recht auf Eigentum. Sie interpretieren letzteres wesentlich stärker als Locke und kommen so zu einer naturrechtlich fundierten Ablehnung jeder Form von Staat.[141] Hinter der zur Zeit politisch sehr einflussreichen Strömung des Neokonservatismus in den USA steht als ideologische Basis das stark an Platon angelehnte Naturrechtsverständnis des Philosophen Leo Strauss. Es erlaubt dem sehr starken Staat die Instrumentalisierung weiter Bevölkerungsgruppen, den gezielten Einsatz von Unwahrheit, die Manipulation von Daten und die Aushebelung von Freiheitsrechten für „höhere Zwecke"

---

139 Karl Popper: **The Open Society and Its Enemies. Volume One: The Spell of Plato.** London, 1945.
140 John Locke: **Zwei Abhandlungen über die Regierung.** Hrsg.: Walter Euchner. Frankfurt, 1977.
141 Murray N. Rothbard: **The Ethics of Liberty.** New York, 1998.

wie das Wohl der Menschheit, der Nation oder die Gerechtigkeit.[142] Die naheliegende Frage: Wer erkennt das Naturrecht korrekt und wer täuscht sich?

Ob übrigens die Menschenrechte Teil des Naturrechts sind oder daraus gewonnen werden können, ist selbst in Kreisen katholischer Päpste irgendwie unklar. Benedikt XVI. scheint in seiner Rede vor dem Bundestag die Menschenrechte als Teil des Naturrechts zu verstehen. Anders einige seiner Vorgänger, z. B. Gregor XVI. Dieser Papst wusste zu einigen Menschenrechten folgendes zu sagen:

> Wir kommen nun zu einer anderen folgenreichsten Ursache von Übeln, von denen die Kirche gegenwärtig zu Unserem Kummer heimgesucht wird, nämlich dem Indifferentismus bzw. jener verkehrten Meinung … man könne mit jedem beliebigen Glaubensbekenntnis das ewige Seelenheil erwerben, wenn man den Lebenswandel an der Norm des Rechten und sittlich Guten ausrichte. … Und aus dieser höchst abscheulichen Quelle des Indifferentismus fließt jene widersinnige und irrige Auffassung bzw. vielmehr der Wahn, einem jeden müsse die Freiheit des Gewissens zugesprochen und sichergestellt werden.[143]

Die Gewissensfreiheit nennt er eine „irrige Meinung", „Wahnsinn" und „seuchenartigen Irrtum". Er verdammt die Freiheitsbewegung als einen „Wahnwitz der Geistesfreiheit" und prangert die „schrankenlose Denk- und Redefreiheit" sowie die „Erneuerungssucht" an. Alle diese Irrungen stünden im Widerspruch zu den Forderungen Gottes und der Kirche.[144]

Nichts liegt mir ferner als eine Einmischung in die Abläufe innervatikanischer Meinungsbildung. Aber folgende Fragen möchte ich schon stellen (dürfen): Wer erkennt das Naturrecht korrekt – Benedikt oder

---

142 C. B. Thompson und Y. Brook: **Neoconservatism. An Obituary for an Idea.** Boulder und London, 2010.
143 **Wikipedia:** Stichwort „Mirari vos".
144 **Wikipedia:** Stichwort „Mirari vos".

Gregor? Einer von beiden liegt mit Sicherheit sehr weit daneben. Und wie hält Benedikt XVI. es mit dem Diskriminierungsverbot der Menschenrechte bezüglich sexueller Orientierung? Vor dem Bundestag hat er dazu nichts gesagt.

Das Fazit: Im zweiten Kapitel habe ich gezeigt, dass es im Rahmen des Christentums für so gut wie jede moralische Position eine gut christliche Begründung gibt. Für das Naturrecht gilt ähnliches. Alle möglichen, miteinander unvereinbaren normativen Inhalte werden als angeblicher Teil des Naturrechts „erkannt" und entschlossen als „objektiv wahr" vertreten. Die Erklärung dafür liegt auf der Hand. Wir haben schlicht und einfach kein Kriterium, das uns sagen würde, ob eine moralische Position dem Naturrecht entspricht oder nicht. Es gibt keine Methode, mit der wir entscheiden könnten, was Teil des Naturrechts ist und was nicht. Die immer wieder angeführten Indizien wie persönliche Überzeugungs- oder Glaubensstärke, tief empfundene Abscheu, das Gefühl absoluter Klarheit und Deutlichkeit der Erkenntnis sind keine zuverlässigen Indikatoren für moralische Wahrheit. Sie sind ja erfahrungsgemäß mit allen möglichen moralischen Ansichten verknüpft, auch den verrücktesten. Die Berufung auf ein Naturrecht kann also keine Begründungsleistung erbringen. Mit anderen Worten: Aus Sicht der Erkenntnistheorie ist das Naturrecht ein fünftes Rad am Wagen. Im Grunde handelt es sich um eine Immunisierungstaktik, die kritische Diskussionen durch Autoritätsappell, durch die Behauptung über „höhere" oder „tiefere" Einsichten zu verfügen, verhindern oder beenden soll.

Woher das Gefühl der Gewissheit kommt

Eine Frage ist noch unbeantwortet: Woher kommt unsere Gewissheit, dass man Kinder nicht aus Langeweile foltern darf etc.? Dieses Gefühl absoluter Sicherheit wurde ja als Indiz für die Verankerung moralischer Einsicht in einer Sphäre des Objektiven, also des Naturrechts, gewertet. Eine sehr plausible und leicht nachvollziehbare Erklärung liefert die säkulare Moral. Sie verweist, wie schon erläutert, auf bestimmte

Kerninteressen, die man jedem Menschen zuschreiben kann: Wir alle möchten in Sicherheit und Frieden leben. Das alleine reicht aber nicht aus – der Insasse einer gut bewachten Einzelzelle erfüllt diese Bedingung ohne Zweifel. Zusätzlich wollen wir ein möglichst gutes Leben führen. Worin so ein gutes Leben besteht – darüber gibt es viele verschiedene Ansichten. Deshalb sollten wir dieses Interesse allgemeiner und abstrakter formulieren: Jeder von uns möchte nach seiner Fasson glücklich werden bzw. seinen Weg zu einem erfüllten Leben gehen.

Versteht man Moral als ein System von Normen, die es uns ermöglichen sollen, in einer Gesellschaft diese beiden Kerninteressen unter einen Hut zu bringen, so lassen sich alle klassischen Forderungen der Moral begründen, die intuitiv als unverrückbar gelten. Ein weit gefasstes Tötungsverbot, ein Wahrheitsgebot, Respekt vor körperlicher Unversehrtheit, Respekt vor Eigentum, vor Privatsphäre und Glaubensfreiheit etc. Hält eine Gesellschaft sich an diese Regeln, werden diese Kerninteressen eines jeden so gut wie möglich geschützt. Man kann friedlich zusammenleben und jeder darf, solange er die Kerninteressen der andern nicht verletzt, seinen eigenen Weg durchs Leben suchen und gehen. Auch und gerade, wenn dieser Weg vielen anderen nicht gefallen sollte. Über diese Interessen erhalten wir die Begründung für eine sehr plausible Minimal- oder Kernmoral.[145] Religion brauchen wir dafür schlicht und einfach nicht.

Dieser säkulare Ansatz der Moralbegründung geht auf Demokrit und Epikur zurück. Er wurde und wird vom Christentum erbittert bekämpft. Dessen „Argumente" kennen wir schon: Moral an den realen Interessen real existierender Personen auszurichten würde zu unerträglichem moralischen Relativismus führen. Moralische Stringenz und Stabilität erhalte man nur auf Basis objektiver Vorgaben wie wir sie in der Bibel oder dem Naturrecht finden. Tatsache ist aber, dass eine interessenbasierte Moral wesentlich weniger Raum für norma-

---

145 Für die Begründung der Moral im engeren Sinne Norbert Hoerster: **Ethik und Interesse**. Stuttgart, 2003. Für die Sphäre politischer Gerechtigkeit Andreas Edmüller: **Plädoyer für die Freiheit und gegen die Gleichheit**. Amazon (KDP), 2013.

tiven Relativismus bietet als die christliche Tradition. Die Kernthese dieses Buches dürfte schon an dieser Stelle meiner Untersuchung als plausibel gelten: Die christliche Moral ist ein Musterbeispiel für normative Beliebigkeit und somit moralische Orientierungslosigkeit.

Der finale Sargnagel: Das Naturrecht im Christentum

Im letzten Abschnitt habe ich grundsätzliche Einwände gegen die Konzeption des Naturrechts skizziert – unabhängig davon, ob es sich dabei um ein von göttlichen Instanzen gesetztes Naturrecht handelt. Ich habe die Frage offen gelassen, wie dessen vermeintliche Objektivität erklärt werden kann und woher es eigentlich kommt. Für Christen kann diese Frage aber gerade nicht unbeantwortet bleiben. Gäbe es neben den Geboten Gottes bzw. der Bibel eine gleichberechtigte oder unabhängige Quelle normativer Wahrheiten, könnte man Moral und Gerechtigkeit ja unabhängig von Gott begründen. Das geht aus christlicher Sicht natürlich gar nicht. Nach dem Verlust der Meinungsführerschaft in den Naturwissenschaften müsste man dann auch den Rückzug im Normativen antreten und als dominante moralische Instanz abdanken. Was, außer dem Glauben an ein paar Dogmen und Wunder, bliebe dann noch übrig? Mit anderen Worten: Es ist an der Zeit, das spezifisch christliche Naturrechtsverständnis zu betrachten. Benedikt XVI. erweckt ja in seiner Rede den Eindruck, das Christentum hätte sich in weiten Teilen von den eigenen Morallehren ab- und dem religiös neutralen Naturrecht zugewandt. Dieser Eindruck ist falsch. Der katholische Katechismus erklärt in Anlehnung an den Heiligen Thomas, was unter dem Begriff des Naturrechts in christlicher Interpretation zu verstehen ist:

> Die Fähigkeit des Menschen, mit seiner Vernunft die Wirklichkeit zu erkennen und sie zu gestalten, ist nicht ungetrübt geblieben. Die Sünde schwächt die Wahrnehmung der Wirklichkeit und die Bereitschaft, sie so zu gestalten, wie es Gottes Weisheit und Willen entspricht. Trotzdem behält der Mensch grundsätzlich die Fähigkeit, das Gute zu erkennen und es mit Gottes Hilfe auch zu tun. „Obwohl

die Gebote des Dekalogs schon der Vernunft einsichtig sind, wurden sie geoffenbart. Um zu einer vollständigen und sicheren Erkenntnis der Forderungen des natürlichen Gesetzes zu gelangen, bedurfte die sündige Menschheit dieser Offenbarung" (KKK 2071). Gott zeigt ihm sein Gebot als Wegweisung zum Leben. Es soll ihm eine Hilfe sein, so zu leben, wie es seiner Würde und dem Willen Gottes entspricht.

Nach kirchlicher Lehre wird das ewige Gesetz, das in Gottes Weisheit begründet ist und jedes Wesen auf sein Endziel hinordnet, sowohl durch die übernatürliche Offenbarung (so heißt es „göttliches Gesetz") als auch durch die natürliche Vernunft des Menschen (dann heißt es „Naturgesetz") erkannt (vgl. KKK 2071; VS 72).

In der kirchlichen Lehre über das Gesetz wird deutlich, daß die verschiedenen Ausdrucksformen, in denen von „sittlichem oder moralischem Gesetz" die Rede ist, alle aufeinander abgestimmt sind: „das ewige Gesetz, der göttliche Ursprung aller Gesetze; das natürliche Sittengesetz; das geoffenbarte Gesetz, das aus dem alten Gesetz und dem neuen Gesetz des Evangeliums besteht; schließlich die staatlichen und kirchlichen Gesetze" (KKK 1952).[146]

Also: Es kann keine wesentlichen inhaltlichen Differenzen zwischen Bibel und Naturrecht geben! Beide entstammen derselben göttlichen Quelle und liefern dieselben moralischen Inhalte. Sie sind inhaltlich deckungsgleich. Zumindest in diesem Katechismus ist keine Rede davon, dass Naturrecht die christliche Morallehre substantiell verändern, ergänzen oder gar ausstechen könnte. Das sollte man vom Christentum auch nicht erwarten. Es wäre gleichbedeutend mit dem offiziellen Eingeständnis, dass die Bibel als Heilige Schrift und offizielles Wort Gottes Fehler, Lücken oder Widersprüche enthält.

Damit sind wir beim Kernproblem und beim Fazit angelangt: Mit dieser Gleichsetzung der Inhalte von Bibel und Naturrecht übernimmt die christliche Naturrechtslehre natürlich alle bisher angeführten Pro-

---

146 Deutsche Bischofskonferenz (Hrsg.): **Katholischer Erwachsenenkatechismus.** Band 2, 1995. S. 99–100.

bleme ohne auch nur eines lösen zu können. Umfang und Inhalt der moralischen Grundannahmen sind nach wie vor völlig unklar, die Inhalte nach wie vor nicht stimmig. Es gibt jetzt lediglich ein Element mehr in der Nebelsuppe der moralischen Grundannahmen dieser Religion, nämlich das Naturrecht.

Autorität als Basis

Zum Abschluss möchte ich noch eine spezifisch katholische Variante der Bestimmung moralischer Grundannahmen untersuchen. Im Katholizismus werden wesentliche Lehrinhalte für alle Gläubigen von einem Gremium bzw. einem dazu befugten Personenkreis festgelegt. Genauer, von Papst und Bischöfen:

> Aus solchen Aussagen des Neuen Testaments hat sich die katholische Lehre und Praxis des Lehramtes entwickelt. Die Aufgabe des lebendigen Lehramts in der Kirche ist es, das Wort Gottes verbindlich zu erklären. Deshalb steht das Lehramt „nicht über dem Wort Gottes, sondern dient ihm, indem es nichts lehrt, als was überliefert ist" (DV 10). Aufgabe des Lehramts ist es, „zugleich auch die Prinzipien der sittlichen Ordnung, die aus dem Wesen des Menschen selbst hervorgehen, autoritativ zu erklären und zu bestätigen" (DH 14). Dieses Lehramt kommt allein den Bischöfen in Gemeinschaft mit dem Papst zu.[147]

Man könnte nun versucht sein, die ganze Problematik zu Umfang und Inhalt der moralischen Grundannahmen zur Lösung an diese Experten zu delegieren. Für den einzelnen Gläubigen hätte das den Vorteil, dass er „guten Gewissens" an dem festhalten kann bzw. darf, was ihm von diesen Fachmännern empfohlen oder bestätigt wird. Er muss sich einer Diskussion dann gar nicht selbst stellen. Prima facie hört sich das recht plausibel an. Schließlich verlassen wir uns ja auch in Kernphysik und Beweistheorie auf das Urteil der Fachleute – und die katholischen

---

[147] Deutsche Bischofskonferenz (Hrsg.): **Katholischer Erwachsenenkatechismus.** Band 1, 1985. S. 313.

Fachleute werden schon wissen, wie oben genannte Probleme zu lösen sind.

Hierbei handelt es sich natürlich nicht um ein rationales Verfahren der Problemlösung, sondern um eine Konvention zur Beendigung oder Eindämmung von Diskussionen und Meinungsverschiedenheiten. Ich löse das Problem ja nicht, sondern delegiere die Problemlösung an andere, nämlich qualifiziertere Personen. In den Wissenschaften macht dieses Vorgehen durchaus Sinn. Wenn ich mich z. B. der Meinung zu einer bestimmten These der Kernphysik oder der Evolutionstheorie enthalte, delegiere ich die Frage nach deren Wahrheit an die Experten der entsprechenden Disziplin. Für die Naturwissenschaften ist dieses Vertrauen in Autoritäten durchaus angebracht. Diese Disziplinen haben ja eine lange Erfolgsgeschichte aufzuweisen. Sie entwickeln immer bessere Modelle und Theorien der Welt und verfügen offensichtlich über relativ zuverlässige Verfahren, diese Theorien zu überprüfen und zu testen. Einstimmigkeit findet sich auch hier selten – aber es gibt bewährte und vernünftige Methoden, mit strittigen Fragen umzugehen. Und damit ist nicht das Einschlagen von Köpfen oder Verbrennen von Skeptikern gemeint.

Genau an diesem Punkt bricht die Analogie zwischen Katholizismus und Wissenschaften zusammen. Alle bisher vorgebrachten Argumente zur Beliebigkeit der christlichen Moral gelten ja gerade in Bezug auf diese „Experten". Es sind ja gerade die Experten, die Theologen, die Heiligen, die Kirchenväter, die Päpste, die nicht in der Lage sind, Umfang und Inhalt der normativen Grundannahmen des Christentums oder auch nur des Katholizismus zu bestimmen. Und sie schaffen das nicht, gerade weil sie keine Methode haben, diese Dispute vernünftig aufzulösen. Das nächste Kapitel setzt an diesem Punkt an und vertieft diese Argumentationslinie. Dem Christentum fehlen nicht nur akzeptable normative Grundannahmen. Ihm fehlt auch eine Methode der Entscheidungsfindung, eine Methode, die es erlauben würde, Einzelfallurteile aus Grundannahmen abzuleiten. Anders ausgedrückt: Moralische Beliebigkeit und Willkür werden im Christentum auf die Spitze getrieben!

6. Kapitel: Das Entscheidungsverfahren der christlichen Moral

Wie im 3. Kapitel ausführlich erläutert, ist eine der Minimalforderungen an jedes Moralsystem, ein transparentes und nachvollziehbares Entscheidungsverfahren anzubieten. Es sollte unter realistischen Bedingungen funktionieren und zu stabilen Ergebnissen führen. Zur Erinnerung: Die letzte Bedingung fordert, dass auf Basis derselben Situationsbeschreibung und Grundannahmen unterschiedliche Personen zum selben Ergebnis kommen sollten. Nur so kann ein Moralsystem die Berechenbarkeit und Stimmigkeit seiner Ergebnisse bzw. Handlungsempfehlungen sicherstellen. Realistisch betrachtet erfüllt wohl kein Moralsystem diese Forderung vollkommen. Es macht aber einen Unterschied, ob sie wenigstens für die Mehrzahl der Fälle gilt, oder Ergebnisvielfalt die Regel ist. Und es macht einen Unterschied, wie groß jeweils die Bandbreite des Verbotenen, Erlaubten und des Gebotenen ist.

Die Resultate der beiden letzten Kapitel zeigen bereits, dass das Christentum über kein brauchbares Moralsystem verfügt. Und zwar ganz einfach deshalb, weil es keine brauchbare Basis moralischer Grundannahmen aufweisen kann. Damit aber fehlt der wesentliche Teil des normativen Gehalts, den ein Entscheidungsverfahren benötigt, um akzeptable Ergebnisse zu erzeugen. Es ist ja nicht weiter überraschend, dass beliebiger „Input" zu beliebigen Ergebnissen führen wird. Trotzdem ist es wichtig, mit der Untersuchung fortzufahren. Zum einen sollten wir das *Principle of Charity* anwenden, also kein vorschnelles Urteil über die christliche Moral fällen. Vielleicht verfügt diese ja über ein ganz besonderes Entscheidungsverfahren, das bereits zur Bestimmung und Klärung der Grundannahmen angewendet wird – oder gar keine Grundannahmen benötigt. Zum anderen weiß ich aus zahlreichen Diskussionen, wie tief verwurzelt bei vielen Menschen – auch Nichtchristen – die Überzeugung ist, das Christentum verfüge über moralische Expertise. Eine detaillierte und systematische Argumentation, die Ausflüchten keinen Raum mehr bietet, ist sicher das wirkungsvollste Mittel gegen diese Fehleinschätzung.

Beispiele für normative Entscheidungsverfahren

Das folgende Beispiel führt vor Augen, wie ein moralisches Entscheidungsverfahren nicht aussehen sollte. Es gibt christliche Fundamentalisten, die moralische Fragen mit Hilfe des Bibelstechens beantworten. Ich selbst habe das vor vielen Jahren einmal bei einer sehr gläubigen Familie in Südafrika miterlebt.[148] Dabei wird im ersten Schritt die Situation beschrieben, für die man eine Handlungsempfehlung gewinnen möchte. Im zweiten Schritt wird die moralische Frage formuliert. Im dritten Schritt werden die Grundannahmen definiert. Konkret: Es wird eine Bibel auf den Tisch gelegt. Das Entscheidungsverfahren wird im vierten Schritt eingeleitet: Diese Bibel wird „blind" irgendwo aufgeschlagen. Im fünften Schritt bestimmt man, wieder ohne hinzusehen, auf dieser Doppelseite eine konkrete Stelle. Diese wird dann im abschließenden Schritt dieses Entscheidungsverfahrens als Antwort auf die zu Beginn formulierte Frage interpretiert. Im Anschluss daran, so steht zu befürchten, wird gehandelt.

Es ist offensichtlich, dass dieses Verfahren weder zu stimmigen noch zu berechenbaren Ergebnissen führen kann. Stellen Sie sich vor, sie möchten wissen, wie Sie sich dem bösen Nachbarn gegenüber verhalten sollen, der ihre Katze tritt oder mit Steinen bewirft, wann immer er sie erwischen kann. Wenn Ihr Dackel Pech hat, landen Sie an dieser Stelle:

---

148 Meine Bekannten waren felsenfest davon überzeugt, die Buren seien das auserwählte Volk und die Apartheid Auftrag Gottes. Für letztere Überzeugung durfte die biblische Geschichte von Esau herhalten.

> Ich aber sage euch: Leistet dem, der euch etwas Böses antut, keinen Widerstand, sondern wenn dich einer auf die rechte Wange schlägt, dann halt ihm auch die andere hin.[149]

Sollten Sie allerdings die nächste Stelle treffen, würde ich nicht gerne in der Haut Ihres Nachbarn stecken:

> Sihon rückte mit seinem ganzen Volk gegen uns aus, um bei Jahaz zu kämpfen. Der Herr, unser Gott, lieferte ihn uns aus. Wir schlugen ihn, seine Söhne und sein ganzes Volk. Damals eroberten wir alle seine Städte. Wir weihten die ganze männliche Bevölkerung, die Frauen, die Kinder und die Greise der Vernichtung; keinen ließen wir überleben. Als Beute behielten wir nur das Vieh und das, was wir in den eroberten Städten geplündert hatten. Von Aroër am Rand des Arnontals und von der Stadt, die im Tal liegt, bis hin nach Gilead gab es keine befestigte Stadt, deren Mauern für uns zu hoch waren. Alle hat uns der Herr, unser Gott, ausgeliefert.[150]

Ein positives Modell für ein Entscheidungsverfahren liefert uns die Urteilsfindung vor einem rechtsstaatlichen Gericht, zumindest deren Ideal. Dort wird viel Mühe auf die Situationsbeschreibung, also die Klärung der Faktenlage verwandt. Gleiches gilt für die Formulierung der normativen Frage: Hier ist akribische Arbeit der Staatsanwaltschaft bzw. die Anklageschrift gefragt. Grundannahmen stehen in Form eines recht präzise ausformulierten Gesetzeskorpus zur Verfügung. Es folgt eine ausführliche Diskussion vor Gericht, welche Gesetze bzw. Ausnahmeregelungen auf die Situation zutreffen und was daraus folgt. Über das Verfahren der Subsumption wird dann eine Entscheidung getroffen und so ausführlich und transparent wie möglich begründet. Natürlich ist keine Perfektion zu erwarten. Aber gerade weil das bekannt ist, sollte das juristische Entscheidungsverfahren so gestaltet werden, dass bei sorgfältiger Durchführung gravierende Fehler möglichst selten vorkommen. Zudem besteht die Möglichkeit der Revi-

---

149 Matthäus 5, 39.
150 5. Moses, 32–36.

sion, d. h. auf Korrektur eines Fehlurteils. Das hohe Gut der Rechtssicherheit steht und fällt mit der Qualität der Grundannahmen (der Gesetze) und des Entscheidungsverfahrens. Also: Wie sieht das Entscheidungsverfahren der christlichen Moral aus?

Mögliche Elemente eines christlichen Entscheidungsverfahrens

Es gibt sehr viele Christen, die für oder gegen alle möglichen moralischen Positionen argumentieren, moralische Empfehlungen geben, auf Basis moralischer Entscheidungen handeln. Meines Wissens gibt es aber im Christentum kein ausformuliertes Entscheidungsverfahren für moralische Fragen, das man als Standard, Paradigma oder verbindliches Modell einstufen könnte. Es gibt zwar auf der ganzen Welt viele Lehrstühle für christliche Moraltheologie oder Theologische Ethik – ein halbwegs stabiler Konsens zu einem Entscheidungsverfahren wurde bis heute nicht erarbeitet. Nicht einmal im Rahmen einzelner Konfessionen.

Der katholische Katechismus führt uns das deutlich vor Augen. Im zweiten Band findet sich eine Auflistung aller möglichen moralischen Grundannahmen, die schon in den beiden letzten Kapiteln dieses Buches skizziert wurden. Dazu kommen weitere Elemente, wie z. B. die christlichen Kardinaltugenden.[151] Was allerdings fehlt, ist eine Methode, auf dieser extrem umfangreichen (und unstimmigen) Basis zu moralischen Entscheidungen zu kommen. Anders ausgedrückt: Dem Leser wird empfohlen, sich an den Zehn Geboten, dem Liebesgebot, dem Beispiel Jesu, der ganzen Bibel, den Todsünden und Kardinaltugenden, den Menschenrechten, der Würde des Menschen, den Entscheidungen katholischer Autoritäten, seinem Gewissen etc. zu orientieren. Was dem Leser nicht gesagt wird ist, wie er das im konkreten Entscheidungsfall anstellen soll!

---

151 Deutsche Bischofskonferenz (Hrsg.): **Katholischer Erwachsenenkatechismus.** Band 2, 1995.

6. Kapitel

Im folgenden möchte ich einige Ansätze zur moralischen Entscheidungsfindung beleuchten, die im Rahmen christlicher Moraldiskussionen mit einer gewissen Häufigkeit auftauchen. Das Ergebnis vorweg: Man findet eine Fülle verschiedener Entscheidungsverfahren, die allerdings nicht präzise ausformuliert werden. Vagheit und Unverbindlichkeit dominieren. Zudem ist unklar, in welchem Zusammenhang diese Verfahren stehen. Wie sehen die Prioritäten aus? Gibt es ein dominantes Verfahren? Sind alle mit allen kombinierbar? Kurz: Alles, was das Christentum im Bereich des Normativen anzubieten hat, ist ad hoc-Argumentation, die bar jeder verbindlichen Systematik ist. Und somit bar jeden moralischen Gewichts.

Die Ableitung aus Geboten

Im 4. Kapitel haben wir gesehen, dass oft Regeln, z. B. die Zehn Gebote und das Liebesgebot, als Grundannahmen der christlichen Moral herangezogen werden. Auch das Naturrecht liefert Gebote oder Verbote als Grundannahmen. Die kritischen Aspekte dabei sind, wie man zu einer genauen Formulierung dieser Gebote, speziell ihrer Ausnahmen und Einschränkungen kommt und wie man mit grundsätzlichen Unstimmigkeiten, z. B. zwischen den Zehn Geboten auf der einen und dem Liebesgebot auf der anderen Seite, umgehen soll.

Hätte das Christentum klare und stimmige Grundannahmen in Form von Regeln, Geboten, Verboten etc., dann könnte es sich an den Entscheidungsverfahren deontologischer Ethiken aus der Philosophie orientieren.[152] Die Hauptschwierigkeit ist aber bereits bekannt: Die Zehn Gebote in Kombination mit dem Liebesgebot sind als moralische Grundannahmen nicht geeignet, da in sich grundsätzlich unstimmig. Und dafür hat meines Wissens kein philosophisches Entscheidungsverfahren ein Heilmittel. Das Heilmittel bestünde in diesem Fall schlicht und einfach darin, die Grundannahmen zu verändern. Damit

---

152 Eines der ausgefeiltesten Moralsysteme der Gegenwart stammt von Bernard Gert: **Morality. Its Nature and Justification.** Oxford, 2005 (revised edition).

wird sich aber jede religiöse Moral schwertun. Wer traut sich schon, das Wort Gottes einer substantiellen Revision oder Verbesserung zu unterziehen?

Religiöse Moral hat auch im Falle situativer Unstimmigkeiten oder Unklarheiten deutlich weniger Spielraum für vernünftige Argumentation als säkulare Varianten. Was heißt das? Die Situation, dass im Rahmen moralischer Entscheidungsfindung einzelne Gebote gegeneinander abgewogen werden müssen, ist für jedes deontologische Moralsystem charakteristisch. Dies gilt, erstens, für säkulare und religiöse Varianten gleichermaßen. Dies gilt, zweitens, auch und gerade für eine im Prinzip stimmige Menge von Grundannahmen. Die Welt ist bisweilen so, dass unterschiedliche Regeln unterschiedliche Entscheidungen nahelegen. Ein klassisches Beispiel:

Darf, oder muss ich in einem konkreten Fall lügen, um großen Schaden von einer Person abzuwenden? Genauer: Max fragt mich nach dem Aufenthaltsort von Moritz. Max möchte das wissen, um Moritz ordentlich zu verprügeln. Meiner Einschätzung nach käme diese Abreibung für Moritz nicht unverdient. Was also soll ich tun?

Die Regel, nicht zu lügen, gerät prima facie mit der Regel, andere Menschen vor Schaden zu bewahren, in Konflikt. Hier wird es auf die näheren Umstände, die Vorgeschichte, also den Einzelfall ankommen. Es gilt, eine gut begründete und nachvollziehbare Abwägung vorzunehmen. Die säkulare Moral verfügt an dieser Stelle über ein Verfahren, das der christlichen Variante verschlossen ist: Den Schritt hin zur Begründungsbasis. Was heißt das? Wir haben schon gesehen, dass die Begründung der säkularen Moral auf Kerninteressen Bezug nimmt, die man jeder Person plausiblerweise zuschreiben kann: Das Interesse an Sicherheit und das Interesse, nach der eigenen Fasson zu leben. In vielen Fällen kann man durch Einbeziehung dieser Interessen in die Abwägung zu einer tragfähigen Entscheidung kommen. In unserem Fall dürfte dabei Moritzens Sicherheitsinteresse Maxens Wunsch nach Prügelstrafe (und meine Schadenfreude) ausstechen – und mir einen guten, d. h. moralisch akzeptablen Grund zum Schwindeln liefern.

6. Kapitel

Was wäre der analoge Schritt im Fall des Christentums? Moral ist als Wort bzw. Auftrag Gottes begründet. Man müßte also Gottes Absichten kennen und berücksichtigen, um seine Gebote abzuwägen. Damit aber verschiebt und verschärft sich das Problem. Zu Gottes Absichten gibt es sehr viele unterschiedliche Meinungen und ebenso viele „Verfahren", um diese Absichten zu erkennen. Anders ausgedrückt: Gottes Wille ist unergründlich. Und diese Unergründlichkeit überträgt sich auf die christliche Moral.

Die Ableitung aus Gleichnissen und Erzählungen

Relativ weit verbreitet ist es im Christentum, moralische Empfehlungen oder Entscheidungen aus Gleichnissen und Erzählungen der Bibel abzuleiten. Deshalb gehe ich auf diesen Aspekt sehr ausführlich ein. Einige Beispiele dafür habe ich bereits diskutiert: Die Erzählung um die Beinahe-Vergewaltigung der Töchter Lots, das Gleichnis der Vögel auf dem Felde aus der Bergpredigt. Andere dürften dem Leser aus Religionsunterricht oder Sonntagspredigt bekannt sein, z. B. die Geschichte von Hiob oder dem barmherzigen Samariter. So manchem Gleichnis wurde in der Tradition eine enorme Begründungslast auferlegt. Die Erzählung um Onan ist z. B. das Fundament für substantielle Thesen der christlichen Sexualmoral. Wichtige Fragen zu diesem Ansatz der Entscheidungsfindung sind natürlich die folgenden: Wie bestimmt man aus der enormen biblischen Fülle die wirklich relevanten Gleichnisse für die zu entscheidende Frage? Wie geht man mit mehreren unstimmigen Gleichnissen um, also Gleichnissen, die jeweils unterschiedliche Entscheidungen nahelegen? Wie bestimmt man die genaue Bedeutung eines jeden Gleichnisses, seine moralische Aussage?

Wie bestimmt man aus der enormen biblischen Fülle die wirklich relevanten Gleichnisse für die zu entscheidende Frage?

Die Praxis christlicher Morallehre zeigt, dass es kein Gleichnis und keine Erzählung in der Bibel gibt, die per se von einer Verwendung als moralische Grundannahmen ausgeschlossen wären. Im Gegenteil, oft wird gezielt nach Erzählungen und Gleichnissen gesucht, um eine bestimmte Position zu untermauern. Wer suchet, der findet.... Genau diese unübersichtliche Fülle war ja ein Argument gegen die These, christliche Moral hätte eine von Umfang und Inhalt her klare Menge an Grundannahmen aufzuweisen.

Damit ein Entscheidungsverfahren auf Basis von Gleichnissen methodisch sauber in Gang gesetzt werden kann, bräuchte man im ersten Schritt eine Bestimmung der jeweils relevanten Gleichnisse. Und hier greift wieder das so einfache wie entscheidende Argument der Lücke. Die christliche Morallehre kennt keine Methode, die relevanten von den irrelevanten, die wirklich wichtigen von den weniger wichtigen Gleichnissen zu unterscheiden. Diese Unterscheidungen werden in der Praxis sehr wohl gemacht, allerdings ohne System oder Methode. Man sucht sich halt ein Gleichnis heraus, von dem aus man eine Argumentationslinie hin zu der gerade gewünschten moralischen Position ziehen kann. Die Frage, warum man ausgerechnet dieses Gleichnis heranzieht und nicht eines der zahlreichen anderen, bleibt unbeantwortet. Ein sehr anschauliches Beispiel dazu findet sich, wie so oft, im Katholischen Katechismus:

> 2. Die Beziehung zu Gott und die Partnerschaft des Menschen mit Gott spiegeln sich im partnerschaftlichen Wesen des Menschen. Das hat zur Folge, daß der Mensch kein Einzelwesen ist, sondern „aus seiner innersten Natur ein gesellschaftliches Wesen; ohne Beziehung zu den anderen kann er weder leben noch seine Anlagen zur Entfaltung bringen" (GS 12). Dazu gehört vor allem, daß Gott den Menschen partnerschaftlich, als Mann und als Frau geschaffen hat (vgl. Gen 1,27). Als Gottes Bild sind beide in ihrer Verschiedenheit ebenbürtig

und gleichwertig. Jede Diskriminierung wegen des Geschlechts widerspricht deshalb dem christlichen Glauben. Beide finden ihre Erfüllung aber nur im Zueinander und Miteinander. Der Bund zwischen Mann und Frau ist darum in der Bibel ein Bild des Bundes Gottes mit den Menschen (vgl. Hos 1–3; Jes 54; Eph 5,21–33).[153]

Diese Überlegung blendet zahlreiche Bibelstellen, die eine dem Manne konsequent untergeordnete Stellung der Frau implizieren, einfach aus. Gerade auf Basis dieser Bibelstellen wurde ja in Parallele zum „Argument" des Katechismus über Jahrhunderte hinweg die Höherwertigkeit des Mannes „bewiesen". Was im Katechismus fehlt, ist ein Kommentar, warum diese Bibelstellen jetzt auf einmal unberücksichtigt bleiben sollen, mit welchem Recht diese nun ignoriert werden.

Ein weiteres Beispiel: Christen argumentieren (bei uns zur Zeit) gerne auf Basis des Gebotes der Nächsten- und Feindesliebe gegen Angriffskriege. Dagegen ist per se natürlich nichts einzuwenden. Das Problem ist ein anderes, nämlich: Warum argumentieren sie nicht auf Basis biblischer Erzählungen wie der folgenden für die grundsätzliche Zulässigkeit von Angriffskriegen und eine niedrige Eintrittsschwelle – ganz zu schweigen von einer sehr rabiaten Form der Kriegsführung?

Sie zogen gegen Midian zu Feld, wie der Herr es Mose befohlen hatte, und brachten alle männlichen Personen um. Als sie die Männer erschlagen hatten, brachten sie auch noch die Könige von Midian um: Ewi, Rekem, Zur, Hur und Reba, die fünf Könige von Midian. Auch Bileam, den Sohn Beors, brachten sie mit dem Schwert um. Die Frauen von Midian und deren kleine Kinder nahmen die Israeliten als Gefangene mit. Das ganze Vieh und der reiche Besitz der Midianiter wurde ihre Beute. Alle Städte im Siedlungsgebiet der Midianiter und ihre Zeltdörfer brannten sie nieder. Alle Menschen und das ganze Vieh, das sie erbeutet und geraubt hatten, nahmen sie mit. Sie brachten die Gefangenen und die geraubte Beute zu Mose, zum Priester

---

153 Deutsche Bischofskonferenz (Hrsg.): **Katholischer Erwachsenenkatechismus.** Band 1, 1985. S. 117.

> Eleasar und zur Gemeinde der Israeliten in das Lager in den Steppen von Moab am Jordan bei Jericho. Mose, der Priester Eleasar und alle Anführer der Gemeinde gingen ihnen aus dem Lager entgegen. Mose aber geriet in Zorn über die Befehlshaber, die Hauptleute der Tausendschaften und die Hauptleute der Hundertschaften, die von dem Kriegszug zurückkamen. Er sagte zu ihnen: Warum habt ihr alle Frauen am Leben gelassen? Gerade sie haben auf den Rat Bileams hin die Israeliten dazu verführt, vom Herrn abzufallen und dem Pegor zu dienen, sodass die Plage über die Gemeinde des Herrn kam. Nun bringt alle männlichen Kinder um und ebenso alle Frauen, die schon einen Mann erkannt und mit einem Mann geschlafen haben. Aber alle weiblichen Kinder und die Frauen, die noch nicht mit einem Mann geschlafen haben, lasst für euch am Leben!"[154]

Die Bibel ist voll von derartigen Erzählungen – es handelt sich dabei keineswegs um inhaltliche Ausrutscher, die im Gesamtkontext als Fremdkörper wirken. Deshalb ist folgende Frage mehr als berechtigt: Welche Methode wenden Christen an, um derartige Gleichnisse oder Erzählungen bei der Argumentation zum Thema Angriffskrieg unberücksichtigt zu lassen? Oder sie als Ausgangsbasis einer kriegsfreundlichen Argumentation abzulehnen? Die einzig erkennbare Antwort ist so trivial wie fatal. Man ignoriert diese Bibelstellen, weil sie die Behauptung, die man gerne aufstellen oder vertreteten möchte, nicht stützen bzw. ihr sogar widersprechen. Das aber hat mit seriöser Argumentation nichts zu tun.

Diese Problematik ist nicht durch eine grundsätzliche Trennung von Altem und Neuem Testament zu umgehen. Gleichnisse wie das folgende und die bekannte Aufforderung zur Missionierung wurden von Christen immer wieder zur Legitimation von Krieg, Mord und Totschlag eben auf Basis des Neuen Testamentes benutzt:

---

[154] 4. Moses 31, 7–18. Könnte man darauf nicht recht elegant eine durch und durch christliche Argumentation für einen Angriff auf islamische Staaten aufbauen, die eine konsequente Missionierung von Christen betreiben oder fördern?

Und wie steht es mit jenen christlichen Denkern, die aus der biblischen Weisung des zum Gastmahl einladenden Herrn an seinen Knecht: „Nötige sie hereinzukommen, damit mein Haus voll werde" (Lk 14, 23) eine schrankenlose Ermächtigung zur Missionierung der Heiden machten – notfalls gewaltsam und gegen deren Willen? ... Der Missionsauftrag Jesu an die Jünger – „Gehet hinaus in alle Welt und taufet alle Völker!" war in der Geschichte nicht selten von Gewalttaten, Ausschreitungen, Pogromen begleitet. Oft genug wurden dabei die Grenzen fließend zwischen Mission, Expansion, Kolonisierung, Unterwerfung.[155]

In diesem Zusammenhang sollte ein spezieller Teilaspekt der Relevanzfrage beleuchtet werden. Oft finden sich gar keine oder eigentlich nur inhaltlich gegenteilige Bibelstellen zu einer für Christen (bei uns) moralisch wichtigen Position. Ich habe schon mehrfach darauf hingewiesen, dass sich in der Bibel weder ein Verbot der Polygamie noch der Sklaverei finden lässt; beide gelten als selbstverständlich erlaubt. Das geht aus verschiedenen Regeln, Erzählungen und Gleichnissen klar hervor. In diesem Fall wäre eigentlich die Annahme naheliegend, Gott habe dazu kein Verbot erlassen, das in Frage stehende Verhalten also erlaubt und Christen sollten weder mit Polygamie noch Sklaverei ein grundsätzliches normatives Problem haben. Weit gefehlt – Gottes (!) Wort und Wille wird in diesen Fällen von den meisten Christen (bei uns) ignoriert und in seiner Relevanz durch andere Argumente übertrumpft. Dazu wäre natürlich folgende methodische Frage von einer christlichen Morallehre zu beantworten:

Wann gilt Gottes Wort bzw. ein bestimmtes Gleichnis als weniger relevant als andere Überlegungen, die gar nicht (!) auf der Bibel basieren?

Die Antworten darauf sind sicher nicht leicht zu finden. Eine der beliebtesten Taktiken der Abwiegelung funktioniert jedenfalls nicht. Man bekommt von christlicher Seite oft zu hören, man müsse archa-

---

155 Hans Maier: **Gewalt im Christentum**. Diesen Text habe ich auf der Webseite des Autors gefunden: http://hhmaier.de/.

ische Teile der Bibel (welche sind nicht archaisch?) im Licht wissenschaftlichen Fortschrittes und moralischer Weiterentwicklung sehen und ihre Relevanz in dieser Hinsicht bewerten bzw. zurückstufen. Dagegen sprechen zwei einfache Überlegungen. Erstens dürfte es das Auffassungsvermögen der Israeliten auch damals nicht überfordert haben, hätte Gott ihnen z. B. die Abschaffung der Sklaverei oder einen schonenderen Umgang mit Kriegsgefangenen befohlen. Glaubt man der Bibel, waren sie ja selbst lange in der ägyptischen Sklaverei und verfügten somit über umfassende und eindrückliche Erfahrungswerte aus der Opferperpektive. Ähnliches gilt für die Monogamie. Auch eine Forderung danach hätten die Stammesmitglieder sicher verstehen können. Warum denn auch nicht? Ob ihnen das gefallen hätte, steht auf einem anderen Blatt.

Zweitens soll die christliche Moral ja gerade der Prüfstein der säkularen sein – nicht umgekehrt! Genau das ist doch der zentrale normative Anspruch, der immer wieder von Christen erhoben wird: Richtschnur jeder akzeptablen Moral seien die christlichen Normen und Werte! Und das muss nach christlichem Glauben auch so sein. Schließlich handelt es sich dabei um von Gott, der in allen Dingen für uns höchsten Instanz, gesetzte Vorgaben. Sie erinnern sich: Gott, das allmächtige, allweise, allwissende und allgütige Wesen. Wer will mit so jemandem schon ernsthaft über Eheformen oder die Wertigkeit der Frau streiten?

Gibt man aber die christliche Morallehre und somit das Wort Gottes zur regelmäßigen Optimierung im Lichte säkularer Moralvorstellungen frei, untergräbt man einen ganz wesentlichen Teil christlichen Selbstverständnisses und christlicher Lehre zu Themen wie Empfängnisverhütung, Scheidung, Ehe, Partnerschaft, Sexualität, Gleichberechtigung der Frau etc. Um Missverständnisse zu vermeiden: Natürlich ist dieser Prozess der Säkularisierung (bei uns) schon recht weit fortgeschritten und natürlich ist er zu begrüßen. Genau dieser Einfluss der säkularen Moral erklärt meines Erachtens am besten, warum sich die moralischen Positionen vieler Christen (bei uns) schon so weit von der eigenen Tradition, den Lehren konservativer Kirchen und der Bibel bzw. Teilen davon abgekoppelt haben. Und warum das Christentum seit einigen Jahrzehnten (bei uns) relativ friedfertig ist.[156] Aber offiziell kann das Christentum diesen „Weg der Säkularisierung und Entchristlichung" sicher nicht einschlagen. Das käme schlicht und einfach einer Selbstaufgabe gleich. Genau deshalb sind viele christliche Argumentationsversuche ja auch so offensichtlich verwickelt wie unredlich. Man will Positionen begründen und vertreten, die man auf Basis der christlichen Lehren eigentlich nicht überzeugend begründen kann und vertreten darf. Deshalb verliert man sich dann in tiefsinnigen Überlegungen, was Gott uns heute sagen würde, was er uns gesagt hätte, wenn wir damals in der Wüste gesessen hätten, was er den Israeliten in der Wüste nicht direkt sagen wollte, oder wie Gott unter gewissen Umständen seine eigene Lehre weiterentwickeln würde. Oder was er uns heute sagen würde, wäre Gott (auch) eine Frau.

Das Fazit: Ein Entscheidungsverfahren, das Gleichnisse und Erzählungen als Grundannahmen akzeptiert, muss die eben aufgeworfenen Probleme methodisch sauber und systematisch lösen können – und dazu hat die christliche Morallehre bis heute nichts anzubieten.

Wie geht man mit unstimmigen Gleichnissen um?

Wir haben bereits gesehen, dass es für den Fall unstimmiger Gebote im Christentum kein klares bzw. brauchbares Verfahren gibt. Gleiches gilt für unstimmige Gleichnisse und Erzählungen. Damit meine ich Gleichnisse und Erzählungen, die prima facie jeweils unterschiedliche Entscheidungen nahelegen. Auch hier fehlt ein Verfahren, diese Unstimmigkeiten zu entschärfen. Es werden zwar bisweilen Überlegungen angeboten, bestimmte Gleichnisse oder Erzählungen stärker als andere zu gewichten. Diesen Argumenten fehlt aber in der Regel jede Systematik. Dazu ein Beispiel aus einem Werk der katholischen Theologieprofessorin Uta Ranke-Heinemann. Um gewisse Thesen des Heiligen Paulus zur Ehelosigkeit abzuschwächen, argumentiert sie, er

---

156 Die mäßigende Wirkung eines Rechtsstaates auf religiös motivierte Weltgestaltungsunternehmen sollte in diesem Zusammenhang auch nicht unterschätzt werden.

hätte diese (nur) auf Basis der festen (und irrigen) Erwartung der Wiederkunft Christi und des nahen Weltendes geäußert:

> Unter diesem Aspekt wäre sein Satz: „Bist du frei von einer Frau, so suche keine Frau", nicht anders zu bewerten als andere Sätze von Paulus unter dieser Naherwartung, etwa: „Ein jeder bleibe in dem Stand, in den er berufen worden ist. Bist du als Sklave berufen worden, so mache dir keine Sorgen, sondern wenn du auch frei werden kannst, so bleibe um so lieber in deinem Stand" (7,20f.). Berücksichtigt man die paulinische Naherwartung – Paulus war überzeugt, daß noch zu seinen Lebzeiten Christi Wiederkunft erfolgen würde (1. Thess. 4,17) –, kann man ihn ebensowenig als Befürworter der Ehelosigkeit wie als Sklavereibefürworter sehen.[157]

Ranke-Heinemanns „Entschärfungsmaxime" lautet offenbar so: Moralische Empfehlungen, die auf Basis der festen Erwartung des nahen Weltendes ausgesprochen werden, basieren auf einem Irrtum und sind somit nicht oder nur mit starken Abstrichen relevant. Auch, wenn sie von Paulus persönlich stammen sollten. Das ist ein durchaus plausibles Prinzip – das Christentum kann es aber nicht akzeptieren. Erstens wird damit implizit die gesamte „Paulinische Lehre" als irrelevant eingestuft – und diese ist immerhin ein wesentlicher Eckpfeiler des Christentums. Die Naherwartung des Paulus ist ja keine isoliert zu sehende Marotte oder ein nebensächlicher Irrtum. Sie ist vielmehr konstitutiv für sein religiöses Weltbild, sie ist zentrale Grundlage seiner Glaubenslehre. Und damit wäre diese in ihrer Gesamtheit als irrelevant oder nur schwach relevant erwiesen. Zweitens erwischt es mit diesem Entschärfungsansatz auch gleich Jesus Christus selbst. Er hat ja auch unter der festen Erwartung des nahen Weltendes mit Gottesgericht, Auferstehung etc. gepredigt. Folglich dürfte man auch seine Lehren guten Gewissens als für die wahre Lehre des Christentums ziemlich irrelevant einstufen. Sicherlich ein mutiger und konsequenter Schritt – gerade für Theologen. Was aber bleibt dann von dieser Religion noch übrig?

---

157 Uta Ranke-Heinemann: **Eunuchen für das Himmelreich**. München, 1999 (aktualisierte Ausgabe). S. 69.

Wie an anderer Stelle in Zusammenhang mit der Bergpredigt schon ausgeführt, halte ich Ranke-Heinemanns Argumentation für plausibel und korrekt. Eben weil sie das Christentum als Ganzes (!) sehr wirkungsvoll „entschärft". Für die meisten Christen dürfte aber genau deswegen dieser argumentative Ansatz nicht akzeptabel sein. Deshalb brauchen sie eine Entschärfungstaktik gegen die Ranke-Heinemannsche Entschärfungstaktik. Und somit bleibt die Frage erst einmal unbeantwortet, wie man mit Gleichnissen und Erzählungen umgehen sollte, die prima facie jeweils unterschiedliche Ergebnisse nahelegen. Allerdings kommen wir langsam der Antwort auf die Frage näher, womit sich Professoren für Moraltheologie an der Universität eigentlich beschäftigen.

Aber nicht nur Katholiken denken über Entschärfungsstrategien nach. Auch Protestanten haben dazu etwas im Angebot. Im Rahmen einer Ausarbeitung der EKD zur Homosexualität findet sich folgender Ratschlag:

> Von daher erweist sich Luthers hermeneutischer Grundsatz, die biblischen Texte an Jesus Christus (als der „Mitte der Schrift") zu prüfen, als sachgemäß. Dieser Grundsatz geht davon aus, daß es in der Bibel mehr oder weniger zentrale Aussagen gibt, und er rechnet sogar mit der Möglichkeit, daß biblische Texte (von der „Mitte der Schrift" aus) zu „tadeln" sein könnten, weil sie nicht christusgemäß sind. Andererseits ist aber festzuhalten, daß nur aus der Bibel – und zwar aus ihrer Gesamtheit – erschlossen werden kann, was christusgemäß ist. Das sachgemäße Schriftverständnis kann diesem hermeneutischen Zirkel nicht entrinnen.[158]

Aha. Jetzt ist endlich klar, welche Aussagen der Bibel christusgemäß und zentral sind und welche nicht. Vor allem, wenn wir uns an die Bergpredigt erinnern, in der Jesus selbst ausdrücklich alle Gesetze des Alten Testamentes bekräftigt und teilweise sogar noch verschärft. Zurück zu den Moralexperten der EKD. Nachdem gemäß dem eben

---

158 **Mit Spannungen leben. Orientierungshilfe des Rates der EKD:** 2. Die biblischen Aussagen zu Sexualität und Homosexualität. 1996.

vorgestellten Prinzip der Christusgemäßheit über mehrere Seiten hinweg die Bibel in präzisen hermeneutischen Zirkelbewegungen ausgelegt wurde, kommen die Autoren zu folgendem Ergebnis:

> Damit ergibt sich eine deutliche Spannung; denn das zuletzt Gesagte hebt nicht auf, daß es keine biblischen Aussagen gibt, die Homosexualität in eine positive Beziehung zum Willen Gottes setzen – im Gegenteil. Die negativen Aussagen bedeuten aber im Lichte des Evangeliums, d. h. unter der Zusage der Gnade Gottes, keinen definitiven Ausschluß aus der Gottesgemeinschaft und beziehen sich im übrigen nur auf die homosexuelle Praxis als solche, nicht jedoch auf deren ethische Gestaltung. Betrachtet man sie jedoch in dieser Perspektive, dann muß vom Gesamtzeugnis der Bibel her gesagt werden, daß für die Gestaltung einer homosexuellen (wie jeder anderen zwischenmenschlichen) Beziehung entscheidend ist, ob sie in Liebe zu Gott und Menschen gelebt wird, und d. h. auch: ob sie die Bereitschaft zur Annahme der Lasten einer Beziehung einschließt. Die Spannung zwischen dem biblischen Widerspruch gegen homosexuelle Praxis als solche und der Bejahung ihrer ethischen Gestaltung gemäß dem Willen Gottes verschwindet dadurch nicht, kann aber von daher verstanden und ausgehalten werden.[159]

Also: Entschärfung dadurch, dass man die Unstimmigkeiten zur Kenntnis nimmt und sie dann einfach aushält. Alles klar? Zumindest ich kann nicht erkennen, dass und wie durch solche Verbalakrobatik die Frage nach dem Umgang mit unstimmigen Gleichnissen und Bibelstellen argumentativ sauber gelöst würde.[160] Dass es sie gibt, wissen wir ja schon. Wir wissen auch, dass Christen sie ganz unterschiedlich gewichten und so diese Unstimmigkeiten bzw. ein Leben

---

159 **Mit Spannungen leben. Orientierungshilfe des Rates der EKD: 2. Die biblischen Aussagen zu Sexualität und Homosexualität.** 1996. Für mich als Bayer ist dieser Text vermutlich leichter zu entschlüsseln als für so manchen anderen Bundesbürger. Die doppelte Verneinung ist mit all ihren Subtilitäten ein nicht wegzudenkender semantischer Baustein des bairischen Idioms.

160 In dieser Hinsicht kann ich christliche Fundamentalisten sehr oft sehr gut verstehen.

damit irgendwie „aushalten". Was wir eigentlich wissen wollten ist, wie auf dieser Basis eine argumentativ saubere Abwägung und in Folge eine belastbare, d. h. nachvollziehbare und transparente moralische Entscheidung zu treffen ist – und darauf bekommen wir auch vom A-Team der EKD keine Antwort bzw. nur eine Scheinantwort. Aber auf jeden Fall viel Text.

Das Fazit: Die christliche Moral hat schlicht und einfach keine brauchbare methodische Antwort auf die Frage, wie man unstimmige Gleichnisse in eine brauchbare Argumentation überführt. Auch hierin liegt natürlich ein Vorteil der säkularen Moral. Mir ist kein ernstzunehmender Versuch bekannt, in die Grundannahmen eines philosophisch respektablen Moralsystems Gleichnisse aufzunehmen – schon gar nicht eine so unübersichtliche, unklare und unstimmige Menge wie wir sie in der Bibel finden. Gleichnisse und Erzählungen taugen dazu schlicht und einfach nicht.

Wie bestimmt man die genaue Bedeutung eines Gleichnisses?

Bis hierher habe ich stillschweigend eine Voraussetzung gemacht, die alles andere als selbstverständlich ist. Ich habe so getan, als wäre die Bedeutung von Gleichnissen und Erzählungen im Normalfall klar und leicht feststellbar. Dem ist aber nicht so. Mit dieser Fragestellung beginnnen nämlich erst die wirklichen Probleme für diesen Teil der christlichen Morallehre. Dabei geht es um zwei unterschiedliche aber zusammenhängende Aspekte. Die erste Frage ist die nach dem, was wirklich in der Bibel steht: Die Frage nach der wörtlichen Bedeutung. Hat man darauf eine klare Antwort gefunden, wird die zweite Frage relevant: Wie ist das, was in der Bibel steht, moralisch zu interpretieren? Christliche Fundamentalisten – darunter verstehe ich Anhänger der These, die Bibel sei das wörtlich inspirierte Wort Gottes und in allen Details wahr – geben auf beide Fragen in der Regel eine erfreulich unkomplizierte, klare und direkte Antwort: Man habe sich am Wortlaut bzw. der wörtlichen Bedeutung zu orientieren – was denn sonst!

Gleich zur ersten Frage. Was steht eigentlich in der Bibel? Die meisten Christen lesen die Bibel in einer der zahlreichen Übersetzungen in ihre jeweilige Muttersprache. Vergleicht man aber die verschiedenen Übersetzungen in das Deutsche, so wird man schnell feststellen, dass es oft keine Einheitlichkeit gibt. Gleiche Bibelstellen unterscheiden sich bisweilen sehr stark im Wortlaut. Das kann unterschiedliche Gründe haben. Zum Einen gibt es sicher die bewusste Verzerrung durch geschickte Wortwahl, z. B. um den Text für heutige Leser etwas akzeptabler zu machen. Sogar die Zehn Gebote wissen davon ein Lied zu singen. In manchen Übersetzungen wird das heikle Thema der Sklaverei einfach ausgeblendet; so in der Lutherbibel (1984). Das ist auch eine Methode, sich unangenehme Diskussionen zu ersparen:

> Du sollst nicht begehren deines Nächsten Haus. Du sollst nicht begehren deines Nächsten Frau, Knecht, Magd, Rind, Esel noch alles, was dein Nächster hat.[161]

In der Einheitsübersetzung hingegen ist von „Sklaven" und „gehören" die Rede:

> Du sollst nicht nach dem Haus deines Nächsten verlangen. Du sollst nicht nach der Frau deines Nächsten verlangen, nach seinem Sklaven oder seiner Sklavin, seinem Rind oder seinem Esel oder nach irgendetwas, das deinem Nächsten gehört.[162]

Andererseits gibt es Übersetzungen, die schlicht und einfach fehlerhaft sind. Das hat die Christenheit aber nicht davon abgehalten, aus Übersetzungsfehlern substantielle Glaubenslehren zu entwickeln. Ein so lehrreiches wie bekanntes Beispiel dafür ist der sogar für christliche Verhältnisse ungewöhnlich verwickelte Themenkomplex der Jungfrauengeburt.[163] Das Motiv der Zeugung durch einen Gott mit anschlie-

---

161 **Lutherbibel** (1984): 2. Moses 20, 17.
162 **Einheitsübersetzung**: 2. Moses 20, 17.
163 Karlheinz Deschner: **Der gefälschte Glaube**. München, 1988. Heinz-Werner Kubitza: **Der Jesuswahn**. Marburg, 2011.

ßender Jungfrauengeburt ist Standardelement zahlreicher antiker Legenden, Sagen, Mythen und Religionen. Seltsamerweise tut man sich gerade für das in dieser Hinsicht dogmatische Christentum sehr schwer, es in dessen Heiliger Schrift nachzuweisen. Die Jungfrauengeburt taucht nur in einem der Evangelien, nämlich bei Matthäus, auf:

> Die Geburt Jesu Christi geschah aber so: Als Maria, seine Mutter, dem Josef vertraut war, fand es sich, ehe er sie heimholte, dass sie schwanger war von dem Heiligen Geist. Josef aber, ihr Mann, war fromm und wollte sie nicht in Schande bringen, gedachte aber, sie heimlich zu verlassen. Als er das noch bedachte, siehe, da erschien ihm der Engel des Herrn im Traum und sprach: Josef, du Sohn Davids, fürchte dich nicht, Maria, deine Frau, zu dir zu nehmen; denn was sie empfangen hat, das ist von dem Heiligen Geist. Und sie wird einen Sohn gebären, dem sollst du den Namen Jesus geben, denn er wird sein Volk retten von ihren Sünden. Das ist aber alles geschehen, damit erfüllt würde, was der Herr durch den Propheten gesagt hat, der da spricht (Jesaja 7,14): »Siehe, eine Jungfrau wird schwanger sein und einen Sohn gebären, und sie werden ihm den Namen Immanuel geben«, das heißt übersetzt: Gott mit uns.[164]

Unabhängig von der naheliegenden Frage, warum Josef dem Engel das alles so einfach glaubt: Was steht wirklich im Alten Testament bei Jesaja? Dort ist die Rede von einer jungen Frau – hebräisch „alma". Ins Griechische der Septuaginta wurde dieses Wort aber als „parthenos" übersetzt – und das bedeutet „Jungfrau". Sowohl die Einheitsübersetzung als auch die Lutherbibel (1984) geben übrigens in einer Fußnote an, dass „junge Frau" eine alternative Übersetzung wäre. Weiterführende Hinweise auf mögliche Folgen dieser Alternative für zentrale Glaubensinhalte der Christenheit unterbleiben allerdings. Klar ist aber, welche einschneidenden Folgen diese Übersetzung von „alma" als „Jungfrau" für die christliche Sexualmoral, deren Frauen- und Ehebild und den christlichen Wunderglauben hatte.

---

164 Matthäus 1, 18–23.

Geht man davon aus, dass zumindest die allermeisten Übersetzer der Bibel nach bestem Wissen und Gewissen gearbeitet haben, dann stellt sich die Frage, an welcher Variante man sich orientieren soll, welche als moralische Grundannahme herangezogen werden soll. Das spiegelt die Problematik jeder Übersetzung wider. Für Umgangssprachen ist jede Übersetzung eine Form von Interpretation. Die Idee einer wörtlichen, interpretationsfreien Übersetzung ist eine Illusion. Umso mehr, wenn es darum geht, Texte zu übersetzen, die einer Kultur oder einem Zeitalter entstammen, die uns in weiten Teilen fremd sind, die wir nur durch (fragmentarisch überlieferte) schriftliche Dokumente „kennen". Kurz: Die Entscheidung für eine Übersetzung ist bereits eine Vorentscheidung mit Relevanz für die moralische Entscheidungsfindung.

Ein weiteres, sehr anschauliches Beispiel dafür liefert der Begriff der Unzucht in der Bibel. Er taucht an vielen Stellen in verschiedenen Bedeutungsvarianten auf. Offen bleibt allerdings die Frage, an welcher Stelle damit welches Verhalten bezeichnet wird. Von Sodomie (was heißt das wieder genau?) bis zu einem Verstoß gegen religiöse Zeremonialregeln oder das moralische oder religiöse Empfinden des jeweiligen Autors kann damit alles gemeint sein. Gehen Sie einfach auf die Website *bibleserver.com*, geben Sie im Suchfeld das Wort „Unzucht" ein – und staunen Sie.

Das Problem ist offensichtlich. Und somit wären die allermeisten Bibelleser als grundsätzlich inkompetent für moralische Entscheidungen auf Basis ihrer Heiligen Schriften ausgewiesen. Sie können nämlich schlicht und einfach nicht wissen, was die moralischen Grundannahmen, die sie in der Bibel bzw. einer bestimmten Übersetzung zu finden meinen, „eigentlich" oder „wirklich" bedeuten. Der Zugriff auf die „wörtliche Bedeutung" ist ihnen verwehrt. Also können sie auch nicht auf Basis der Bibel argumentieren. Und für den Kreis der Experten gilt das gleiche. Es gibt offensichtlich unterschiedliche, nicht kompatible Übersetzungen und also zumindest an diesen Stellen keinen brauchbaren „Input" für ein moralisches Entscheidungsverfahren. Aber selbst wenn sich das Übersetzungsproblem lösen ließe – für die eigentliche Problematik einer Morallehre, die auf Erzählungen und Gleichnissen aufbaut, ist damit nichts gewonnen.

Wie bestimmt man die normative Bedeutung eines Gleichnisses?

Nun zur zweiten Frage: Wie bestimmt man die moralische Bedeutung eines Gleichnisses? Selbst wenn es ein präzises Übersetzungsverfahren für die Bibel zur Ermittlung von Wortlaut und wörtlicher Bedeutung gäbe, so ist damit diese Frage noch nicht beantwortet. Das zeigt das bereits diskutierte Gleichnis von Lot und der Beinahe-Vergewaltigung seiner Töchter. Gleichermaßen theologisch geschulte Interpreten können sich bei gleicher Textgrundlage offensichtlich nicht auf die moralische Bedeutung dieser Geschichte einigen. Ihre „moralische Botschaft" ist schlicht und einfach unklar. Gleiches lässt sich für ein anderes, so „berühmtes" wie moralisch folgenreiches Gleichnis der Christenheit feststellen, das von Onan:

> Da sagte Juda zu Onan: Geh mit der Frau deines Bruders die Schwagerehe ein und verschaff deinem Bruder Nachkommen! Onan wusste also, dass die Nachkommen nicht ihm gehören würden. Sooft er zur Frau seines Bruders ging, ließ er den Samen zur Erde fallen und verderben, um seinem Bruder Nachkommen vorzuenthalten. Was er tat, missfiel dem Herrn und so ließ er auch ihn sterben.[165]

Hierzu gibt es im Christentum mindestens drei unterschiedliche Interpretationsansätze: Onan musste sterben (!), weil er sich selbst befriedigt habe, weil er Coitus Interruptus betrieben habe, oder weil er für seinen Bruder keine Nachkommen zeugen wollte (was damals unter den skizzierten Umständen moralisch offensichtlich gefordert war). Die letzte Alternative scheint am plausibelsten; die beiden ersten waren und sind aber (man möchte fast sagen: konsequenterweise) bei den meisten christlichen Interpreten beliebter. Die Folgen dieser Deu-

---

[165] 1. Moses 38, 8–10.

tung für die christliche Morallehre und deren Aussagen zur Sexualität sind bekannt.

Eine Frage hätte ich dazu aber noch. Die von Jahwe über Onan verhängte und vollzogene Todesstrafe darf als biblisch gut verbürgt gelten. Dazu gibt es wohl keinen Interpretationsspielraum. Zum Glück besteht (heute und bei uns) das stillschweigende Einverständnis der meisten christlichen Moralexperten, diese Tötung als leichte Übertreibung Jahwes einzustufen und irgendwie zu ignorieren. Aber, warum eigentlich? Ist die Verhängung der Todesstrafe an dieser Stelle für Onanie, Coitus Interruptus oder die Weigerung, die Witwe des eigenen Bruders zu schwängern nicht auch eine klare und deutliche moralische Botschaft Gottes? Und mit welchem Recht ignorieren wir diese einfach? Weil wir es besser wissen als ein allweiser und allgütiger Gott?

Damit wäre das erste Problem im Zusammenhang mit der moralischen Bedeutung von Gleichnissen benannt: Das Christentum verfügt nicht einmal im Ansatz über ein Verfahren, die moralische Bedeutung der Erzählungen und Gleichnisse seiner Heiligen Schrift zu bestimmen. Oft gibt es zu einem Gleichnis verschiedene Vorschläge, die zu unterschiedlichen Zeiten oder von unterschiedlichen Personen vertreten werden. Was es nicht gibt, ist eine Methode, die „richtige" Interpretation zu erkennen.[166] Wie schwierig diese Thematik ist, zeigt ein Blick in die Literaturwissenschaft. Hilde Domin hat 1996 zahlreiche zeitgenössische Gedichte durch deren Autoren selbst und je einen Literaturkritiker oder Literaturwissenschaftler interpretieren lassen. Wer glaubt, er könne immer um die „richtige" Botschaft eines biblischen Gleichnisses wissen, dem sei ein Blick in Domins Buch empfohlen.[167]

Eine „naheliegende" Antwort bekommt man erneut von „bibeltreuen" Christen zu hören: Man solle halt gar nicht herauminterpretieren, sondern ganz einfach die Bibel wörtlich nehmen! Das hört sich gut

---

[166] Ein guter Überblick zur Unübersichtlichkeit bibelexegetischer Bemühungen findet sich in **Wikipedia**: Stichwort „Biblische Exegese".

[167] Hilde Domin: **Doppelinterpretationen. Das zeitgenössische Gedicht zwischen Autor und Leser.** Frankfurt, 1969.

an, funktioniert aber wieder nicht. Selbst wenn die Frage nach dem korrekten bzw. genauen Wortlaut einer Bibelstelle klar sein sollte, so ist damit die Frage nach ihrer moralischen Bedeutung, ihrer „Lehre" noch offen. Das zeigen ja gerade die bisher diskutierten Gleichnisse. Was ist denn die „wörtliche moralische Botschaft" der Erzählung um Lot – und welche Methode führt uns zu dieser? Wir haben es also, wie so oft, mit einer Scheinantwort zu tun.

Zudem besteht heute (bei uns) theologischer Konsens dazu, dass weite Teile der Bibel gerade nicht „wörtlich" verstanden werden dürfen. Das gilt in erster Linie für empirische Aspekte. Biblische Lehren zu Kosmologie, Physik und Biologie stehen bekanntlich in Widerspruch zu den Erkenntnissen der Naturwissenschaften. Um trotzdem irgendwie an der „Wahrheit" der Heiligen Schrift festhalten zu können, gibt es zwei mögliche Positionen. Erstens, man verwirft die Naturwissenschaften als Irrlehren, verbannt sie aus dem Lehrplan der Schulen und baut ein Schöpfungsmuseum. Zweitens, man schreibt den problematischen Teilen der Bibel eine metaphorische, bildliche oder irgendwie indirekte Bedeutung zu. Was das heißen soll, weiß zwar auch wieder keiner – aber man muss dann wenigstens nicht offen sagen, dass die Bibel an vielen und zentralen Stellen schlicht und einfach Unsinn behauptet.

Dasselbe Dilemma stellt sich aber auch im Bereich des Normativen. Will man an der „wörtlichen", „direkten" oder „offensichtlichen", also naheliegenden, Interpretation diverser Bibelstellen festhalten, gerät man unvermeidlich in substantiellen Widerspruch zu Grundüberzeugungen der säkularen Moral, die von vielen Christen (bei uns und heute) geteilt werden. Ein Beispiel liefern die zahlreichen Ausrottungs- und Völkermorderzählungen des Alten Testamentes. „Direkt" oder „wörtlich" verstanden, findet man sich schnell an der Seite eines W. L. Craig, Professor für Philosophie (!) an der „christlich konservativen" Talbot School of Theology. Dieser führende Verteidiger des wahren christlichen Glaubens erklärt und rechtfertigt das von Jahwe angeordnete Massaker an den Kanaanitern so:

> What that implies is that God has the right to take the lives of the Canaanites when He sees fit. How long they live and when they die is up to Him.
> So the problem isn't that God ended the Canaanites' lives. The problem is that He commanded the Israeli soldiers to end them. Isn't that like commanding someone to commit murder? No, it's not. Rather, since our moral duties are determined by God's commands, it is commanding someone to do something which, in the absence of a divine command, would have been murder. The act was morally obligatory for the Israeli soldiers in virtue of God's command, even though, had they undertaken it on their on initiative, it would have been wrong.
> On divine command theory, then, God has the right to command an act, which, in the absence of a divine command, would have been sin, but which is now morally obligatory in virtue of that command.[168]

Also: Was immer Gott den Soldaten befiehlt, sei ipso facto deren moralische Pflicht – eben auch der Massenmord an Kindern und die Ausrottung ganzer Völker. Einen Mangel an Konsequenz oder Glaubensstärke kann man Craig hier nicht unterstellen. Die erkenntnistheoretischen Fragen, woran wir eigentlich erkennen, ob überhaupt ein göttlicher Befehl vorliegt, ob ein Befehl tatsächlich von Gott (und nicht z. B. vom Teufel) kommt und wir den Befehl auch richtig interpretieren, belasten Craig eher wenig. So was scheint man einfach zu wissen .... Er vertieft seine tiefen Gedanken dann weiter:

> By the time of their destruction, Canaanite culture was, in fact, debauched and cruel, embracing such practices as ritual prostitution and even child sacrifice. The Canaanites are to be destroyed "that they may not teach you to do according to all their abominable practices that they have done for their gods, and so you sin against the Lord your God" (Deut. 20.18). God had morally sufficient reasons for His judgement upon Canaan, and Israel was merely the instrument of His justice, just as centuries later God would use the pagan nations of Assyria and Babylon to judge Israel.

---

168 www.reasonablefaith.org/slaughter-of-the-canaanites

But why take the lives of innocent children? The terrible totality of the destruction was undoubtedly related to the prohibition of assimilation to pagan nations on Israel's part. In commanding complete destruction of the Canaanites, the Lord says, "You shall not intermarry with them, giving your daughters to their sons, or taking their daughters for your sons, for they would turn away your sons from following me, to serve other gods" (Deut 7.3–4). This command is part and parcel of the whole fabric of complex Jewish ritual law distinguishing clean and unclean practices. To the contemporary Western mind many of the regulations in Old Testament law seem absolutely bizarre and pointless: not to mix linen with wool, not to use the same vessels for meat and for milk products, etc. The overriding thrust of these regulations is to prohibit various kinds of mixing. Clear lines of distinction are being drawn: this and not that. These serve as daily, tangible reminders that Israel is a special people set apart for God Himself.

Moreover, if we believe, as I do, that God's grace is extended to those who die in infancy or as small children, the death of these children was actually their salvation. We are so wedded to an earthly, naturalistic perspective that we forget that those who die are happy to quit this earth for heaven's incomparable joy. Therefore, God does these children no wrong in taking their lives. So whom does God wrong in commanding the destruction of the Canaanites? Not the Canaanite adults, for they were corrupt and deserving of judgement. Not the children, for they inherit eternal life. So who is wronged? Ironically, I think the most difficult part of this whole debate is the apparent wrong done to the Israeli soldiers themselves. Can you imagine what it would be like to have to break into some house and kill a terrified woman and her children? The brutalizing effect on these Israeli soldiers is disturbing.[169]

Ich habe diese Ausführungen Craigs so ausführlich zitiert, damit klar ist, worauf man sich mit der Forderung einläßt und einlassen muss, die Bibel auch in normativer bzw. moralischer Hinsicht „direkt",

---

169 www.reasonablefaith.org/slaughter-of-the-canaanites

„wörtlich" oder „nicht bildlich" zu interpretieren. Wie gesagt, derartige Bibelstellen sind den meisten Christen (bei uns) ja unbekannt, auf jeden Fall aber unangenehm. Aber: Wer sagt eigentlich, dass Craigs Interpretation falsch ist? Wie lautet denn die „richtige" Interpretation dieser Stellen? Wie kann man wirklich überzeugend auf Basis der Bibel gegen Craig argumentieren? Natürlich sind Menschen wie Craig die personifizierte Erklärung für die tiefrote Blutspur, die das Christentum seit zwei Jahrtausenden hinter sich herzieht. Und somit eine Warnung an uns alle, auch an die teilsäkularisierten heutigen Christen, welches Potential an Menschenverachtung und Irrsinn in dieser Religion bzw. ihrer Heiligen Schrift steckt.

Mein Fazit: „Indirekte" oder „metaphorische" Interpretationsansätze sind in der zeitgenössischen Theologie gang und gäbe. Sie gehören zum Standard theologischer Arbeit. Ein ganz wichtiger Grund dafür liegt in ihrer Entschärfungsleistung für ansonsten moralisch inakzeptable Bibelstellen. Diese Interpretationsvarianten sind so zahlreich wie vielfältig – und beliebig. Also: Wann ist eine Bibelstelle im normativen Sinne „wörtlich" oder „direkt" zu verstehen, wann nicht? Wie ist sie überhaupt zu verstehen? Dafür gibt es keinerlei Kriterium oder Methode. Dadurch aber wird das Problem der beliebigen Deutbarkeit von Gleichnissen zum Nachweis einer riesigen Lücke in der christlichen Morallehre verschärft. Diese verfügt in dieser Hinsicht über kein Entscheidungsverfahren, das den Minimalforderungen an ein Moralsystem auch nur im Ansatz genügen würde.

Die Ableitung aus Präzedenzfällen

Viele Rechtssysteme arbeiten mit Präzedenzfällen. Das heißt, es werden ähnlich gelagerte Fälle und deren richterliche Beurteilung als relevant für die aktuell zu entscheidende Frage betrachtet. In Analogie dazu könnte man moralische Beurteilungen z. B. durch Abraham, Moses, Jesus, Paulus, die Kirchenväter, Luther, Heilige, Päpste, die Jungfrau von Orleans, oder christliche Gremien als Präzedenzfälle heranziehen. Dabei wären folgende methodischen Fragen zu klären: Welche Quellen werden für Präzedenzfälle überhaupt zugelassen? Sollen alle diese Quellen als gleichberechtigt gelten oder gibt es eine Hierarchie der Relevanz? Wie trennt man relevante von irrelevanten Präzedenzfällen aus derselben Quelle? Das zentrale Argument gegen ein Entscheidungsverfahren auf Basis von Präzedenzfällen liegt wie so oft auf der Hand. Das Christentum hat auf keine dieser Fragen eine schlüssige, allgemein akzeptierte oder plausible Antwort.

Welche Quellen werden für Präzedenzfälle überhaupt zugelassen?

Zu dieser Frage gibt es im Rahmen des Christentums ganz unterschiedliche Antworten. Luther gilt bei Protestanten als eine der größten moralischen Autoritäten (wenn es gerade passt), bei Katholiken und Orthodoxen eher nicht (sogar, wenn es gerade passen würde). Dafür haben Katholiken in Päpste und deren moralische Urteile beachtliches Vertrauen (hin und wieder jedenfalls), Protestanten und Orthodoxen fehlt dieses. Die normative Autorität von Gremien wie Bischofsversammlungen reicht üblicherweise nicht über die jeweils eigene Konfession hinaus. Katholische, protestantische, orthodoxe und anglikanische Bischofsversammlungen sind selten einer Meinung – als Autorität akzeptieren sie einander sicher nicht.

Aber auch innerhalb einer Glaubensrichtung gibt es im Normalfall keine klare Methodik zur Bestimmung der relevanten Quellen für Präzedenzfälle. Während sich zahlreiche Protestanten an Luther orientieren, lehnen andere jede Instanz ab, die zwischen die Bibel und ihr je eigenes moralisches Urteil tritt – also auch Luther. Wieder andere sind bereit, neben Luther Theologen wie Bultmann als Quelle moralisch signifikanter Urteile zu akzeptieren. Also: Was jetzt? Obwohl der Katholizismus wesentlich zentralistischer und hierarchischer angelegt ist, lehnen viele Katholiken zumindest in einigen moralischen Fragen manche päpstlichen oder bischöflichen Positionen schlicht und einfach ab – ohne dabei den Eindruck zu haben, einen Fehler bei der Entscheidungsfindung zu begehen. Prominentes Beispiel sind die

Piusbrüder auf der einen Seite und alle katholischen Christen, die Empfängnisverhütung betreiben und Freude an ihrer Sexualität haben auf der anderen. Natürlich auch Hans Küng und Frau Ranke-Heinemann. Am Beispiel der Menschenrechte haben wir im 5. Kapitel schon gesehen, dass sogar Päpste wie Benedikt XVI. die Moralurteile anderer Päpste bestreiten und als kapitale Fehleinschätzung betrachten – zumindest implizit.

Es bleibt die Vermutung, dass Jesus selbst so ziemlich die einzige Quelle für Präzedenzfälle ist, auf die sich alle Christen einigen können. Zumindest möchte man das in Kenntnis seiner Funktion als Sohn Gottes (eventuell als Gott selbst – aber das mit der Dreieinigkeit ist auch noch nicht ganz ausdiskutiert) und Religionsstifter meinen. Dem ist aber nicht so; das zeigen folgende Beispiele: Die moralisch ausgesprochen bedeutungsvolle Höllenlehre des Jesus wird von vielen einflussreichen Professoren und Theologen wie Bultmann weitgehend „weginterpretiert" und somit korrigiert.[170] Gleiches gilt für Jesu Erwartung des nahen Weltendes. Man glaubt ihm das heute einfach nicht (mehr). Von seiner Überzeugung, real existierende Dämonen austreiben zu können, ganz zu schweigen. Zu Dämonen und deren für Moralfragen relevantem Wirken hat der Vatikan aber wiederum eine ganz eigene Meinung.[171] Für den Umgang mit Präzedenzfällen gilt im Christentum also wie meistens das Prinzip der grenzenlosen Beliebigkeit. Passende Präzedenzfälle werden schon mal herangezogen, unpassende ignoriert oder passend gemacht. Irgendeine Methodik oder Systematik ist dabei nicht zu erkennen.

---

170 Eine Habilitation Jesu im Fach Theologie ist nicht überliefert. Das erklärt natürlich so einiges.

171 Gabriele Amorth im Gespräch mit Marco Tosatti: **Memoiren eines Exorzisten: Mein Kampf gegen Satan.** Kisslegg, 2013. Gabriele Amorth: **Ein Exorzist erzählt.** Kisslegg, 2009. Gabriele Amorth ist der offizielle Exorzist der Diözese Rom und seit vielen Jahren Präsident der Internationalen Vereinigung der Exorzisten. Von den gallischen Druiden wissen wir, dass sie alljährlich Wettkämpfe ausgetragen haben ….

6. Kapitel

Sollen alle diese Quellen als gleichberechtigt gelten oder gibt es eine Hierarchie der Relevanz?

Akzeptiert man den Rückgriff auf Präzedenzfälle und einigt man sich irgendwie auf mehrere Quellen, so taucht die Frage nach der relativen Wertigkeit dieser Quellen auf. Eigentlich müssten, wie eben erläutert, für alle christlichen Glaubensrichtungen verbürgte Moralurteile von Jesus in der Hierarchie ganz oben stehen. Schließlich trägt diese Religion seinen Namen und beruft sich auf ihn. Aber selbst Jesus wird bisweilen überstimmt. Speziell eher „konservative" Christen berufen sich im Zusammenhang mit Krieg und Aggression gerne auf Präzedenzfälle, die auf das Alte Testament und Jahwe zurückgehen und übertrumpfen so das jesuanische Gebot der Nächsten- und Feindesliebe.

Katholische Theologen scheinen am ausgiebigsten Gebrauch von Präzendenzfällen, z. B. Urteilen der Kirchenväter und Heiligen zu machen. Völlig unklar bleibt dabei allerdings, ob und welche Hierarchien zu berücksichtigen sind. Ist die Einschätzung des Heiligen Hieronimus gewichtiger als die des Heiligen Thomas, die eines Augustinus gewichtiger als die eines theologisch herausragenden Papstes? Niemand kann es sagen. „Argumentiert" wird trotzdem.

Wie trennt man relevante von irrelevanten Präzedenzfällen aus derselben Quelle?

Diese Frage ist wichtig, weil es von jeder bekannten Quelle für Präzedenzfälle auch Entscheidungen gibt, die ignoriert oder sogar implizit widerlegt werden. Für Jesus Christus kennen wir die einschlägigen Beispiele bereits. Sein Glaube an Hölle, Dämonen und das nahe Weltende wird geflissentlich-verschämt von den meisten Christen (bei uns) ignoriert bzw. stark abgemildert. Ähnliches gilt für die größten und einflussreichsten der Kirchenlehrer. Die Ausführungen eines Heiligen Thomas zur Frau und ihren fragwürdigen Eigenschaften sind als Präzedenzfälle nicht mehr en vogue. Gleiches gilt für seine These, der Papst sei (auch) das weltliche Oberhaupt der Welt. Der Vatikan reicht zur Zeit. Mit Luther wird ähnlich selektiv umgegangen. Zum Glück ignorieren die allermeisten Protestanten seine Hass- und Wahntiraden über die Juden oder aufmüpfige Bauern. Was sie allerdings nicht daran hindert, ihm für andere Fragen eine sehr hohe moralische Autorität zuzugestehen. Also: Es gibt auf Seiten des Christentums keine Antwort auf die methodisch wichtige Frage, wie man die relevanten moralischen Urteile einer Autorität von den irrelevanten derselben Autorität trennen kann. Man nutzt halt, was man gerade brauchen kann – und das ist ja irgendwie auch eine Methode. Anders ausgedrückt: Man „argumentiert" auf Basis unklarer und unstimmiger Grundannahmen ohne systematisches Entscheidungsverfahren irgendwie drauflos. Und irgendwie kommt man dann auch irgendwo an. Das allerdings zumeist im Ton höchster Gelehrsamkeit und Wissenschaftlichkeit.[172] Und damit wäre auch bereits die Zusammenfassung dieses Abschnitts geleistet.

Die Delegation der Entscheidung an eine Autorität

Diese Variante wird nicht von allen Christen akzeptiert. Sie entstammt der katholischen Tradition. Die Entscheidungsfindung wird dabei in normativen Grundsatzfragen an eine Autorität, z. B. die Kirche, ein bestimmtes Gremium oder einen herausragenden Priester wie den Papst delegiert. Dies erfordert von den Gläubigen die Bereitschaft, das eigene Urteil im Konfliktfall aufzugeben und sich an den Vorgaben der Autorität zu orientieren. Dieses Verfahren habe ich in Bezug auf die Bestimmung der normativen Grundannahmen bereits im 5. Kapitel kurz diskutiert; jetzt geht es mir darum, seine Tauglichkeit als Entscheidungsverfahren zu bestimmen. Besser: seine Untauglichkeit. Natürlich gibt es auch zu diesem Ansatz einige Fragen: Wer genau hat die Autorität, moralische Entscheidungen zu treffen – und für welchen Personenkreis gelten diese dann? Wie sieht das Entscheidungsverfahren dieser Autorität aus? Ist es moralisch überhaupt akzeptabel, das

---

172 Wesentliche Inhalte meiner Kritik an steuerfinanzierten Lehrstühlen für Theologie an unseren Universitäten dürften sich für den aufmerksamen Leser schon jetzt abzeichnen. Näheres dazu im 9. Kapitel.

eigene Urteil dieser oder überhaupt einer Autorität zu unterwerfen? Den Hintergrund für die letzte Frage liefern die durchaus gemischten Erfahrungen, die wir im Laufe der Jahrhunderte mit allen möglichen vermeintlichen moralischen Autoritäten gemacht haben.

Wer genau hat die Autorität, moralische Entscheidungen zu treffen – und für welchen Personenkreis gelten diese dann?

Rein theoretisch ist diese Frage im Katholizismus geklärt:

> Das Wort Gottes wird uns schon im Neuen Testament auch in Gestalt der Lehre bezeugt (vgl. Röm 6,17; 2 Tim 4,2; Tit 1,9). Schon im Neuen Testament finden wir feste Lehr- und Bekenntnisformeln. Die Verantwortung für die rechte Lehre wird vor allem denen anvertraut, die in der Nachfolge der Apostel die Leitung der Kirche innehaben:

> „Achte auf dich selbst und auf die Lehre; halte daran fest! Wenn du das tust, rettest du dich und alle, die auf dich hören." (1 Tim 4,16)

> „Halte dich an die gesunde Lehre, die du von mir gehört hast; nimm sie dir zum Vorbild; und bleibe beim Glauben und bei der Liebe, die uns in Christus Jesus geschenkt ist. Bewahre das dir anvertraute kostbare Gut durch die Kraft des Heiligen Geistes, der in uns wohnt." (2 Tim 1,13–14)

> „Ich beschwöre dich bei Gott und bei Christus Jesus, dem kommenden Richter der Lebenden und der Toten, bei seinem Erscheinen und bei seinem Reich: Verkünde das Wort, tritt dafür ein, ob man es hören will oder nicht; weise zurecht, tadle, ermahne in unermüdlicher und geduldiger Belehrung." (2 Tim 4,1–2)

> Aus solchen Aussagen des Neuen Testaments hat sich die katholische Lehre und Praxis des Lehramtes entwickelt. Die Aufgabe des lebendigen Lehramts in der Kirche ist es, das Wort Gottes verbindlich zu erklären. Deshalb steht das Lehramt „nicht über dem Wort Gottes,

sondern dient ihm, indem es nichts lehrt, als was überliefert ist" (DV 10). Aufgabe des Lehramts ist es, „zugleich auch die Prinzipien der sittlichen Ordnung, die aus dem Wesen des Menschen selbst hervorgehen, autoritativ zu erklären und zu bestätigen" (DH 14). Dieses Lehramt kommt allein den Bischöfen in Gemeinschaft mit dem Papst zu.[173]

Hier liegt übrigens ein sehr schönes Beispiel einer Argumentation durch Interpretation von Gleichnissen bzw. Bibelstellen vor. Der argumentative Weg von diesen hin zur römisch katholischen Kirche ist allerdings wie so oft ein sehr weiter. Für mein Verständnis ist darin z. B. keine Aufforderung zu finden, eine kirchliche Organisation zu gründen. Auch werden all jene Stellen bzw. Argumente im Kontext des Neuen Testamentes ignoriert, die nahelegen, dass Jesus gerade keine Kirche mit Lehrautorität haben wollte. Zum einen spricht seine Erwartung des nahen Weltendes dagegen. Warum in den letzten Tagen dieser Welt noch eine Kirche gründen und ausbauen? Gäbe es da nicht Wichtigeres zu tun? Zum anderen gibt es keine einzige Stelle im Neuen Testament, in der Jesus deutlich die Gründung einer Kirche mit Lehrautorität und Bischofskonferenz fordert. Hätte er das gewollt, warum hat er es nicht klar gesagt? Das Christentum spiegelt diese Argumentationslage in seiner Gesamtheit wider. Es gibt Kirchen mit Lehrautorität, Kirchen ohne Lehrautorität und christliche Gemeinschaften ohne kirchliche Organisation und Lehrautorität.

Zudem ist der Autoritätsanspruch von Papst und Bischöfen selbst innerhalb der katholischen Kirche umstritten. Nicht alle Katholiken sind bereit, moralische Grundsatzentscheidungen dieser Personen zu akzeptieren. Das Spektrum reicht dabei von eher konservativen Christen wie den Piusbrüdern, die im Papst und seinen Bischöfen bisweilen fahrlässige Modernisierer und Glaubensverräter sehen, bis hin zu „fortschrittlichen" Katholiken, die Papst und Bischöfen gerne einmal inhaltliche Rückständigkeit und starren Konservativismus vorwerfen. Alles und alle auf Basis derselben Heiligen Schrift. Also: Die Dele-

---

173 Deutsche Bischofskonferenz (Hrsg.): **Katholischer Erwachsenenkatechismus.** Band 1, 1985. S. 313–314.

gation der normativen Entscheidungsfindung in Grundsatzfragen ist bestenfalls ein pragmatischer Diskussionsstopper. Es geht dabei vor allem um Einheitlichkeit, Ausrichtung, Linientreue, also um Aspekte der Selbstdarstellung und Machtpolitik. Die katholische Praxis zeigt allerdings in aller Deutlichkeit, dass nicht einmal das funktioniert.

Wie sieht das Entscheidungsverfahren dieser Autorität aus?

Im Grunde finden sich die Argumente gegen diesen Ansatz zur Entscheidungsfindung bereits im 5. Kapitel. Die „normativen Experten" der katholischen Kirche verfügen offensichtlich über kein berechenbares und transparentes Entscheidungsverfahren im Bereich der Moral. Die bisher skizzierte Vielfalt und Beliebigkeit bestimmen auch in der theologischen Fachdiskussion das Bild. Sonst hätte man sich schon lange zu strittigen und grundsätzlichen Fragen wie Homosexualität, Empfängnisverhütung oder Scheidung einigen können. Damit aber fehlt den Entscheidungen eines „Expertengremiums" die argumentative Legitimität. Zum Auswürfeln einer Entscheidung braucht man keine Fachleute, das kann jeder. Das wissen auch die meisten Katholiken – gerade darin liegt ja die Erklärung für die mangelnde Akzeptanz päpstlich-bischöflicher Autorität. Es ist einfach zu leicht, Gegenargumente im christlichen Rahmen zu finden.

Ist es moralisch überhaupt akzeptabel, das eigene Urteil dem einer Autorität zu unterwerfen?

Es lohnt sich, kurz auf diese spezielle Frage einzugehen. Unsere Verfassung sieht vor, dass die normative Autorität einer Regierung eher restriktiv verstanden werden sollte. In vielen Bereichen sollte die moralische Entscheidung – zumindest für mein Verfassungsverständnis – beim Bürger selbst liegen.[174] Das ist einer der Kerngedanken hin-

---

174 Die politische Tendenz der letzten Jahre geht allerdings eindeutig und zielstrebig in Richtung Entmündigung und Bevormundung; sie finden meine Argumente dazu auch hier: blog.projekt-philosophie.de.

ter dem abstrakten Konzept der Menschenwürde. Das Individuum ist die wichtigste moralische Einheit, nicht ein Kollektiv oder eine Gemeinschaft. Die Kehrseite der Medaille ist auch bekannt. Der Einzelne steht damit natürlich für die eventuellen Folgen seiner moralischen Entscheidung in der Verantwortung. Unsere Alltagsmoral sieht ebenfalls in letzter Analyse die einzelne Person in der Verantwortung für moralische Entscheidungen. Dahinter stehen die Grundüberzeugungen der säkularen Moral. Speziell das Kerninteresse eines jeden Menschen, nach seiner eigenen Fasson zu leben, muss so weit wie möglich respektiert und geschützt werden. Das sichert einerseits Freiraum, schreibt andererseits Verantwortung zu.

Ich glaube, dass die mittlerweile weitgehende Akzeptanz der säkularen Moral und des säkularen Konzeptes der Menschenwürde auch im Katholizismus ein zweiter Grund für die relativ schwache Autorität von Papst und Bischöfen in Bezug auf normative Grundsatzfragen ist. Eine Delegation der Entscheidungsfindung an sie geht einher mit der Abgabe persönlicher moralischer Verantwortung – und dazu sind immer weniger Katholiken bereit. Genau darin aber zeigt sich die moralische Bedenklichkeit der katholischen Lehre. Dem Einzelnen wird in vielen Bereichen diese Fähigkeit der Entscheidungsfindung und damit seine Verantwortlichkeit abgesprochen. Das aber ist nichts anderes als ein Angriff auf die Menschenwürde und das Recht, nach der eigenen Fasson zu leben. Den einschlägigen Ausführungen des Katholischen Katechismus ist nichts hinzuzufügen:

„Wer glaubt, der privaten Meinung sein zu dürfen, die bessere künftige Einsicht der Kirche schon jetzt zu haben, der muß sich vor Gott und seinem Gewissen in nüchterner selbstkritischer Einschätzung fragen, ob er die nötige Weite und Tiefe theologischer Fachkenntnis habe, um in seiner privaten Theorie und Praxis von der augenblicklichen Lehre des kirchlichen Amtes abweichen zu dürfen. Ein solcher Fall ist grundsätzlich denkbar. Aber subjektive Überheblichkeit und voreilige Besserwisserei werden sich vor Gottes Gericht zu verantworten haben"

(Schreiben der Deutschen Bischöfe an alle, die von der Kirche mit der Glaubensverkündigung beauftragt sind [1967] 19).[175]

Die Ableitung aus dem Gewissen

Oft bekommt man von Christen zu hören, dass sie in letzter Instanz der Stimme ihres Gewissens gefolgt seien bzw. zu folgen bereit sind. In der Praxis sieht das wohl so aus: Man denkt über eine moralische Frage intensiv nach, erwägt alle möglichen Gründe dafür und dagegen, alle möglichen Antworten. Die letzte Entscheidung lässt man dann das eigene Gewissen treffen. Dieses kann man sich als eine innere Stimme vorstellen, die sagt, was zu tun ist – vielleicht auch als ein tiefes Gefühl der Gewissheit, welche Entscheidung die richtige ist. Dieses Entscheidungsverfahren gilt als respektabel. Gewissensfreiheit wird in der Verfassung geschützt und die glaubwürdige Berufung auf Gewissensgründe galt als zu akzeptierender Grund für die Befreiung vom Dienst in der Bundeswehr. Das sollte aber nicht verhindern, dass folgende Fragen gestellt werden: Wie zuverlässig sind Gewissensentscheidungen? Worin liegt die moralische Bedeutung einer Gewissensentscheidung?

Wie zuverlässig sind Gewissensentscheidungen?

Der Appell an das Gewissen als Entscheidungsinstanz steht erkenntnistheoretisch im Prinzip auf einer Stufe mit dem Appell an das Naturrecht zur Gewinnung moralischer Grundannahmen. Das Hauptargument gegen die argumentative Belastbarkeit von Gewissensentscheidungen läuft dazu parallel. Tatsache ist, dass unterschiedliche Personen, die gleichermaßen ernsthaft und intensiv ihr Gewissen befragen, bezüglich derselben Frage zu völlig unterschiedlichen und sich wechselseitig ausschließenden Antworten kommen können und dies sehr oft

---

175 Deutsche Bischofskonferenz (Hrsg.): **Katholischer Erwachsenenkatechismus.** Band 2, 1995. S. 117–118.

auch tun. Denken Sie an William L. Craig und seine Rechtfertigung von Kindes- und Völkermord – von Gewissensbissen keine Spur! Ein anschauliches und bekanntes Beispiel stellt die Kriegsdienstverweigerung aus Gewissensgründen dar. Es gibt Christen, für die ein Dienst an der Waffe moralisch grundsätzlich nicht zu vertreten ist. Für andere Christen ist ein Einsatz in Kampfeinheiten nicht akzeptabel, in Sanitätseinheiten aber vertretbar und sinnvoll. Eine weitere Gruppe hält Gewalteinsatz im Rahmen eines Verteidigungskrieges für moralisch zulässig. Schließlich gibt es Christen, deren einzige Sorge sich auf den ausreichenden Waffen- und Munitionsnachschub bezieht. Dabei ist es ihnen ziemlich egal, warum und gegen wen ein Krieg geführt wird: *My country – right or wrong*. Und allen diesen Christen darf und muss man unterstellen, zu ihrer Entscheidung über eine ernsthafte und ausführliche Gewissensprüfung gekommen zu sein. Dies gilt auch für „Experten", also Theologen. Jede dieser Positionen wird von ihnen als christlich vertreten. Es gab und gibt radikale Pazifisten, in jeder Armee freiwillige Theologen im Sanitätsdienst, Feldgeistliche und theologisch geschulte Kämpfer. Als Bergsteiger habe ich viele Schlachtfelder der Dolomitenfront besucht. Oft genug lagen sich katholische Priester auf italienischer und österreichischer Seite mit Waffe und Handgranate in der Hand gegenüber – und versuchten alles, um sich gegenseitig umzubringen. Natürlich erst nach intensiver Gewissenserforschung und motivationsfördernder Zwiesprache mit ihrem katholischen Gott.

Das gleiche Bild bietet sich bei allen moralisch schwierigen Fragen: Das Gewissen liefert Christen alle möglichen Antworten zu Themen wie Empfängnisverhütung, Scheidung und Wiederverheiratung, Todesstrafe, Sterbehilfe, Selbstmord, gewaltsamer Bekehrung, Sklaverei etc. Wessen Gewissen liegt richtig, wer irrt? Der Papst? Luther? Die führenden Köpfe der Piusbrüder? Hans Küng? William L. Craig? Das lässt sich schlicht und einfach nicht feststellen. Das liegt wiederum daran, dass es kein Kriterium jenseits vernünftiger Argumentation gibt, das uns erlauben würde, Irrtum des Gewissens von gültiger Einsicht zu trennen. Das Gefühl der Gewissheit, das „Hören einer inneren Stimme" kommt dafür mangels intersubjektiver Belastbarkeit gerade nicht in Frage. Diese Einsicht haben wir bereits bei der Diskussion zum Naturrecht gewonnen. Das Fazit: Entscheidungen des christlichen Gewissens bieten das mittlerweile bekannte Bild der moralischen Vielfalt und Beliebigkeit. Eine Lösung der Beliebigkeitsproblematik liegt sicher nicht im Rekurs auf das Gewissen als Entscheidungsinstanz.

Worin liegt die moralische Bedeutung einer Gewissensentscheidung?

Das heißt aber nicht, dass Gewissensentscheidungen auf einer Ebene mit Geschmacksurteilen anzusiedeln wären. Sie können durchaus Teil einer vernünftigen normativen Argumentation sein. Wer sich wie ich einer Gewissensprüfung vor einem Kreiswehrersatzamt unterziehen durfte, hat selbst erlebt, wie Gewissensentscheidungen geprüft, hinterfragt und begründet werden können: Schlicht und einfach durch klare und solide Argumentation! Wer seinen moralischen Standpunkt mit konsistenten und nachvollziehbaren Gründen untermauern konnte, hatte eine gute Chance, anerkannt zu werden. Wer seine Gewissensentscheidung nicht oder nur bruchstückhaft begründen konnte, hatte tendenziell eher schlechte Karten.

Das zeigt erstens, dass das Gewissen keine eigenständige Quelle moralischer Entscheidungen sein kann. Gewissensentscheidungen haben keine besondere moralische Qualität. Sie stellen lediglich den Abschluss eines Prozesses des Überlegens dar, eine hoffentlich nachvollziehbare Wertung der Argumente des Für und Wider. Eine Gewissensentscheidung steht und fällt mit der Qualität dieser Argumentation. Zwei Beispiele zur Veranschaulichung: Wer einfach sagt, dass sein Gewissen ihm verbiete, länger als 3 Stunden am Tag zu arbeiten, ohne diese Position mit Argumenten zu untermauern, wird auf wenig Verständnis bei Arbeitgeber und Gesetzgeber treffen. Auch wenn sein subjektives Gefühl der Klarheit und Gewissheit keine Alternative zum 3-Stunden-Tag zulässt. Gleiches gilt für die NS-Täter, denen die Vernichtung der Juden von der Stimme ihres Gewissens befohlen wurde. Ja, auch diese Unmenschen haben diese Stimme klar und deutlich vernommen; vermutlich waren die meisten felsenfest von der „moralischen Richtigkeit" ihres Tuns überzeugt. Das ist aber natürlich kein Indiz für die tatsächliche Richtigkeit ihrer Handlungen. Gerade weil „die Stimme des Gewissens" in Form subjektiver Gewissheit Menschen oft (und gern) in die Irre führt, benötigen wir das Korrektiv vernünftiger, intersubjektiver Argumentation, also eines Moralsystems.

Das zeigt zweitens, dass Gewissensentscheidungen nicht deshalb respektiert und von der Verfassung geschützt werden sollten, weil sie eine besondere religiöse Qualität hätten. Auch Atheisten wie ich wurden als Kriegsdienstverweigerer aus Gewissensgründen anerkannt.[176] Es soll durch den Schutz von Gewissensentscheidungen vermieden werden, dass Bürger vom Staat (oder anderen) zu Handlungen gezwungen werden, die sie aus nachvollziehbaren normativen Gründen im Rahmen einer gerechten Verfassung zutiefst ablehnen. Und diese normativen Gründe müssen weder christliche noch überhaupt religiöse sein.[177]

Das zeigt drittens, dass christliche Gewissensentscheidungen als Entscheidungsverfahren mit der Qualität der Argumentation stehen und fallen, die sie untermauern. Sie können auf keinen Fall diese Argumentation ersetzen oder deren Lücken, Fehler und Unstimmigkeiten substantiell ausgleichen. Kurz: Der Appell an eine Gewissensscheidung ist kein Appell an ein eigenständiges Entscheidungsverfahren. Somit entfällt auch diese Alternative als möglicher Kandidat einer christlichen Morallehre.

In der Praxis beinhaltet jedes deontologische oder an Tugenden orientierte Moralsystem ein Abwägen von Gründen und eröffnet eine

---

176 Und das vom zur damaligen Zeit für seine „harten" Verfahren bekannten Kreiswehrersatzamt Deggendorf. Ich kann mich noch heute gut an die ausgesprochen sachliche, faire und vernünftige Diskussion erinnern. Unterhaltsam war es auch.

177 Natürlich ist dieser Gewissensschutz nicht perfekt oder auch nur konsistent: Die Bundesrepublik zwingt mich z. B., aus meinen Steuern über die Wahlkampfkostenerstattung zur Finanzierung von Parteien wie der NPD oder der Linken beizutragen. Ich lehne beide Gruppierungen und deren Ideologien von ganzem Herzen und aus guten und nachvollziehbaren Gründen ab – das nützt mir aber nichts: Bezahle ich nicht, werde ich bestraft. Gleiches gilt für meine Steuern, die zur Teilfinanzierung der christlichen Kirchen eingesetzt werden.

gewisse Bandbreite der moralischen Zulässigkeit. Diese Bandbreite allein ist kein Argument gegen das christliche Abwägen bzw. gegen die Belastbarkeit christlicher Gewissensentscheidungen. Das Argument gegen die Belastbarkeit christlicher Gewissensentscheidungen zielt vielmehr darauf ab, dass es keine belastbare christliche Argumentation gibt bzw. geben kann, die sie untermauern könnte. Den Grund dafür kennen wir mittlerweile. Die christliche Morallehre erfüllt weder die Minimalforderungen bezüglich der Grundannahmen noch des Entscheidungsverfahrens. Und somit fehlt christlichen Gewissensentscheidungen die Anbindung an ein Moralsystem. Damit aber stehen sie unter dem Generalverdacht der Beliebigkeit und Willkür.

Ein Gegenargument liegt nahe. Hier habe ein Atheist (wieder einmal) nicht verstanden, worauf es beim Gewissensentscheid wirklich ankommt. Christen wissen und erfahren etwas, was Atheisten offensichtlich nicht zugänglich ist. Das Gewissen sei der direkte Draht zu Gott, die Zwiesprache mit ihm, das Hören auf die Stimme Gottes, der Rat, den man sich bei einer höheren moralischen Instanz hole:

> „Die verborgenste Mitte und das Heiligtum im Menschen" ist das Gewissen, „wo er allein ist mit Gott, dessen Stimme in diesem seinem Innersten zu hören ist". „Im Innern seines Gewissens entdeckt der Mensch ein Gesetz, das er sich nicht selbst gibt, sondern dem er gehorchen muß und dessen Stimme ihn immer zur Liebe und zum Tun des Guten und zur Unterlassung des Bösen anruft und, wo nötig, in den Ohren des Herzens tönt: Tu dies, meide jenes" (GS 16).[178]

Der erste Teil meiner Antwort darauf verweist auf das schon diskutierte Fehlen eines Kriteriums, das uns sagen würde, wann tatsächlich Gott zu uns spricht (oder vielleicht der heimtückische Teufel, der sich als Gott ausgibt ... oder eine heimtückische Teufelin), ob und wann wir Gott tatsächlich richtig verstanden haben (und wann nicht). Der zweite Teil der Antwort führt zum nächsten Kapitel. Darin gehe

---

[178] Deutsche Bischofskonferenz (Hrsg.): **Katholischer Erwachsenenkatechismus.** Band 1, 1985. S. 121.

ich der Frage nach, welche Gründe es gibt, an die Existenz eines oder mehrerer Götter, einer höheren Instanz etc. zu glauben. Anders ausgedrückt: Wessen Stimme ist eigentlich „in diesem seinem Innersten zu hören"?

Das Fazit dieses Kapitels: Untersucht man christliche Argumente näher, so tauchen immer wieder die folgenden Entscheidungsverfahren auf: Die Ableitung aus biblischen oder naturrechtlichen Geboten, die Ableitung aus Gleichnissen und Erzählungen der Bibel, die Berufung auf Präzedenzfälle, die Entscheidung durch eine Autorität und der Appell an das Gewissen. Bis heute weiß das Christentum nicht, wie diese Elemente zusammenhängen und in ein stimmiges Entscheidungsverfahren zusammengeführt werden könnten. Zudem gibt es gegen jeden dieser Bausteine für sich genommen sehr schwerwiegende Einwände bezüglich seiner jeweiligen Tauglichkeit als normatives Entscheidungsverfahren. Deshalb halte ich die Behauptung für sehr gut begründet, das Christentum verfüge über kein akzeptables Entscheidungsverfahren für normative Fragestellungen – und somit nicht einmal im Ansatz über ein brauchbares Moralsystem.

7. Kapitel: Die Hindernisse einer Begründung der christlichen Moral

Bisher habe ich für die These argumentiert, dass die Vorstellung, es gebe so etwas wie eine „christliche Moral" auf einer Illusion beruht. Es handelt sich in Wirklichkeit um ein willkürliches, unbestimmtes und unstimmiges Sammelsurium argumentativer Versatzstücke. Ein brauchbares Moralsystem ist im Christentum nicht zu finden.[179] Hier noch einmal die beiden wichtigsten Argumentationsschritte im Überblick:

Erstens habe ich gezeigt, dass das Christentum über keine Menge an normativen Grundannahmen verfügt, die den Minimalforderungen an klaren Umfang, klaren Inhalt und Stimmigkeit (sowie dem Realismusprinzip) entsprechen würde. Christliche Argumentationen ziehen zwar alle möglichen Teile der Bibel oder Elemente der nichtchristlichen Tradition wie das Naturrecht als Grundannahmen heran – dahinter ist aber keine Systematik zu erkennen. Man holt sich als Grundannahme vielmehr, was man gerade brauchen kann und lässt das unberücksichtigt, was man gerade nicht brauchen kann. Kein Wunder, dass sich auf Basis des Christentums für so gut wie jede normative Position „argumentieren" lässt. Die Beliebigkeit bei der Auswahl der Annahmen überträgt sich natürlich auf die Ergebnisse. Auch sie sind beliebig und somit unverbindlich. Alleine schon deshalb darf und sollte man die Thesen „christlicher Moral" für jede ernsthafte Diskussion normativer Fragen unberücksichtigt lassen.

---

179 Deshalb ab sofort die Anführungsstriche.

Zweitens habe ich gezeigt, dass das Christentum über kein transparentes und nachvollziehbares Entscheidungsverfahren verfügt. Selbst wenn es eine brauchbare Menge christlicher Grundannahmen gäbe – aus ihnen könnten keine belastbaren Schlüsse gezogen werden. Es bietet sich erneut das schon bekannte Bild umfassender Willkür. Auf Basis beliebiger Grundannahmen „argumentiert" man irgendwie drauflos – wiederum ohne jede erkennbare Systematik. So wird erst recht klar, dass sich im Rahmen des Christentums alles (und somit nichts) rechtfertigen lässt.[180]

Damit ist das wesentliche Beweisziel dieses Buches erreicht, die Rede von der „christlichen Moral" als inhaltsleere Mogelpackung erkannt. In diesem und dem nächsten Kapitel möchte ich meine Überlegungen abrunden. Jetzt geht es mir um den Nachweis, dass das Christentum sein Moralsystem gar nicht begründen könnte, selbst wenn es eines hätte. Kurz: Auch den Minimalanforderungen zur Begründung eines Moralsystems kann das Christentum nicht gerecht werden.

Warum ist eine Begründung überhaupt wichtig?

Im 3. Kapitel habe ich erklärt, dass und warum jedes akzeptable Moralsystem einer tragfähigen Begründung bedarf. Wir wollen wissen, welches der zahlreichen Moralsysteme „das richtige" ist – und warum. Sollen wir uns am Islam und seiner Moral, am Christentum, am Buddhismus, am Judentum, am Hinduismus, an Platon, Epiktet oder Aristoteles, an Kant, am Utilitarismus oder einer der zahlreichen Alternativen orientieren? Auf diese Frage möchten wir eine nachvollziehbare, verständliche und plausible Antwort haben. Diese bestimmt zu einem guten Teil unser Selbstverständnis als Person und Bürger.

---

[180] Das wirft natürlich die so interessante wie berechtigte Frage auf, warum so viele Menschen glauben, es gäbe so etwas wie eine „christliche Moral". Es wäre ein interessantes Buchprojekt, die argumentativen Täuschungs-, Verschleierungs- und Manipulationstaktiken der christlichen Tradition und Theologie genau zu untersuchen.

7. Kapitel

Wir alle haben zu sehr vielen Dingen eine Meinung oder Überzeugung. Aber nicht immer können wir die Gründe dafür klar benennen. Unsere Einschätzung anderer Menschen und ihrer Motive, von Ereignissen und ihrer Erklärung oder unsere spontanen Moralurteile können wir nicht immer sofort präzise begründen. Dafür gibt es mehrere Gründe. Wir verlassen uns bisweilen mehr auf unser Gefühl als auf Argumente. Oder wir akzeptieren die erste Begründung, die sich anbietet und merken vielleicht erst bei weiterem Nachdenken, dass diese auf eher wackligen Beinen steht. Oft verlassen wir uns auch einfach auf das Urteil anerkannter Experten, so im Bereich der Naturwissenschaften. Im Fall moralischer Urteile spielen Gewohnheit und Sozialisierung eine ausgeprägte Rolle. Diese können so stark sein, dass sie sogar einen mentalen Schutzwall gegen eine ernsthafte Begründungsargumentation bilden. Das Phänomen normativer Denktabus ist gerade in Zusammenhang mit Religionen und Ideologien bekannt. Aber das geht uns allen so: Würden wir unsere Meinungen in jedem Fall nur auf Basis ausführlicher Argumentation und kritischer Prüfung bilden, wären wir kaum „alltagstauglich". Alleine schon aus Zeitgründen.

In vielen Fällen brauchen wir auch gar keine Begründung. Niemand wird lange darüber nachdenken, warum ihm Vanilleeis lieber ist als Schokopudding oder ihm die Farbe Blau besser gefällt als Rot. Der Bereich der Geschmacksurteile und Vorlieben kommt meistens gut ohne Begründungen aus. Geht es aber darum, andere zu überzeugen, werden Begründungen relevant. Gründe für und wider eine Behauptung oder These sind die Mittel, die wir im Rahmen rationaler Entscheidungsfindung einsetzen sollten, um die Überzeugungswelt unserer Diskussionspartner zu verändern. Dabei gilt folgende Spielregel: Die Plausibilität einer Behauptung oder Meinung steht und fällt mit der Qualität der Gründe, die sie stützen bzw. begründen. Ein Beispiel: Wer in einer Diskussionsrunde die Meinung vertritt, der FC Bayern München werde im Jahr 2015 die deutsche Fußballmeisterschaft gewinnen, kann im Dezember 2014 gute Argumente vorbringen. Die Bayern sind mit beachtlichem Vorsprung Herbstmeister geworden, haben einen exzellenten Kader, einen hervorragenden Trainerstab, eine hochprofessionelle Vereinsführung usw. Wer alternativ dazu die

Meinung vertritt, Schalke 04 werde den Titel 2015 gewinnen, hat weit weniger plausible Überlegungen anzubieten. Gleiches gilt für wissenschaftliche Theorien. Wer für eine Kosmologie eintritt, in der unser Planet Erde sich auf einer elliptischen Bahn um die Sonne bewegt, hat bessere Gründe für seine Ansicht als die Anhänger einer scheibenförmigen Erde als unbewegtem Zentrum des Universums.

Begründungen sind aber nicht nur für das „Überzeugungsspiel" wichtig. Wir wollen ja auch oft nur für uns selbst die Antwort auf wichtige oder interessante Fragen herausfinden, z. B. die Frage nach den tatsächlichen Entwicklungen, die zum ersten Weltkrieg geführt haben, die Frage nach der Entstehung der bayerischen Voralpen oder die Frage, ob Jesus tatsächlich gelebt hat. Auch wichtige Entscheidungen möchten wir sicher nicht immer „aus dem Bauch heraus" treffen, sondern auf Basis „besten Wissens": Soll ich eine bestimmte Aktie kaufen? Welchen Berufsweg sollte ich einschlagen? Liegt die angedachte Skitour im Bereich meiner Fähigkeiten? Und dafür müssen wir uns mit Argumenten und Begründungen auseinandersetzen, Behauptungen oder Thesen kritisch hinterfragen und auf ihre Plausibilität prüfen. Kurz: Wir brauchen Begründungen, um uns im Leben und in der Welt zurechtzufinden. Gilt das auch für Moralsysteme?

Warum sind Begründungen für Moralsysteme wichtig?

Die Begründung für (oder gegen) ein Moralsystem soll folgende Frage beantworten helfen: Sollte ich mein Handeln und Denken an diesem Moralsystem ausrichten? Es gibt ja zahlreiche Alternativen mit durchaus unterschiedlichen Antworten auf moralische Kernfragen – welches dieser Systeme ist „das richtige"? Um mich hier zu entscheiden, benötige ich Argumente, muss mich also auf eine Begründungsargumentation einlassen.

Moralsysteme haben allerdings eine Besonderheit, die der Suche nach einer Begründung zusätzliches Gewicht verleiht. Moralische Normen gelten nämlich prinzipiell auch für andere Menschen. Wer sagt, man solle nicht lügen, wird damit nicht nur meinen, er selbst verzichte darauf, stelle allen anderen aber frei, wie sie mit der Wahrheit umgehen möchten. Wer die Meinung vertritt, man solle Religionsfreiheit achten und schützen, stellt damit mehr als eine Behauptung über seine Vorlieben auf. Er möchte, dass andere sich ebenfalls auf eine bestimmte Art und Weise verhalten. Er glaubt sogar, dass andere dazu verpflichtet seien. Das ist nicht bei jeder Überzeugung der Fall. Meine feste Überzeugung, die Münchner Löwen werden eines Tages in der Champions League spielen mag zwar exzentrisch sein, ich verbinde damit aber keinerlei Forderungen an meine Mitmenschen und ihr Verhalten. Also: Wer sich für ein Moralsystem und dessen Normen entscheidet, stellt damit Forderungen an andere Menschen und ist im Prinzip bereit, diese mit Sanktionen, also Strafen, zu unterlegen. Das tut er, weil er glaubt, diese Forderungen und Strafen seien berechtigt, basierten auf guten Gründen. Und genau deshalb, weil moralische Forderungen in das Leben anderer eingreifen, ist eine Begründung so besonders wichtig. Wer an andere nichttriviale Forderungen stellt, trägt die Begründungslast dafür.

Speziell für den Fall politischer Normen ist das leicht zu sehen. Gesetze gehen immer einher mit Sanktionsandrohungen für den Fall der Nichtbefolgung. Als Bürger wollen wir natürlich wissen, ob der Staat berechtigt ist, bestimmte Gesetze einzuführen und die Sanktionen durchzusetzen. Kurz: Wir stellen die Frage nach der Begründung dieser Gesetze. Gleiches gilt für den Bereich der Moral im engeren Sinne. Wenn unsere Gesellschaft mehrheitlich bestimmte Handlungen oder Lebensentwürfe fordert und fördert, ächtet und sozial sanktioniert, wollen wir doch auch wissen, ob das begründet ist. Zumindest sollten wir das wissen wollen.

Wie sieht die Begründung der „christlichen Moral" aus?

Die Antwort des Christentums, warum wir uns an der „christlichen Moral" orientieren sollten, ist prima facie recht klar und übersichtlich. Diese Moral sei die richtige, weil sie vom allgütigen, allwissenden und allmächtigen Gott für uns erlassen wurde. Allweise sei er auch noch; der einzige sowieso. Zu finden sei diese göttliche Moral in der Bibel. Deren Entwicklung und Übersetzung sei in jeder Phase vom Heiligen Geist (trotz unklarer Identitätsbedingungen der Heiligen Dreieinigkeit also auch wieder irgendwie von Gott und Jesus) inspiriert worden. Deshalb sei die Bibel auch in allen Teilen wahr bzw. unendlich wertvoll:

> Da uns die Offenbarung Gottes nur durch das Zeugnis der Boten des Alten und des Neuen Testaments und dessen schriftlichen Niederschlag in der Heiligen Schrift zugänglich ist, gehört das Entstehen der Heiligen Schrift zum Offenbarungsvorgang hinzu. In ihr und durch sie spricht Gott selbst zu uns. Sie enthält und bezeugt nicht nur das Wort Gottes, sie ist wahrhaft Wort Gottes. Unter der Einwirkung des Heiligen Geistes geschrieben (Inspiration) (vgl. 2 Tim 3,16; 2 Petr 1,19 – 21; 3,15 – 16), hat sie Gott selbst zum Urheber (vgl. DV 11; 24).[181]

Auf Basis dieses Ansatzes kann das Christentum dann eine Antwort auf die folgenden Fragen geben; zumindest glauben das die meisten Christen.

---

[181] Deutsche Bischofskonferenz (Hrsg.): **Katholischer Erwachsenenkatechismus.** Band 1, 1985. S. 47.

7. Kapitel

Welches Moralsystem ist das richtige?

Natürlich das vom allmächtigen, allwissenden und allgütigen Gott der Christen für uns gesetzte! Die „christliche Moral" ist der letztgültige Prüfstein für alle anderen Moralsysteme. Nur das ist an ihnen akzeptabel, was mit christlichen Inhalten vereinbar ist:

> Die Geschichte des alttestamentlichen Gottesvolkes zeigt uns, daß Quelle und letzter Grund der sittlichen Ordnung und ihrer Gebote Gott selbst ist. Er hat sein Volk befreit und erwählt und ihm im Sinaibund sein Gesetz gegeben. Die Thora, die Weisung Gottes, ist Heilsgabe Gottes. An den Zehn Geboten soll sich das Gottesvolk auf seinem Weg mit Gott orientieren. Im Anspruch der Gebote begegnet es Gott. Das ist die Grundstruktur allen gläubig-sittlichen Handelns. Weil Gott den Menschen erschaffen und ihm die Grundforderung des Sittengesetzes als verbindliches Gesetz eingeschrieben hat und weil er dem Volk im Bund seine Weisung gegeben hat, kann es gläubig-sittliches Handeln nur als Handeln vor Gott geben (vgl. dazu VS 35–53).[182]

Warum soll ich mich an die Normen dieser Moral halten?

Wer bewusst und absichtlich gegen die „christliche Moral" verstößt, handelt gegen die Anordnungen Gottes und wird deshalb zu Recht bestraft. Die normative Kardinalabrechnung findet im Rahmen des Jüngsten Gerichts statt. Durch direkte Intervention Gottes kann es aber auch schon mal zu zeitnahen Sanktionen in dieser Welt kommen. Sodom und Gomorrha bzw. deren Überreste bezeugen das. Das Jüngste Gericht kann und wird für sehr viele Menschen bzw. deren Seelen zu ewigen Höllenqualen führen; andere werden mit himmlischen Freuden belohnt. Unklar ist allerdings, welche Seelen warum wo landen werden und ob das Verhalten in diesem Leben darauf über-

---

[182] Deutsche Bischofskonferenz (Hrsg.): **Katholischer Erwachsenenkatechismus.** Band 1, 1985. S. 98.

haupt irgendeinen Einfluss hat.[183] Es wird sicher keinen Leser mehr überraschen, dass es im Christentum zu dieser Frage auch ganz andere Antworten als die eben skizzierte gibt. Das in der Geschichte dieses Glaubens einflussreichste Grundmotiv für moralisches Handeln ist aber sicher die Angst vor Strafe bzw. die Drohung damit:

> Aber, so wird gefragt, kann man sich einen gütigen Gott denken, der in gnadenloser Weise ewige Höllenqualen will? Wie kann man Höllenpredigten, die Angst machen und Druck ausüben, mit der frohen und befreienden Botschaft des Evangeliums vereinbaren? Bedeutet die Überzeugung von ewigen Höllenstrafen nicht das Aufgeben der christlichen Solidarität mit allen Menschen?
>
> Als Antwort kann man zunächst darauf verweisen, daß alles Deuten nicht darüber hinwegtäuschen kann, daß nicht nur das Alte Testament, sondern auch Jesus und das Neue Testament den Bösen, den Gottlosen und den schweren Sündern die Möglichkeit der Verwerfung vor Augen gestellt haben (vgl. Mt 5,29–30; 10,28; 23,15.33 u.a.). Es ist die Rede vom ewigen Feuer (vgl. Mt 3,12; 25,41 u.a.), von der ewigen Pein (vgl. Mt 25,46), von Finsternis (vgl. Mt 8,12 u.a.), von Heulen und Zähneknirschen (vgl. Mt 13,42.50).
>
> Die Lehre der Kirche, welche die Ewigkeit der Höllenstrafen ausdrücklich verteidigt hat, steht also auf einem guten und gesicherten biblischen Fundament. Vor allem hat die Kirche die dem Origenes (3. Jh.) zugeschriebene und später immer wieder vertretene Lehre verurteilt, am Ende der Zeit finde die Wiederherstellung (Apokatastasis) der ganzen Schöpfung statt, einschließlich der Sünder, Verdammten und Dämonen, zu einem Zustand vollkommener Glückseligkeit (vgl. DS 76; 411; 801; 1002, NR 916; 891; 896, 905; LG 48).[184]

---

183 **Wikipedia:** Stichwort „Prädestination". Im 2. Kapitel habe ich schon gezeigt, dass in christlichen Kreisen auch ziemlich unklar ist, was es mit der Hölle genau auf sich hat. Und ob es sie überhaupt gibt und falls ja, wie und wo .... Gilt das sinngemäß auch für das Paradies?

184 Deutsche Bischofskonferenz (Hrsg.): **Katholischer Erwachsenenkatechismus.** Band 1, 1985. S. 422.

Also: Kirchenvater Origenes weiß nicht wirklich über die Zeit nach dem Jüngsten Gericht Bescheid. Fakt ist: Wer sich nicht an die „christliche Moral" hält, geht ein enorm hohes Risiko ein. Halte dich dran, sonst ...!

Was ist von einer säkularen Moral zu halten?

Zur Erinnerung: Eine säkulare Moral gewinnt ihre Inhalte, also vor allem die Grundannahmen, auf Basis menschlicher Anliegen wie Interessen, Ängsten, Hoffnungen. Und genau darin wurzelt der Einwand des Christentums. Jede säkulare Moral baue auf ein sehr flüchtiges und instabiles Fundament und ignoriere darüber hinaus das Wort des allmächtigen, allgütigen und allweisen Gottes. Das allein sei schon eine schwere Sünde. Die Zehn Gebote fordern ja absoluten und unbedingten Gehorsam gegen diesen Gott.

Wie sollte man mit normativen Dilemmata umgehen?

Ganz einfach: Da es einen allgütigen, allweisen und allmächtigen Gott gibt, der möchte, dass wir uns an seinen Normen orientieren, werde er uns in schwierigen Situationen schon helfen. Konkret: Unser Gewissen ermöglicht eine Form von direktem Kontakt mit Gott und seine Stimme wird uns den Weg weisen. Sinngemäß ließe sich diese Antwort auf den Umgang mit Interpretationsvarianten der Bibel übertragen. Unser Gewissen wird uns auch hier den rechten Weg weisen und die korrekte Interpretation erkennen lassen:

> „Die verborgenste Mitte und das Heiligtum im Menschen" ist das Gewissen, „wo er allein ist mit Gott, dessen Stimme in diesem seinem Innersten zu hören ist". „Im Innern seines Gewissens entdeckt der Mensch ein Gesetz, das er sich nicht selbst gibt, sondern dem er gehorchen muß und dessen Stimme ihn immer zur Liebe und zum

Tun des Guten und zur Unterlassung des Bösen anruft und, wo nötig, in den Ohren des Herzens tönt: Tu dies, meide jenes" (GS 16).[185]

Im letzten Kapitel haben wir allerdings schon gesehen, wie hoffnungslos unbrauchbar ein derartiger Appell an das christliche Gewissen ist.

Die Kernthesen der christlichen Begründung

Damit das gerade skizzierte Bild einer Begründungsargumentation eingelöst werden kann, müssen folgende Thesen bewiesen oder plausibel gemacht werden:

- Es gibt einen Gott.
- Dieser Gott hat bestimmte Eigenschaften, speziell die der Allgüte, der Allweisheit, der Allwissenheit und der Allmächtigkeit.
- Dieser Gott hat für alle Menschen Normen erlassen.
- Die Menschen können diese Normen erkennen und sich daran orientieren.
- Diese von Gott gesetzten Normen finden sich in der Bibel.
- Die Bibel ist von Gott in allen Teilen inspiriert und deshalb in einem ganz tiefen Sinne wahr.

Die zentrale These, von der alle anderen abhängen, ist natürlich die von der Existenz Gottes. Für die Begründung der „christlichen Moral" ist die zweite These ebenfalls sehr wichtig. Wäre das höchste Wesen nicht allgütig, sondern eher böse (oder eigentlich ganz in Ordnung, aber mit einigen sadistischen und boshaften Zügen ausgestattet), dann wäre es wohl keine sehr attraktive Quelle für unsere Moral. Und damit wäre das Kernproblem der Begründung der „christlichen Moral" auch schon benannt. Eine sehr intensiv geführte, jahrtausendelange Diskussion hat keine Gründe hervorgebracht, mit denen sich diese beiden Thesen plausibel stützen ließen – von einem Beweis ganz zu schweigen.

---

185 Deutsche Bischofskonferenz (Hrsg.): **Katholischer Erwachsenenkatechismus.** Band 1, 1985. S. 121.

7. Kapitel

Aus dem gegenwärtigen Stand meiner Untersuchung läßt sich übrigens bereits ein recht starkes Plausibilitätsargument gegen die Existenz des christlichen Gottes gewinnen: Wenn Sie, lieber Leser, allmächtig, allweise und allgütig wären – würden Sie uns Menschen dann als letztgültige Moral das anbieten, was ich in den Kapiteln 3 bis 6 vorgestellt und diskutiert habe?

Die Geschichte der diversen Fehlversuche, die Existenz Gottes und seiner Eigenschaften zu beweisen ist gut zugänglich und übersichtlich dargestellt und stellt nicht das Hauptthema meiner Untersuchung dar.[186] Mir geht es ja in erster Linie um den Nachweis, dass das Christentum gar kein Moralsystem hat, das zu begründen wäre. Trotzdem möchte ich die wesentlichen Argumentationslinien nachzeichnen. Das ist wichtig und sinnvoll, um die grundlegenden Defizite der „christlichen Moral" auch in Bezug auf die dritte Kategorie der Minimalanforderungen herauszuarbeiten und so ein vollständiges Bild zu gewinnen.

Die Haupthindernisse für eine christliche Begründungsargumentation

Bevor ich im nächsten Kapitel auf die klassischen Versuche eingehen werde, Gottes Existenz und Eigenschaften zu beweisen, halte ich es für sinnvoll, die Haupthindernisse herauszuarbeiten, die derartige Beweise überwinden müssen. Man kann dann umso besser verstehen, wie unwahrscheinlich es ist, dass das Christentum jemals eine akzeptable Begründungsargumentation für seinen Gott und seine „Moral" entwickeln kann – und warum dies während der letzten zweitausend Jahre nicht gelungen ist.

---

186 J. L. Mackie: The Miracle of Theism. Oxford, 1982. Norbert Hoerster (Hrsg.): **Glaube und Vernunft. Texte zur Religionsphilosophie.** München, 1979. Norbert Hoerster: **Die Frage nach Gott.** München 2007.

Wer trägt die Beweislast?

Von Gläubigen ist immer wieder zu hören, der Atheismus könne nicht beweisen, dass es keinen Gott gebe. Das stimmt – in einem gewissen Sinne. Daraus aber zu folgern, der Gottesglaube sei vernünftig, plausibel oder gar ebenso plausibel wie der Atheismus, ist schlicht und einfach ein kapitaler Fehlschluss. Warum? Wir gehen davon aus, dass viele Dinge, von denen wir reden, tatsächlich nicht existieren: Frau Holle, Rumpelstilzchen, der Osterhase, Einhörner, der Äther, Hexen, die Zahnfee usw. Woher aber wissen wir, dass es sie nicht gibt? Erstens gibt es keine glaubwürdigen Augenzeugenberichte, die Existenz und Wirken dieser Entitäten bezeugen würden. Zweitens können wir keines dieser Wesen aufspüren. Drittens können wir uns erklären, wie es dazu kam, dass manche Leute an diese Entitäten glauben oder geglaubt haben. Wir können uns z. B. den Glauben an Hexen erklären und wissen, wie es kommt, dass Kinder an die Zahnfee und den Osterhasen glauben. Viertens können wir uns die Phänomene, die mit diesen Wesen in Zusammenhang gebracht werden, besser ohne sie erklären. Es schneit auch ohne Frau Holle, unsere physikalischen Theorien kommen ohne Äther aus – auch auf Hexen können wir verzichten, um uns diese Welt zu erklären. Meistens jedenfalls. Und wo die Ostereier herkommen, wissen wir auch. Also: Wir wissen, dass es diese Dinge nicht gibt, einfach weil wir keine guten Gründe haben, an ihre Existenz zu glauben. Und weil wir mit ihrer Hilfe die Welt nicht besser verstehen können.

Das schließt rein logisch betrachtet zwar nicht aus, dass es irgendwo im Universum Einhörner gibt oder bei einer Ausgrabung im Jahr 2089 das Skelett eines pferdeähnlichen Wesens mit einem langen Horn auf dem Kopf gefunden wird. Das schließt rein logisch auch nicht aus, dass wir in Zukunft vielleicht Menschen finden, die über hexerische oder „paranormale" Fähigkeiten verfügen. Und das schließt logisch auch nicht aus, dass es irgendwann eine brauchbare physikalische Theorie geben könnte, die erneut so etwas wie einen Äther postuliert. Aber die bloße logische Möglichkeit erlaubt natürlich nicht den Schluss auf eine nennenswerte Wahrscheinlichkeit. Es ist ja auch logisch möglich, dass ich am nächsten Samstag 6 Richtige mit Superzahl im Lotto haben werde. Aber auf Basis dieser Möglichkeit voller Vorfreude zu kündigen und einen Kaufvertrag für einen Ferrari zu unterschreiben, ist sicher nicht sonderlich vernünftig. Also: Wir haben sehr gute Gründe für die Annahme, dass es die oben erwähnten Dinge tatsächlich nicht gibt. Anders ausgedrückt: Wer uns von der Existenz Frau Holles oder des Rumpelstilzchens überzeugen möchte, trägt die Beweislast. Es liegt an ihm, gute Argumente vorzubringen. Der simple Verweis auf die logische Möglichkeit ihrer Existenz ist für sich genommen kein gutes Argument.

Genau diese Einsicht steht ja auch hinter den zahlreichen und immens aufwändigen Versuchen christlicher Denker, die Existenz Gottes plausibel zu machen. Man begnügt sich eben nicht mit dem Verweis auf eine logische Möglichkeit. Es wird an die Glaubwürdigkeit der Heiligen Schrift appelliert, an das Vorliegen offenbarter Gotteserkenntnis und an Sachverhalte, die nur oder am besten durch die Existenz und das Wirken eines Gottes mit bestimmten Eigenschaften erklärt werden können. Also: Die Beweislast für seine Existenzbehauptung bezüglich Gott liegt auch nach Meinung vieler Theologen eindeutig beim Christentum.

Daneben gibt es einen weiteren Grund, warum die Christen nicht ohne einen wirklich überzeugenden Gottesbeweis auskommen können. Ich habe schon erklärt, dass Moral Forderungen an andere Menschen stellt und dass genau deshalb diese Forderungen gegenüber den Adressaten begründet werden müssen. Ein Beispiel: Wenn jemand sich dazu entschließen sollte, an Dienstagen das Haus nur mit einer roten Pappnase im Gesicht zu verlassen, so ist ihm das natürlich erlaubt und vergönnt. Würde er aber Ihnen (bei Strafe) vorschreiben wollen, sich auch an dieses Gebot zu halten, so möchten Sie eine Begründung dafür haben. Sie möchten wissen, warum Sie diese Regel befolgen sollten. Vor allem, wenn Sie kein Fan von roten Pappnasen sind. Ähnlich ist die Situation in Bezug auf Gottesbeweise. Solange jemand schlicht und einfach an eine allgütige, allmächtige etc. Gottheit glaubt und sein Leben auf Basis dieses Glaubens gestaltet, so darf er das natürlich. Leitet er aber aus seiner religiösen Überzeugung einschneidende Forderungen an andere Menschen ab, wie diese sich (bei Strafe) zu verhalten haben, so obliegt es ihm, diese Forderungen zu begründen. Und zwar so, dass die anderen diese Begründung nachvollziehen und akzeptieren können. Er muss sie überzeugen. In anderen Worten: Er trägt die Beweislast für seine Forderungen. Wenn also, wie üblich, auch von Nichtchristen gefordert wird, sich an die „christliche Moral" zu halten, weil diese von Gott für uns alle gesetzt sei, so obliegt es dem Christentum, diese Behauptung sauber zu begründen.

Die Argumentation gegen den Atheismus ist eigentlich das kleinste Begründungsproblem des Christentums

Religionen gibt es wie Sand am Meer. Viele sind mittlerweile wieder verschwunden, ohne dass wir nähere Informationen über ihre Lehren hätten. Beispiele dafür sind die Religionen der Kelten, der Etrusker, des Zoroaster oder der Hethiter. Die Inhalte anderer, auch nicht mehr praktizierter Religionen kennen wir besser. Über die Religionen des Alten Ägypten, der antiken Griechen und Römer wissen wir recht viel. Am besten Bescheid wissen wir vermutlich über die „Lehren" der aktuell praktizierten Religionen wie des Islam, des Hinduismus und eben des Christentums. Diese enorme Vielfalt an Religionen bringt natürlich eine Vielfalt „moralischer Lehren" mit sich. Die normativen Inhalte des Hinduismus unterscheiden sich z. B. prima facie in vielerlei Hinsicht stark von denen des Christentums oder des Islam. Zumindest gilt das für gängige Interpretationen und ganz speziell für die jeweilige Sexualmoral.

Und damit ist eine zentrale Herausforderung für die Begründung jeder „religiösen Moral" benannt. Es reicht nicht aus, die Skepsis des Atheisten zu überwinden. Es gilt darüber hinaus, die eigene Religion bzw. die damit verknüpfte „Moral" gegen alle anderen Religionen als „die richtige" auszuzeichnen! Dabei appelliert jede Religion an die gleichen Kategorien von Indizien und Belegen. So hält jede Religion „ihre" Wunder für gut bezeugt; die Auferstehung von den Toten, die Heilung unheilbar Kranker, die Hilfe für Personen, Heere oder Stämme in aussichtsloser Lage etc. gehören wie Jungfrauengeburten und Himmelfahrten zum Standardrepertoire. Daneben verfügt jede Religion über zahlreiche Offenbarungen des jeweiligen Gottes oder der Götter, über Propheten und erfüllte Prophezeiungen, Heilige als Glaubenszeugen und Heilige Schriften, deren Ursprung selbstverständlich auf die jeweils verehrten göttlichen Wesen zurückgeführt wird und nur so erklärt werden könne.

Was heißt das für das Christentum? Es gilt nicht nur, die Existenz von Wundern, Offenbarungen, Propheten und die „Heiligkeit" religiöser Schriften als im Prinzip plausibel zu erweisen. Darüber hinaus müssen deren christliche Varianten als „wahr" und die nichtchristlichen als „falsch" erwiesen werden! Die zur Zeit gerne verfolgte Taktik gewisser Theologen, die Unterschiede in den Religionen herunterzuspielen und das Wesentliche in einem gemeinsamen Kern zu sehen, kann nicht aufgehen. Wir haben ja schon gesehen, dass sich nicht einmal die Christen selbst bzw. nicht einmal die einzelnen christlichen Konfessionen auf so etwas wie ein Moralsystem oder auch nur eine Menge brauchbarer Grundannahmen einigen können. Gleiches gilt für Glaubensinhalte und so triviale Dinge wie die Gestaltung des Gottesdienstes. Dass alle oder die meisten Religionen das schaffen können, ist schwer vorstellbar – gerade angesichts einer Menschheitsgeschichte, die voll ist von so gewalttätigen wie hirnlosen religiösen Auseinandersetzungen.

Also: Es ist schlicht und einfach nicht zu sehen, wie eine derartige Argumentation für das Christentum bzw. eine bestimmte christliche Konfession als einzig wahre Religion aussehen könnte. Im Christentum jedenfalls ist sie bis heute nicht einmal ansatzweise zu finden. Zur Begründung der Ansprüche einer „christlichen Moral" wäre sie allerdings unbedingt nötig.

Warum sollen wir eigentlich die Gebote Gottes befolgen?

Weiter oben habe ich skizziert, welches Bild uns das Christentum zur Begründung seiner Religion und „Moral" anbietet. Die „christliche Moral" sei verbindlich, da für uns von Gott gesetzt. Wir sollen uns an ihre Normen halten, weil Gott es so möchte, befohlen hat, es von uns bei Strafe fordert. Das hört sich erst einmal plausibel an – warum sollten wir den Befehlen eines allgütigen, allmächtigen und allweisen Wesens nicht Folge leisten?

Schon der junge Platon stellt diesen Begründungsansatz in seinem Dialog *Eutyphron* grundsätzlich in Frage.[187] Und zwar, indem er aufzeigt, dass er direkt in ein Dilemma führt. Dessen Auflösung ist der christlichen Religion bis heute nicht gelungen. Platon wirft folgende Frage auf: Warum sollen wir uns eigentlich an den Geboten Gottes orientieren? Zwei grundsätzlich verschiedene Antworten sind möglich: Erstens, Gott habe genau diese Normen erlassen, weil es die moralisch richtigen Normen sind. Gott habe deren Richtigkeit erkannt und genau deshalb diese Normen für uns in Kraft gesetzt. Diese Antwort ist für Christen allerdings nicht akzeptabel. Denn sie impliziert, dass diese Normen unabhängig von Gottes Willen und Gottes Einsicht die richtigen sind. Das aber heißt wiederum, dass es einen moralischen Maßstab gibt, an dem auch Gott sich orientiert bzw. orientieren möchte und der unabhängig von ihm existiert. Und somit beginnt der Fragezyklus, der durch den Verweis auf Gott als Quelle moralischer Normen beendet hätte werden sollen, von Neuem: Warum sind diese Gebote, die Gott für uns gesetzt hat, die richtigen? Aus welcher Quelle leiten sie ihre moralische Richtigkeit und Autorität ab? Können wir das moralisch Richtige nicht ohne Gott bzw. unabhängig von ihm erkennen? Kommt die Moralbegründung dann nicht ohne einen Gott aus?

---

187 Platon: **Werke (in 8 Bänden)**. Hrsg.: G. Eigler. Band 1. Darmstadt, 1990 (Sonderausgabe).

7. Kapitel

Die zweite mögliche Antwort ist für das Christentum ähnlich unattraktiv. Gott habe genau diese Normen erlassen, weil er es einfach so wollte bzw. will. Sie sind richtig und für uns verbindlich, weil wir Gott unbedingt und kompromisslos gehorchen müssen. Und zwar unabhängig von unserer Beurteilung der moralischen Qualität dieser Anordnungen oder Normen. Also: Wenn und weil Gott sagt, etwas sei gut und richtig, dann ist das ipso facto auch so. Punkt – und Ende der Debatte. Einen konsequenten christlichen Vertreter dieser Antwort haben wir schon kennengelernt. William L. Craig rechtfertigt Jahwes Ausrottungsbefehl in Bezug auf die Kanaaniter genau nach diesem Schema:

> What that implies is that God has the right to take the lives of the Canaanites when He sees fit. How long they live and when they die is up to Him.
> So the problem isn't that God ended the Canaanites' lives. The problem is that He commanded the Israeli soldiers to end them. Isn't that like commanding someone to commit murder? No, it's not. Rather, since our moral duties are determined by God's commands, it is commanding someone to do something which, in the absence of a divine command, would have been murder. The act was morally obligatory for the Israeli soldiers in virtue of God's command, even though, had they undertaken it on their own initiative, it would have been wrong. On divine command theory, then, God has the right to command an act, which, in the absence of a divine command, would have been sin, but which is now morally obligatory in virtue of that command.[188]

Zur Erinnerung: Für die Frage nach der Moralbegründung taucht an dieser Stelle natürlich sofort die erkenntnistheoretische Problematik auf. Wie können wir Gottes Befehl jeweils erkennen und Irrtum oder Missverständnis ausschließen? Woher wissen speziell die Christen, dass der Befehl nicht von Satan kommt, der sich geschickt und heimtückisch als Gott tarnt? Wir haben schon gesehen, dass es dafür kein Kriterium gibt. Und somit haben wir es mit einer Scheinbegründung

---

188 www.reasonablefaith.org/slaughter-of-the-canaanites

von Moral zu tun – allerdings mit einer sehr gefährlichen. Sie kann Hass, Mord und Totschlag Tür und Tor öffnen und hat dies auch oft genug getan.

Die normative Problematik ist allerdings nicht geringer und der eigentlich interessante Punkt an Platons Dilemma. Warum müssen wir Gott eigentlich gehorchen bzw. ihm glauben, dass diese Normen die moralisch richtigen sind? Eine mögliche Antwort lautet so: Weil er allmächtig und somit unendlich viel mächtiger ist als wir. Das ist allerdings nicht viel mehr als ein Appell an Klugheit und Eigeninteresse: Leg' Dich nicht mit jemand an, der viel stärker und mächtiger ist als Du! Oder: Beuge Dich der Macht! Es ist mehr als fraglich, ab das zur Begründung des „christlichen Moralsystems" ausreicht. Gerade christliche Denker kreiden es dem Philosophen Thomas Hobbes gerne an, angeblich diesen Begründungsansatz in seinem klassischen Werk zur Staats- und Moralphilosophie *Leviathan* (erstmalig 1651 erschienen) gewählt zu haben.[189] Denn Macht alleine sei keine adäquate Quelle für Gerechtigkeit. Diesem Gedanken stimme ich zu. Macht und das mit ihr verknüpfte Drohpotential kann zwar empirisch erklären, warum Menschen bestimmten Regeln folgen. Sie kann auch erklären, warum es klug ist, sich tatsächlich diesen Regeln zu beugen (solange man in Reichweite dieser Macht ist). Sie kann diese Regeln aber nicht als die moralisch richtigen oder gerechten auszeichnen. Macht per se ist keine Begründungsbasis für Normen. Sonst wäre ja jeder noch so verrückte oder bösartige Diktator oder gar Satan eine brauchbare Quelle für moralische Normen. Damit aber kann auch unendliche Macht das nicht sein.

Eine weitere mögliche Antwort ist diese: Wir sollen Gott unbedingt und kompromisslos gehorchen, weil er uns geschaffen hat. Auch diese Antwort befriedigt bei näherer Betrachtung nicht; sie bedarf ja selber wieder einer Begründung. Warum sollen wir uns denn in allen wichtigen Fragen an den Vorgaben des oder der Wesen orientieren, die uns geschaffen haben? Sollte das dann nicht auch für Menschen gelten, die

---

189 Thomas Hobbes: **Leviathan**. Hrsg.: Iring Fetcher. Frankfurt, 1984.

uns das Leben gerettet (oder wie unsere Eltern) geschenkt haben? Und wie wären Frankenstein-Fälle einzustufen, falls die Wissenschaft diese eines Tages ermöglichen sollte?

Mein Fazit: Das klassische Dilemma des *Eutyphron* zeigt sehr deutlich, wie dünn und gehaltlos die christliche Vorstellung einer Moralbegründung durch Gott in Wirklichkeit ist. Sie dient für gläubige Menschen vielleicht irgendwie als pschologisch beruhigender Diskussionsstopper, liefert aber gerade nicht die gesuchte Antwort. Sie ist eine Pseudo-Antwort. Vor diesem Hintergrund möchte ich den Leser bitten, darüber nachzudenken, ob der säkulare Begründungsansatz nicht doch dem religiösen weit überlegen ist. Moral ist danach über seine Wirkung als Regelsystem begründet, das dazu dient, friedlich und mit einem Minimum an Gewalteinsatz miteinander auszukommen – bei Wahrung eines möglichst großen Spielraums zur Lebensgestaltung für jeden der Beteiligten. Strafe ist nur dann zulässig, wenn gegen die Kerninteressen von Beteiligten verstoßen wird. Also nur dann, wenn ihre Sicherheit oder ihr Spielraum zur freien Lebensgestaltung verletzt werden. Ist das nicht viel plausibler als die christliche Antwort?[190]

Das Übel in der Welt und das christliche Gottesbild

Die beiden gerade erläuterten Hindernisse für die Plausibilisierung des christlichen Gottesbildes sind beachtlich und dürfen als bisher nicht überwunden gelten. Beide zeigen signifikante Lücken in der christlichen Begründungsargumentation auf. Das nächste Problem verschärft die Lage, indem es das Christentum in seinem absoluten Kern in Frage stellt, nämlich dem Bild eines allgütigen, allwissenden und allmächtigen Gottes.

Das Argument geht von der handfesten Existenz so vieler wie vielgestaltiger Übel in der Welt aus. Zum einen haben wir es mit zahlreichen

---

190 Eine so klare wie exzellente Einführung in diese Thematik bzw. die Fragestellung der Moralphilosophie liefert Norbert Hoerster: **Was ist Moral?** Stuttgart, 2008.

moralischen Übeln zu tun. Das sind Übel, die durch menschliches Handeln entstehen wie Terror, Unterdrückung, Folter, Krieg, Völkermord usw. Die „kleinen" Gemeinheiten im Alltag wie z. B. Mobbing, Diskriminierung und zwischenmenschliche Sadismen jeder Form gehören auch auf diese Liste. Zum anderen gibt es viele natürliche Übel, die ohne menschliches Zutun für Leid, Qual und Tod sorgen: Erdbeben, Wirbelstürme, Tsunamis, Vulkanausbrüche, Seuchen, Krankheiten. Kurz: Eine realistische Betrachtung dieser Welt wird diesen Übeln leider viel Platz einräumen müssen.

Auf Basis dieser Tatsache liegt es nahe, das christliche Gottesbild in Frage zu stellen. Wie kann man angesichts dieser Fülle an Leid und Qual an die Existenz eines allgütigen, allwissenden und allmächtigen Gottes glauben, der diese Welt mit all ihren Übeln erschaffen hat? Der schottische Philosoph David Hume formuliert das Problem sehr elegant in Anlehnung an Epikur so:

> Auf Epikurs alte Fragen gibt es noch immer keine Antwort: Ist er willens, aber nicht fähig, Übel zu verhindern? Dann ist er ohnmächtig. Ist er fähig, aber nicht willens? Dann ist er boshaft. Ist er sowohl fähig als auch willens? Woher dann das Übel?[191]

Humes Diagnose, es gebe auf diese Fragen noch immer keine akzeptable Antwort des Christentums, gilt bis heute. Die Literatur zur Theodizee, also zur Rechtfertigung des Übels in der Welt angesichts eines allmächtigen, allwissenden und allgütigen Gottes, füllt zwar ganze Schrankwände – das Kapitel mit einer sinnvollen Lösung ist aber nicht dabei.[192] Um die Brisanz dieses Problems für das Christentum

---

191 David Hume: **Dialoge über natürliche Religion**. Hrsg.: Norbert Hoerster. Stuttgart, 1981. S. 99. Dieses Buch ist eines der klügsten und schönsten der gesamten westlichen Philosophie.

192 Einen exzellenten Überblick zur philosophischen Debatte bietet Gerhard Streminger: **Gottes Güte und die Übel der Welt**. Tübingen, 1992. Die biblische Argumentationslage beschreibt Bart Ehrman: **God's Problem: How the Bible Fails to Answer Our Most Important Question-why We Suffer**. New York, 2008. Über die Auseinandersetzung mit dieser Thematik wurde Ehrman vom gläubigen Christen zum Atheisten. Die zur Zeit philosophisch ausgefeilteste Formu-

zu veranschaulichen, skizziere ich im folgenden einige der wichtigsten (fehlgeschlagenen) Lösungsansätze.

Übel und Leid als Strafe Gottes

Die Bibel beschreibt das Elend dieser Welt oft, gerne und anschaulich. Die Schilderung diverser Mord- und Bestrafungsszenarien (Ausrottung der Kanaaniter und anderer Stämme, die Sintflut, die Vernichtung von Sodom und Gomorrha, die ägyptischen Plagen etc.) ist vertraut. Aber auch die eher „alltäglichen" Übel sind bekannt:

> Jene verrücken die Grenzen, rauben Herden und führen sie zur Weide. Den Esel der Waisen treiben sie fort, pfänden das Rind der Witwe. Vom Weg drängen sie die Armen, es verbergen sich alle Gebeugten des Landes.
> Sieh, wie Wildesel in der Steppe ziehen sie zu ihrer Arbeit aus; die Steppe suchen sie nach Nahrung ab, nach Brot für ihre Kinder. Auf dem Feld schneiden sie des Nachts, halten im Weinberg des Frevlers Nachlese. Nackt verbringen sie die Nacht, ohne Kleider, haben keine Decke in der Kälte. Vom Regen der Berge sind sie durchnässt, klammern sich ohne Schutz an den Fels. Von der Mutterbrust reißen sie die Waisen, den Säugling des Armen nehmen sie zum Pfand. Nackt müssen sie gehen, ohne Kleid, hungernd tragen sie Garben. Zwischen Mauern pressen sie Öl, treten die Kelter und müssen doch dürsten. Aus der Stadt stöhnen Sterbende, der Erschlagenen Leben schreit laut. Doch Gott achtet nicht auf ihr Flehen.[193]

Zu den diesseitigen kommen speziell im Christentum dank Jesus noch die Leiden und Qualen der Hölle. Diese sind im Unterschied zu weltlichen Leiden von unendlicher Dauer und vermutlich unendlich höherer Intensität. Damit wären wir auch schon bei der ersten

---

lierung der christlichen Position liefert Richard Swinburne: **Providence and the Problem of Evil**. Oxford, 1998.

193 Hiob 24, 2–12.

Erklärung der Heiligen Schrift für Leid und Qual: Leid als verdiente Strafe für begangene Sünden. Das beginnt mit Adam, Eva und deren Vertreibung aus dem Paradies. Die Sünden der Kanaaniter hat für uns ja schon Herr Craig kommentiert, die Sündhaftigkeit aller Menschen außer Noah und seinem Clan erläutert die Bibel und die Bewohner Sodom und Gomorrhas haben laut derselben Quelle ihre Auslöschung mit Stumpf und Stiel ebenfalls redlich verdient. Auch den Ägyptern hat Gott der Allgütige die sieben Plagen geschickt, um seine Macht und Herrlichkeit zu zeigen. Das ist zwar nicht direkt als Strafe zu verstehen, eher als eine Art Machtdemonstration. Aber die Ägypter hatten sicher genug auf dem Kerbholz, damit man bei ihnen ohne Gewissensbisse sanktionstechnisch mal was ausprobieren kann. So weit, so gut. Moralphilosophische Details wie die Fragen nach der moralischen Richtigkeit einer Sippenhaftung über Generationen hinweg, nach der Angemessenheit der oft immensen biblischen Strafen für die damit bedachten Vergehen oder nach der Zulässigkeit, Unschuldige wie Kleinkinder (oder Tiere) als Kollateralschaden oder Mittel der Bestrafung durch einen allgütigen Gott zu verbuchen, lasse ich hier beiseite.[194] Die Grundidee ist ja nicht verkehrt: Gerechte (weltliche!) Strafe erklärt sicher einen Teil des Leides auf dieser Welt. Aber sicher nicht alles. Im Grunde nur den sehr kleinen Teil, der tatsächlich auf konkrete Personen und deren konkrete Taten zurückgeführt werden kann. Woher und warum aber all das andere Leid?

Leid als Prüfung der Glaubensfestigkeit

Von einem weiteren urchristlichen Erklärungsansatz kann Hiob ein Lied singen. Ihm fügt Gott aufgrund eines Disputes mit Satan enormes Leid zu. Worum geht es dabei? Satan behauptet, Hiob sei nur

---

194 Kleine Kinder zieht der Allgütige übrigens recht gerne als Objekt bzw. Mittel seiner Bestrafungsaktivitäten heran. So wird David durch Krankheit und Tod des Kindes bestraft, das er mit Batseba gezeugt hatte. Später verträgt man sich wieder und Jahwe schenkt David und Batseba einen neuen Sohn (Salomon). Und damit ist dann auch alles wieder gut, Schwamm drüber. Die Geschichte findet sich in 2. Samuel 11 und 12.

fromm und gottesfürchtig, solange er in Wohlstand und Glück lebe. Gott der Allwissende und Allgütige erlaubt Satan daraufhin, das Gottvertrauen Hiobs sorgfältig zu prüfen. Dafür zieht Satan so ziemlich alle Register, aber so ist er halt. Hiob verliert sein Vermögen, seine Gesundheit, fast alle seine Knechte (Sklaven) und alle seine Kinder (!). Sein Gottvertrauen verliert er trotzdem nicht. Gott belohnt ihn dafür mit der Wiederherstellung seiner materiellen Güter, seiner Gesundheit, schenkt ihm neue Knechte (Sklaven) und genauso viele Kinder wie er vorher hat sterben lassen, nämlich sieben neue Söhne und drei Töchter. Also: Happy End. Ich bin sicher, dass William L. Craig auch zu dieser Geschichte Erhellendes zu sagen wüsste – aber auf Details kommt es mir hier nicht an. Es geht vielmehr um einen zweiten Erklärungsansatz für das Leid in dieser Welt: Gott prüft die Glaubensstärke „seiner" Menschen, indem er sie quält oder quälen lässt.

Vielleicht kann man ja als Christ Tsunamis, Ebola und Leukämie bei Kindern tatsächlich als Gesinnungsprüfung „erklären". Damit provoziert man aber einige skeptische Fragen: Wie kann ein allgütiger und allwissender Gott sich auf so ein prima facie abscheuliches Spiel einlassen? Er weiß doch, wie es im Einzelfall ausgehen wird; warum sagt er das dem Satan nicht einfach? Etwa weil Satan ihm das nicht glauben wird? Und warum immer und immer wieder und bei so vielen Menschen? Und warum auch bei solchen, die von ihm und seiner Frohbotschaft noch nie auch nur ein Wort gehört haben? Und warum bei manchen ausgesprochen üblen Zeitgenossen gar nicht? Krebs bei Kindern als Test des Gottvertrauens? Kindesmissbrauch als Gesinnungsprüfung? Ebola als Teil einer kleinen Wette mit Satan?

Satan als Urheber des Übels

Damit wären wir bei einem dritten biblischen Erklärungsansatz angekommen: Satan. Die Übel dieser Welt wurzeln demnach gar nicht in Gott, sondern seien durch Satan und andere Teufel verursacht. Die Bibel sagt uns allerdings an entscheidenden Stellen etwas anderes. Gott selbst befiehlt den Israeliten die mörderische Landnahme, sendet den Ägyptern alle möglichen Plagen, befiehlt Moses, die von Jahwe abgefallenen Stammesgenossen umzubringen, verursacht die Sintflut und die Vernichtung Sodom und Gomorrhas und so weiter und so fort. Satan ist also bestenfalls für einen Teil des Leides in dieser Welt verantwortlich. Liest man die Bibel genauer, sogar nur für einen verschwindend kleinen Teil im Vergleich zum Wirken des allgütigen und barmherzigen Gottes. Aber dieser Erklärungsansatz durch „Satan und seine Machenschaften" ist angesichts eines allmächtigen, allwissenden und allgütigen Gottes kaum haltbar: Wie kann ein so beschriebener Gott zulassen, dass ein Wesen wie Satan so viel Böses tut und Leid verursacht? Kann er ihm nicht in den Arm fallen? Oder will er ihn nicht bremsen? Epikurs Frage bleibt unbeantwortet.

Das Übel geht vom freien Willen aus

Das vermutlich populärste Standardargument der Christenheit verweist auf den freien Willen des Menschen und dessen enormen Wert. Was den Menschen zum Menschen und somit so wertvoll mache, sei sein freier Wille. Dieser unterliege gerade nicht den sonst in dieser Welt geltenden Kausalbeziehungen. Und freier Wille könne eben auch in Handeln münden, das Leid und Übel erzeugt. Diese müsse man folglich als notwendige Übel verstehen, ohne die das enorme Gut des freien Willens nicht existieren könnte. Gott ist also dankenswerterweise dafür verantwortlich, dass es ein hohes Gut gibt, nämlich Menschen mit freiem Willen – nicht aber für deren freie Entscheidungen, die daraus erwachsen (für das Böse). Das ist den Menschen selbst zuzurechnen. So richtig plausibel ist das prima facie aber auch nicht. Schließlich hat Gott nach christlicher Lehre uns Menschen geschaffen und ist somit gemäß dem Verursacherprinzip mindestens teilverantwortlich für die für ein allwissendes Wesen mit Sicherheit vorhersehbaren Folgen.[195]

---

[195] Gleiches gilt natürlich für die Erbauer von Kernkraftwerken, die außer Kontrolle geraten. Die können sich auch nicht dadurch entschuldigen, dass der eine oder andere Reaktor halt ein Eigenleben entwickelt hat, das so nicht absehbar war.

Dieser Verweis auf den freien Willen ist sicher nicht mehr als die Skizze einer Grundidee, aus der durch Präzisierung verschiedene konkrete Argumente erst zu gewinnen sind. Zwei Grundvoraussetzungen sind allerdings philosophisch äußerst umstritten. Erstens ist es mehr als fraglich, ob die Rede von einem freien Willen, der völlig losgelöst vom Kausalnexus dieser Welt tätig ist, überhaupt Sinn macht oder gar plausibilisiert werden kann. Das wäre im Grunde nur als Frontalangriff auf unser wissenschaftliches Weltbild zu verstehen – und mit dieser Strategie hat sich das Christentum bisher ausschließlich Niederlagen eingehandelt. Natürlich können wir viele Fragen zum Menschen und seinen Fähigkeiten noch nicht angemessen erklären – aber das ist zu erwarten und charakterisiert gerade die Geschichte der Wissenschaft, die sich Schritt für Schritt „voranarbeitet". Aus der Existenz von Wissenslücken zu einem bestimmten Zeitpunkt auf die prinzipielle Unmöglichkeit zu schließen, diese Lücken später mit Erkenntnis zu füllen, bedarf einer sehr überzeugenden und sorgfältigen Argumentation. Ein erster Eindruck, man habe es mit unerklärlichen Phänomenen zu tun, reicht dafür nicht aus. Die Philosophie des Geistes jedenfalls hat diese Argumente bis heute nicht geliefert. Die Theologie schon gar nicht.

Zweitens lässt sich mit guten Gründen eine Wertordnung anzweifeln, die den freien Willen an oberste Stelle rückt. Vor allem, wenn man dessen Auswüchse bedenkt. Kommt es nicht vielmehr (auch) auf andere Dinge an, z. B. ein geglücktes Leben als ganzes, ein Leben voller substantieller Freuden wie Freundschaft und Liebe? Auch in dieser Beziehung fehlen dem Christentum überzeugende Argumente.

Aber selbst wenn wir diese durchaus strittigen Grundvoraussetzungen akzeptieren, ist es noch ein sehr weiter Weg zu einer Rechtfertigung des Übels in dieser Welt auf Basis des freien menschlichen Willens. Könnte ein allmächtiger, allwissender und allgütiger Gott „seine" Wesen mit freiem Willen denn nicht mit etwas anderen Fähigkeiten und Eigenschaften ausstatten, als uns? Warum nicht mit etwas mehr Potential zu einem anständigen Charakter? Warum nicht mit etwas mehr Einfühlungsvermögen? Warum nicht mit etwas mehr Intelligenz und Verstand? Warum nicht mit etwas weniger Potential zu Habgier, Neid, Rachsucht, Aberglaube oder religiösem Fanatismus? Durch eine etwas verbesserte Grundausstattung in Kombination mit einem freiem Willen könnten sicherlich viele Leiden und Übel vermindert oder ganz verhindert werden. Möglich wäre das, schließlich hat Gott solche „edlen" Menschen ja selbst geschaffen. Warum eigentlich nicht (viel) mehr von dieser Sorte?

Und warum greift Gott angesichts der schrecklichen Folgen freier Willensentscheidungen nicht wenigstens hin und wieder mildernd oder korrigierend ein? Schließlich ist er allwissend und allmächtig. Zahlreiche Bibelstellen schildern ja auch derartige Eingriffe in das Weltgeschehen. Hat er damit inzwischen aufgehört? Warum denn? Wie konnte er Hitler, Pol Pot, Stalin zulassen? Warum hat er die Kreuzzüge und den Massenmord an den Indios nicht verhindert? Hätte er vor der Münchner Feldherrnhalle die Bahn einer bestimmten Kugel nicht etwas mehr in Richtung Hitlers Herz lenken können? Er wusste doch, was kommen wird!

Bleibt noch, auf die prinzipielle Grenze der Leistungsfähigkeit dieser „Rechtfertigung aus dem freien Willen" hinzuweisen. Die natürlichen Übel wie Naturkatastrophen, Seuchen, Krankheiten etc. werden dadurch nicht erklärt. Sie werden ja nicht durch Menschen bzw. deren freie Entscheidungen verursacht. Es sei denn, man ist bereit, in einem Wirbelsturm wie Katrina eine göttliche Strafaktion gegen das Sündenbabel New Orleans zu sehen. Nicht wenige christliche Theologen und Priester bringen genau diese Bereitschaft mit. So auch der österreichische Pfarrer Gerhard Wagner, der fast Weihbischof von Linz geworden wäre:

> „Der Hurrikan ‚Katrina' hat […] nicht nur alle Nachtclubs und Bordelle vernichtet, sondern auch alle fünf (!) Abtreibungskliniken. […] Wussten Sie, dass 2 Tage danach die Homo-Verbände im französischen Viertel eine Parade von 125.000 Homosexuellen geplant hatten? Wie erst so langsam bekannt wird, sind die amoralischen Zustände in dieser Stadt unbeschreiblich. […] Ist die auffallende Häufung von

Naturkatastrophen nur eine Folge der Umweltverschmutzung durch den Menschen, oder mehr noch die Folge einer ‚geistigen Umweltverschmutzung'? Darüber werden wir in Zukunft verstärkt nachdenken müssen."

Dieser Versuch Wagners, das Theodizeeproblem zu lösen, wurde von der Katholisch-Theologischen Fakultät der Universität Wien in einer offiziellen Stellungnahme als „theologisch unhaltbare Kommentierung von Naturereignissen"[24] verurteilt.[196]

Warum soll dieses Argument eigentlich theologisch unhaltbar sein? Es gibt zahlreiche biblische Präzedenzfälle für flächendeckende göttliche Strafaktionen wie die Sintflut oder die Vernichtung von Sodom und Gomorrha. Da hat Jahwe höchstselbst doch auch mit entschlossener und harter (aber natürlich liebevoller und barmherziger) Hand den jeweiligen Sündenpfuhl aufgeräumt. Warum also nicht in New Orleans? Oder sind diese biblischen Geschichten irgendwie nur metaphorisch oder bildlich zu verstehen? Vielleicht als die Sintflut „in uns" in Anlehnung an das Böse und die Hölle „in uns" bei den Theologen Bultmann oder Rahner? Wo bleiben aber dann die Arche Noah und die ganzen Tiere? Auch „in uns" – irgendwie? Gerade höre ich in den Nachrichten, Papst Franziskus wäre im Rahmen seines Besuches auf den Philippinen einem Wirbelsturm nur sehr knapp, tatsächlich in letzter Minute, entgangen. Die Gläubigen, die nicht wie ihr Oberhirte wegfliegen konnten, hat es hingegen voll erwischt. Eine Helferin wurde gleich nach der Papstmesse von einem herabfallenden Lautsprecher erschlagen. Was heißt das jetzt wieder?

Das Übel als Mittel für einen höheren Zweck

Recht oft werden Varianten der folgenden Überlegung als Lösung des Theodizee-Problems angeboten: Das Übel in dieser Welt sei notwendig, um ein höheres Gut zu realisieren. Man solle bzw. müsse das

---

196 **Wikipedia**: Stichwort „Gerhard Wagner (Priester)".

Leid und die Übel dieser Welt als notwendige Investition betrachten, denn nur so lasse sich ein bestimmter Zweck erreichen. Die Grundstruktur ist dabei die eines Analogieargumentes: Wir alle wissen, dass ohne Investitionen kein Gewinn zu erzielen ist. Wer ein guter Sportler werden und Wettkämpfe gewinnen will, muss lange und hart trainieren. Wer ein Musikinstrument erlernen möchte, muss üben, üben und üben. Wer seine Kinder zu verantwortungsvollen und selbständigen Erwachsenen erziehen möchte, muss zulassen, dass sie Fehler machen, die durchaus schmerzhaft sein können – auch für die Eltern. Aus Niederlagen und Rückschlägen kann und soll man wertvolle Lehren intellektueller und charakterlicher Art ziehen. Auch die religiöse Variante des Investitionsgedankens ist im Christentum bekannt. Schmerz und Leid werden hin und wieder als selbstauferlegte Buße zur Gewinnung ewiger Seeligkeit eingebucht. Die extreme Variante gibt es ebenfalls: Leid mutiert zum Zweck an sich; ein leidvolles Leben wird dann per se als wertvoll erachtet. Die „materielle Parallele" zu diesem psychologischen Mechanismus verkörpert der Geizkragen: Für ihn ist materieller Besitz von einer Investition, also einem Mittel oder Werkzeug, zum Zweck an sich geworden.

Die Einwände gegen diesen Ansatz liegen auf der Hand. Dafür muss man nicht einmal das von Gott durch das Mittel Leid, Qual und Übel angestrebte höhere Gut näher definieren. Wesentliches Element der gerade als Analogie angeführten Beispiele ist ja, dass sie uns als endliche Wesen betreffen, die mit ihren begrenzten Fähigkeiten und Möglichkeiten unentrinnbar in den Kausalnexus dieser Welt eingebunden sind. Deshalb heißt es eben für uns: Ohne Fleiß kein Preis! Da Gott aber nach christlichem Dafürhalten allmächtig und allwissend ist, ist nicht zu sehen, welchen vergleichbaren Einschränkungen er unterworfen sein könnte, um seine Ziele zu erreichen. Wer es schafft, sich selbst und das Universum aus dem Nichts zu erschaffen, ganz zu schweigen von Sachen wie dem Perpetuum Mobile und dem Paradies (!), für den sollte eigentlich jedes sonstige Ziel leicht und ohne signifikante Investition an Leid und Übel erreichbar sein. Also: Für Gott selbst greift dieses Analogieargument sicher nicht.

Eine christliche Variante dieser Argumentationslinie appelliert an höhere moralische Zwecke für uns Menschen als Rechtfertigung des Übels in der Welt. Eben weil wir endlich und unvollkommen sind, müssten wir uns über Übel und Leid als notwendige didaktische Herausforderungen entwickeln. Nur so könnten wir höhere Tugenden wie Gerechtigkeit und Tapferkeit, Augenmaß und wünschenswerte Eigenschaften wie Mitleid und Einfühlungsvermögen entwickeln. Weit kommt man mit derartigen Überlegungen aber nicht. Wer dieses Argument beansprucht, muss erklären, warum z. B. krebskranke Kinder dazu dienen sollen, dürfen oder müssen, dass ihnen nahestehende Personen ihre Tapferkeit und ihr Einfühlungsvermögen auf eine höhere Stufe bringen können. Das soll die bestmögliche Methode sein, die einem allgütigen, allwissenden und allmächtigen Gott einfällt? Echt? Und wie könnte man den begründeten Anfangsverdacht entkräften, das gesamte Übel in dieser Welt übersteige in Bezug auf Qualität und Quantität sehr stark das zur charakterlichen Weiterentwicklung der Menschheit unbedingt nötige Minimum?

Ich fasse zusammen: Das Problem des Übels in dieser Welt kann nicht durch einen Rekurs auf Gottes Strafe für begangene Untaten, als Prüfung der Glaubensstärke, als Werk Satans, als unvermeidlicher Nebeneffekt eines freien Willens oder als notwendiges Übel zur Erlangung eines höheren Zwecks erklärt werden. Auch nicht durch eine Kombination dieser angeblichen Quellen von Leid und Übel. Damit sind zwar nur einige der bekanntesten und populärsten christlichen Entschärfungstaktiken benannt – besser sind die hier nicht erläuterten Alternativen aber auch nicht. Was bleibt, ist eine gängige christliche Argumentationsfigur für diverse Unerklärlichkeiten: Angesichts eines allgütigen, allmächtigen und allwissenden Gottes war, ist und bleibt die Existenz von Leid und Übel in dieser Welt einfach ein Geheimnis. Es handelt sich halt um eines von vielen christlichen Mysterien, die durch unseren schwachen menschlichen Verstand nicht enträtselt werden können. Also darauf können wir uns einigen.

Das Fazit dieses Kapitels: Auf eine Begründung seiner „Morallehre" kann das Christentum nicht verzichten. Dabei liegt die Begründungslast eindeutig auf seiner Seite. Dies alleine schon deswegen, weil die „christliche Moral" ja nur eine von sehr vielen religiösen Alternativen ist. Wie es sich aber gegenüber diesen Alternativen als „wahr" begründen lässt, konnte bis heute nicht beantwortet werden. Gleiches gilt für die Frage Platons, warum wir eigentlich die Gebote Gottes befolgen sollen. Und nach wie vor ist es ein Geheimnis, wie der allgütige, allwissende und allmächtige Gott der Christen mit der Existenz einer Welt voller Leiden, Qualen und Übel vereinbart werden kann.

8. Kapitel: Die Begründungsversuche der christlichen Moral

Im letzten Kapitel habe ich erstens erläutert, warum die Beweislast für die Existenz Gottes und die anderen Behauptungen, die man für die Begründung der „christlichen Moral" benötigt, eindeutig bei den Vertretern dieser Religion liegt. Sie müssen den Nachweis erbringen, dass der von ihnen propagierte Gott mit den von ihnen propagierten Eigenschaften tatsächlich existiert. Damit wäre das zentrale Hindernis einer christlichen Moralbegründung benannt. Und dieses ist alles andere als einfach zu überwinden. Selbst weite Teile der „offiziellen" katholischen Christenheit haben mittlerweile eingesehen, dass das auch für sie gilt. So geht der katholische Katechismus nicht (mehr) davon aus, die Gottesbeweise seien Beweise im eigentlichen Sinn. Sie sollen (jetzt) vielmehr dazu dienen, die Vereinbarkeit des christlichen Glaubens und seiner Geheimnisse mit der Existenz unseres Universums aufzuzeigen:

> Um die Vernunftgemäßheit des Glaubens an Gott aufzuweisen, entwickelte die Theologie sogenannte Gottesbeweise. Selbstverständlich handelt es sich dabei nicht um Beweise, wie sie uns aus der Naturwissenschaft oder aus der Mathematik geläufig sind. Gott ist kein Sachverhalt, der allgemeiner Nachprüfung offensteht. Man kann aber einladen, einen Weg des Denkens mitzugehen. Thomas von Aquin, einer der größten Theologen des Mittelalters, der diese Gottesbeweise besonders ausgebildet hat, spricht nicht umsonst von „Wegen". Einen Weg muß man gehen, damit sich eine Landschaft erschließt. So muß man auch auf den Wegen der Gotteserkenntnis bereit sein, seine Vorurteile abzulegen und sich dem Geheimnis Gottes zu öffnen. Dann kann deutlich werden, daß der Glaube an Gott nicht unvernünftig

ist, sondern durchaus dem Geheimnis, das sich in der Vernunft des Menschen andeutet, entspricht.

Wir könnten freilich nicht nach Gott fragen, wenn wir von Gott noch nie etwas gehört hätten, wenn wir von seiner Wirklichkeit nicht im Innern berührt wären, wenn uns noch keinerlei Erfahrung Gottes zuteil geworden wäre. Die Gottesbeweise sollen also den Glauben nicht durch Wissen ersetzen, sondern umgekehrt gerade zum Glauben einladen, im Glauben bestärken und Rechenschaft vom Glauben geben.[197]

Für eine Begründung von Normen reicht dieser reduzierte Anspruch natürlich nicht aus. Die „christliche Moral" soll ja auch für jene gelten, die noch keine Gotteserfahrung gemacht haben oder so etwas nie erleben werden. Ganz zu schweigen von denen, die eine andere, also nichtchristliche Gotteserfahrung hinter sich haben – oder irgendwelche anderen, esoterisch-mystischen Erfahrungen. Zweitens habe ich drei zentrale inhaltliche Hindernisse für etwaige Beweisversuche erläutert: Die enorme Vielfalt religiöser Glaubenssysteme und der jeweils mit ihnen verknüpften „Morallehren", die sokratischen Zweifel an der Sinnhaftigkeit der Idee eines Gottes als Quelle der Moral und die Frage nach der Vereinbarkeit eines allgütigen, allwissenden und allmächtigen Gottes mit dem real existierenden Übel und Leid dieser Welt.

Wie hat das Christentum versucht, diese Hindernisse zu überwinden? Zum Abschluss der Diskussion möglicher Begründungsformen „christlicher Moral" werde ich einige klassische Überlegungen kritisch unter die Lupe nehmen, die die Existenz Gottes beweisen oder zumindest als plausible Möglichkeit erweisen sollen. Um Missverständnisse zu vermeiden: Eine umfassende und detaillierte Diskussion dazu kann dieses Buch bzw. Kapitel nicht leisten. Mir geht es lediglich darum, das weit verbreitete Vorurteil zu entkräften, Moral benötige Gott oder

---

[197] Deutsche Bischofskonferenz (Hrsg.): **Katholischer Erwachsenenkatechismus.** Band 1, 1985. S. 30.

Religion als Fundament. Dies aber nicht, indem ich die Schwachstellem sämtlicher Varianten aller möglichen Gottesbeweisversuche diskutiere. Ich möchte vielmehr dem Leser Denkanstöße und Anregungen in Form kritischer Fragen vermitteln, die ihn dabei unterstützen sollen, dieses Vorurteil als solches zu erkennen und es auf Basis eigener Überlegungen in Frage zu stellen. Damit wäre dann auch der letzte Bezug zwischen Moral und Religion aufgelöst.[198]

Der ontologische Gottesbeweisversuch

Dieser Versuch, die Existenz Gottes zu beweisen, nimmt eine Sonderstellung in der Gesamtdebatte ein. Es ist der Versuch, Gottes Existenz a priori zu erweisen, also unabhängig von jeder Erfahrung, alleine als zwingendes Ergebnis präzisen und konsequenten Nachdenkens über den Begriff Gottes.[199] Die Ur-Version verdanken wir dem Heiligen Anselm, in der Neuzeit hat Descartes eine Variante formuliert. Auch einige zeitgenössische Philosophen und Theologen glauben an diese Beweismöglichkeit; genannt sei der besonders unermüdliche Alvin Plantinga. Heutzutage spielt vor allem die Modallogik eine tragende Rolle bei der Formulierung ontologischer Beweisversuche. Es handelt sich dabei um eine Logik, die den Bereich der Wahrheit in notwendige und mögliche Wahrheiten unterteilt. Die Existenz Gottes soll natürlich als notwendige Wahrheit erwiesen werden.

Worin besteht die Kernidee des ontologischen Beweisversuches? Im ersten Schritt wird der Begriff Gottes definiert. Gott sei das Wesen, das vollkommen ist, also ohne Ausnahme sämtliche Vollkommenheiten in sich vereine. Zu diesen Vollkommenheiten aber gehöre zweifellos seine Existenz. Im zweiten Schritt soll gezeigt werden, dass diese

---

198 Zusätzlich zu den bereits im letzten Kapitel genannten Büchern, findet sich ein guter Überblick in G.Kreis, J. Bromand (Hrsgg.): **Gottesbeweise: von Anselm bis Gödel**. Frankfurt, 2011.

199 Eine sehr lesenswerte Analyse liefert Wolfgang Röd: **Der Gott der reinen Vernunft: Ontologischer Gottesbeweis und rationalistische Philosophie**. München, 2009.

Definition tatsächlich erfüllt sein muss. Wäre sie nämlich nicht erfüllt, so würden wir Gott damit als nicht existierend denken. Das aber sei gar nicht möglich. Existenz ist ja eine Vollkommenheit und somit in der Definition des Gottesbegriffes enthalten. Wir würden im Grunde behaupten, dass das vollkommenste Wesen, zu dessen Eigenschaften die Existenz gehöre, nicht existiere. Und darin sehen die Vertreter dieses Beweisansatzes einen Widerspruch oder ein Paradox. Und daraus folgern sie, die Existenz Gottes sei bewiesen.

Wie gesagt: Diese Skizze soll die Grundidee veranschaulichen; sie kann eine präzise, formale Ausgestaltung nicht ersetzen. Allerdings lassen sich drei klassische, sehr allgemeine und grundsätzliche Einwände benennen, die wohl auf jede der bisher vorgebrachten Präzisierungen zutreffen. Immanuel Kant hat darauf hingewiesen, dass die Existenz einer Sache oder eines Wesens keine Eigenschaft wie deren Farbe, Gewicht, Größe oder Intelligenz ist. Diesen Gedanken verkörpert übrigens auch die moderne Logik im Anschluss an Frege. Existenz wird formal durch einen Operator ausgedrückt und nicht durch eine Eigenschaft (oder Relation). Umgangssprachlich formuliert: Wir definieren im ersten Schritt einen Begriff, z. B. über eine Liste von Eigenschaften. Wenn wir so über einen Begriff verfügen, dann stellen wir im zweiten Schritt die Frage, ob dieser Begriff erfüllt ist – oder nicht. Stellen wir z. B. fest, dass Autos existieren, so erweitern wir als Folge dieser Erkenntnis den Begriff des Autos nicht um eine weitere Eigenschaft, die der Existenz. Gleiches gilt für den Begriff des Äthers. Stellen wir fest, dass es den Äther nicht gibt, so erweitern wir auf Basis dieser Erkenntnis den Begriff nicht um die Eigenschaft der Nichtexistenz. Gegen Anselms Beweisidee heißt das, dass wir sehr wohl die Behauptung aufstellen und vertreten können, dass das vollkommenste Wesen nicht existiere, ohne in irgendeine Art von Widerspruch oder Paradoxie zu geraten. Anselm hat halt einfach einen Begriff definiert, der nicht erfüllt ist.

Die zweite Plausibilitätsüberlegung gegen die Möglichkeit eines ontologischen Gottesbeweises basiert auf der grundsätzlichen Leistungsfähigkeit der Logik und der Definitionslehre. Letztere kann uns zeigen, welchen Bedingungen eine zulässige Begriffsdefinition genügen sollte – und welche Fehler man beim Definieren machen kann. Sie kann uns aber nicht sagen, ob bestimmte Definitionen erfüllt oder nicht erfüllt sind. Die Logik ist eine formale Wissenschaft, die Folgerungsabhängigkeiten untersucht. Sie kann uns sagen, welche Arten von Folgerungen gültig sind und welche nicht – und zwar aus rein formalen bzw. strukturellen Gründen. Die Logik selbst kann uns aber nicht sagen, ob bestimmte Annahmen über die Welt wahr oder falsch sind. Ein ganz einfaches Beispiel:

- Wenn Sokrates Ostfriese ist, dann ist er ein Landsmann von Otto Waalkes.
- Sokrates ist Ostfriese.
- Also ist Sokrates ein Landsmann von Otto Waalkes.

Dieser Schluss ist formal korrekt. Das heißt: Wenn (!) die beiden Annahmen wahr sind, dann auch die Folgerung. Natürlich ist die Annahme, Sokrates sei Ostfriese, falsch. Und somit ist auch die Folgerung falsch, er sei Landsmann von Otto Waalkes.

Nehmen wir an, der ontologische Gottesbeweis bzw. eine seiner Varianten sei logisch gültig und alle seine Prämissen unabhängig von unserem Wissen über die Welt gewonnen, die darin enthaltenen Begriffe korrekt definiert. Dann wäre ipso facto ein Grundprinzip der Logik verletzt bzw. deren Grenzen überschritten. Ein logischer Schluss würde uns etwas über die Beschaffenheit der Welt vermitteln. Das aber lässt sich als schwerwiegendes Indiz dafür werten, dass mit diesem Schluss bzw. dem logischen System, in dem das Argument formuliert wurde, etwas nicht stimmen kann. Und in der Tat führt uns Anselm bestenfalls zu der Einsicht, dass die Aussage "Gott existiert nicht" in seinem Verständnis irgendwie widersprüchlich oder paradox ist. Dieser (vermeintliche) Widerspruch kann und sollte dann aber dadurch vermieden werden, dass der Gottesbegriff neu oder anders definiert wird – oder dass man die eine oder andere Schlussregel in Zweifel zieht.

Die Entgegnung darauf führt zum dritten Einwand gegen das ontologische Argument. Man könnte ja mit Anselm und gegen Kant behaupten, Existenz an sich sei eine Vollkommenheit und gerade deswegen Bestandteil der Definition des vollkommensten Wesens. Dann lassen sich aber leicht Analogieargumente entwickeln, die dem Heiligen Anselm nicht gefallen dürften. Natürlich können wir auch den Begriff des vollkommenen Doppelpasses, des vollkommenen Slalomlaufes, des vollkommenen Mannes oder des vollkommen Bösen Wesens definieren. Das vollkommen Böse Wesen wäre nicht vollkommen böse, wenn es nicht existierte, oder? Und schon hätten wir relativ anstrengungsfrei die Existenz Satans bewiesen. Ganz zu schweigen von der Existenz des vollkommenen Mannes (und dessen Fähigkeit, den perfekten Doppelpass zu spielen) etc. Also: Es besteht die große Gefahr, dass sich auf Basis der Anselmischen Denkfigur die Existenz zu vieler „vollkommener" Wesen viel zu einfach „beweisen" lässt.[200]

Wie gesagt, bei diesen Hinweisen auf Schwachstellen handelt es sich nicht um präzise Gegenargumente. Diese können nur in Bezug auf konkret ausformulierte Beweisversuche entwickelt werden. Sie können aber als Quelle oder Anregung dafür dienen. Und sie können eine erste Plausibilitätsabschätzung ermöglichen, wie erfolgversprechend der Ansatz des Heiligen Anselm ist. Die aktuelle Diskussionslage sieht so aus, dass es bis heute keine Formulierung des ontologischen Beweisversuches gibt, die sich nicht substantiellen Einwänden ausgesetzt sähe. In der Regel kommen diese Einwände von den Vertretern alternativer ontologischer Beweisversuche.

---

200 Diese Art von Gegenargument wurde bereits vom Mönch Gaunilo vorgebracht, einem Zeitgenossen des Heiligen Anselm. Gaunilo wurde nicht heilig gesprochen.

8. Kapitel

Der kosmologische Beweisversuch

Der kosmologische Beweisversuch ist wesentlich leichter zu verstehen als der sehr abstrakte und intuitionsferne ontologische. Ihm liegt das Bild eines Schöpfergottes zugrunde, also einer Instanz, die für die Existenz des Universums und aller darin enthaltenen Lebewesen und Dinge verantwortlich ist. Fragen wie die folgenden führen recht zwanglos zu dieser Hypothese eines Schöpfergottes:

- Woher kommt eigentlich das Universum?
- Was war denn vor dem Urknall?
- Selbst wenn unser Universum beim Urknall aus einem anderen Universum entstanden sein sollte – woher kam denn dieses Vorgängeruniversum?

Gestützt wird dieses Bild durch „grundsätzliche" Überlegungen wie die folgenden: Von Nichts kommt bekanntlich Nichts – also muss ja auch unser Universum von irgendwoher kommen. Eine endlose Folge von Universen ist nicht vorstellbar. Irgendwann muss es ein Anfangsuniversum gegeben haben – und das kann sich ja schlecht selbst erzeugt haben, oder? Zudem scheint die Idee einer Schöpfung von etwas durch etwas (anderes) irgendwie plausibel im Sinne von „psychologisch vorstellbar" zu sein. Unsere Religionen, Sagen und Märchen sind voll von Göttern, Zauberern und Feen, die etwas plötzlich „aus dem Nichts" erscheinen lassen können. Harry Potter kann das natürlich auch und für einen David Copperfield ist es eine eher leichte Übung, einen BMW auf seiner Bühne erscheinen zu lassen. Also: Logisch unmöglich scheint so etwas nicht zu sein. Und wenn es die einzige oder zumindest eine gute Erklärung für die Existenz des Universums ist ....

Was kann der kosmologische Beweisversuch überhaupt leisten?

Die Antwort darauf sollte für einen ersten Schub der Ernüchterung sorgen. Bestenfalls liefert uns ein kosmologisches Argument Gründe für die Annahme der Existenz eines Etwas vor Beginn unseres Universums, dessen Macht und Fähigkeiten „damals" ausreichend waren, um unser Universum ins Leben zu rufen. Wie groß die Kluft zwischen diesem Ergebnis und dem christlichen Gottesbild ist, macht erstens ein Blick auf das Problem des Übels deutlich. Unsere Welt ist, gelinde gesagt, alles andere als vollkommen. Auf dieser Basis lassen sich diesem Schöpfer-Etwas Eigenschaften wie Allgüte, Allmacht oder Allwissenheit definitiv nicht zuschreiben. Daraus, dass es so ein Schöpfer-Etwas gegeben hat, folgt zweitens auch nicht, dass es noch immer existiert. Vielleicht hat es mit der Schöpfung unseres Universums seine Kraft erschöpft und ist verschwunden – oder existiert seither machtlos und ausgelaugt „irgendwo" vor sich hin. Drittens spricht prima facie nichts dagegen, von mehr als einem Schöpfer-Etwas auszugehen. Vielleicht ist das Universum das Ergebnis einer Mannschaftsleistung. Und viertens kann man die kosmologische Überlegung ja auch auf dieses Schöpfer-Etwas anwenden: Woher kommt es denn eigentlich selbst? Also: Wie so oft im Leben ist der erste Eindruck ein anderer als der durch kritisches Nachdenken gewonnene zweite. Im folgenden möchte ich auf zwei klassische Varianten des kosmologischen Beweisversuches näher eingehen. Wieder ist mein Anliegen das eher bescheidene, gesunde Skepsis beim Leser anzufachen.

Das „einfache" kosmologische Argument

Diese Variante dürfte jedem schon begegnet sein, der mit gläubigen Menschen über die Existenz Gottes diskutiert hat. Das Argument lautet etwa so: Alles, was existiert, hat eine Ursache. Das gilt selbstverständlich auch für die Dinge und die Lebewesen in unserem Universum. Die Wissenschaft kann zwar sehr lange Erklärungswege bzw. Erklärungsketten anbieten, spätestens beim Urknall ist sie aber am Ende ihres Lateins angelangt. Aber selbst wenn es gelingen sollte, durch Analogieschlüsse oder Extrapolation zu skizzieren, was vor dem Urknall geschehen ist – die Ausgangsfrage ist damit nicht beantwortet. Man kann sie ja auch in Bezug auf das stellen, was vor dem Urknall war: Was ist die Ursache des Universums vor „unserem" Urknall? Um hier zu einer befriedigenden Antwort zu kommen, müssen wir eine erste Ursache all dessen annehmen, was die Wissenschaft als Universum oder als Folge von Universen beschreibt. Und diese „Mutter aller Ursachen" ist Gott.

Auch hierzu liefert uns der katholische Katechismus in gewohnter Zuverlässigkeit exzellentes Anschauungsmaterial:

> Die erste, ältere Form der Gottesbeweise verweist auf die Wirklichkeit der Welt. Sie ist in steter Bewegung und in dauerndem Wandel. Alles, was sich bewegt, wird von einem anderen bewegt. Dabei herrscht durchaus Ordnung in der Welt. Woher ist alles? Woher insbesondere diese Ordnung? Man kann immer weiter zurückfragen. Eine Ursache bewirkt die andere, alles ist durch alles bedingt. Doch dabei kann man nicht ins Unendliche gehen. Irgendwo muß eine erste Ursache, ein erster Anfang der Bewegung und Veränderung sein. Man mag auf ein Uratom oder eine Urzelle des Lebens verweisen. Doch das genügt nicht. Denn woher ist dieser Anfang, und woher hat er die ungeheure Energie, die gesamte weitere Entwicklung aus sich zu entlassen? Es geht ja nicht nur darum zu erklären, wie die Welt geworden ist. Dazu kann die heutige Wissenschaft sehr vieles sagen. Es geht auch darum zu erklären, daß überhaupt etwas ist.

> Wer hier nur auf die Urmaterie verweist, erklärt gar nichts. Denn, erklärt sich die Urmaterie von selbst? Sie ist ja selbst der Veränderung unterworfen und damit höchst unvollkommen. Letzter Grund kann aber nur etwas sein, das aus sich vollkommen und vollendet ist, das aus sich existiert als die reinste Fülle des Seins und des Lebens. Das aber meinen wir, wenn wir von Gott sprechen. Allein in Gott hat die Wirklichkeit der Welt ihren Grund, ohne ihn wäre sie grundlos und damit sinnlos. Ohne ihn wäre letztlich nichts. Da nun aber Wirklich-

keit ist und da sie eine sinnvolle Ordnung aufweist, ist es sinnvoll, zu glauben, daß auch Gott als der Grund ihres Seins und ihrer Ordnung existiert.[201]

Die Einwände gegen eine derartige Form des kosmologischen Argumentes liegen auf der Hand. Die Folgerung der Existenz einer Ursprungs- oder Erstursache widerspricht der Annahme, alles (!) müsse eine Ursache haben. Eine der Behauptungen muss also aufgegeben werden, will man überhaupt so etwas wie ein konsistentes Argument erhalten. Verzichtet man auf die Annahme, alles müsse eine Ursache haben, dann spricht prima facie nichts dagegen, das bekannte Universum selbst als unverursacht hinzunehmen – zumindest bis uns die Wissenschaft einen „kausalen Blick hinter den Schleier des Urknalls" erlaubt. Auf jeden Fall wäre es unter dieser Annahme vernünftig, den durchaus bewährten theoretischen Rahmen der wissenschaftlichen Erklärung nicht durch die Annahme eines mysteriösen Schöpfer-Etwas zu sprengen. Man kann sich ja bis auf weiteres eines Urteils enthalten, abwarten und in Ruhe weiterforschen. Daraus, dass wir zur Zeit nicht alles (kausal) erklären könnnen, folgt ja nicht, dass wir mit unseren Erklärungen prinzipiell schon am Ende des Möglichen angelangt sind.

Halten wir andererseits an der Annahme fest, alles (!) müsse eine Ursache haben, so haben wir uns damit auf eine unendliche Kausalfolge als bestmögliche Erklärung festgelegt – ob mit oder ohne „göttliche" Elemente. Wenn tatsächlich alles (!) eine Ursache haben muss, dann natürlich auch das Schöpfer-Etwas. Es kann demnach schlicht und einfach gar keine Erstursache geben. Und der an dieser Stelle oft gemachte Vorschlag, diese Annahme dahingehend abzuschwächen, dass alles außer Gott oder dem Schöpfer-Etwas eine Erstursache haben müsse, liefert ein lupenreines Zirkelargument, also ein Scheinargument. Oder: Es wird damit vorausgesetzt, was bewiesen werden soll.

---

201 Deutsche Bischofskonferenz (Hrsg.): **Katholischer Erwachsenenkatechismus.** Band 1, 1985. S. 30–31. Diese Ausführungen enthalten übrigens auch Fragmente des teleologischen Gottesbeweises, der gleich noch zu betrachtenden zweiten Variante des kosmologischen, sowie des Beweises aus der Sinnfrage. Ein veritables theologisches Potpourri!

8. Kapitel

Das „philosophisch ausgefeilte" kosmologische Argument

Diese Variante kann man auf den Heiligen Thomas und auf Leibniz zurückführen. Es fordert gerade nicht, es müsse für alles eine Erstursache geben; der Ursachenbegriff spielt dabei gar keine tragende Rolle. Der zentrale Begriff ist vielmehr der des zureichenden Grundes.

Die beiden zentralen Annahmen lauten so: Alles, was existiert, bedarf zu seiner Erklärung eines zureichenden Grundes. Für das, was kontingent existiert, muss dieser zureichende Grund außerhalb seiner selbst liegen. Was heißt das? Ein zureichender Grund ist die Erklärung dafür, dass etwas existiert und, dass es so beschaffen ist, wie es ist. Kenne ich den zureichenden Grund für etwas, so verstehe ich, warum es existiert und warum es so ist, wie es ist. Nun sind sowohl endliche als auch unendliche Kausalfolgen kontingent in dem Sinne, dass wenn ein Element in der Kausalkette anders gewesen wäre, z. B. in Hinsicht auf seine Wirkungsintensität, den Zeitpunkt der Einwirkung oder die Dauer der Einwirkung, alle nachfolgenden Elemente auch anders gewesen wären: Unterschiedliche Ursache, unterschiedliche Wirkung. Anders ausgedrückt: Wir können uns leicht ein Universum vorstellen, das in verschiedenen Hinsichten anders beschaffen ist, als das unsrige. Also, so Leibniz, benötigen wir einen zureichenden Grund, der erklärt, warum unser Universum als Ganzes überhaupt existiert und warum es so ist, wie es ist. Und dieser Grund muss unabhängig vom (kontingenten) Universum sein. Das Universum kann ja, da kontingent, nicht sein eigener zureichender Grund sein. Da nun eine unendliche Folge kontingenter zureichender Gründe nicht denkbar sei, müssen wir zwangsläufig als letzten zureichenden Grund etwas annehmen, das nicht kontingent, sondern notwendig ist. Dieses Etwas ist dann eben ein notwendig existierendes Wesen, das den zureichenden Grund seiner Existenz in sich selber trägt bzw. selber dieser Grund ist. Und dieses Wesen sei Gott.[202]

---

[202] Diese Zusammenhänge haben Kant zu seiner These geführt, das kosmologische Argument ruhe letztlich auf dem ontologischen Beweisversuch.

Diese Variante des Beweisversuches beruht auf sehr starken, d.h. anspruchsvollen Annahmen. Erstens kann man die Frage stellen, woher wir um die Wahrheit des Prinzips vom zureichenden Grund wissen. Warum sollten wir dieses Prinzip überhaupt akzeptieren? Es ist doch logisch durchaus möglich, dass das Universum einfach existiert, ohne dass es dafür einen zureichenden Grund im Sinne von Leibniz gibt. Sicher haben wir mit dem Ansatz, immer weiter nach einer Erklärung für etwas zu suchen, gerade im Bereich der Naturwissenschaften enorme Erfolge erzielt. Dabei geht es aber immer um Erklärungen, die im weitesten Sinne auf dem Kausalitätsprinzip beruhen und den Bereich der „Leibnizschen Kontingenz" nicht verlassen. Wir haben aber natürlich keine Garantie dafür, dass unsere Suche nicht irgendwann einmal zu keiner weiteren Erklärung führt – wir wären dann, z.B. im Rahmen einer umfassenden naturwissenschaftlichen Theorie, am Ende der Erklärungskette angekommen. Und an dieser Stelle wissen wir einfach nicht, ob die Frage nach einem zureichenden Grund überhaupt noch Sinn macht. Wir kennen keinen einzigen Fall, in dem diese Frage erfolgreich auf etwas wie ein Universum als ganzes angewendet worden wäre und tatsächlich zu einem „letzten" Grund geführt hätte. Also: Es fehlt prima facie schlicht und einfach die Plausibilisierung des für diese Beweisvariante tragenden Prinzips vom zureichenden Grund.

Zweitens ist alles andere als klar, dass jedes kontingent Existierende in letzter Analyse durch einen zureichenden Grund außerhalb seiner selbst erklärt werden müsse. Wir sind sehr oft mit einer „bloßen" Kausalerklärung in Kombination mit einem „das ist halt so, obwohl es hätte anders sein können" zufrieden. Beispiele dafür sind leicht zu finden: Warum steht in den Alpen eine ungerade Zahl von Bergen? Wäre dem so, würden wir nicht nach einem zureichenden Grund fragen, warum die Zahl keine gerade ist. Eine „grobe" kausale Erklärung reicht uns aus. Gleiches gilt im Bereich menschlicher Handlungen: Warum habe ich vor dem Waldlauf mein Fahrrad nicht einen halben Meter weiter links oder rechts auf dem (noch) leeren Parkplatz abgestellt? Macht die Frage nach einem zureichenden Grund hier überhaupt Sinn? Warum gibt es im Universum nicht einen Mond mehr?

Oder einen Planeten weniger? Also: Warum fragen wir eigentlich nach einem zureichenden Grund für dieses Universum?

Drittens kann man die ebenfalls sehr berechtigte Frage stellen, ob ein notwendig existierendes Wesen, das sein eigener zureichender Grund ist, wirklich eine akzeptable Endstation der Folge zureichender Gründe bzw. Erklärungen ist. Wir würden uns damit auf die Existenz eines Wesens festlegen, das entweder schon immer existiert, weil es existieren muss, oder das sich selbst aus dem Nichts geschaffen hat, weil es das musste – und dann auch gleich noch das Universum aus dem Nichts ins Leben gerufen hat. Verstehen wir denn wirklich, was mit einer derartigen Beschreibung gemeint sein könnte? Können wir denn wirklich mit so einer „Lösung" zufrieden sein? Prima facie ist nicht zu sehen, warum ein derartiges Wesen das Universum besser oder befriedigender erklären würde als die Annahme eines ewig existierenden Universums. Die Antwort, dieses Wesen würde sich halt einfach selbst erklären bzw. sich selbst aus dem Nichts erschaffen, läuft Gefahr, nicht mehr als eine rein verbale „Lösung" ohne substantiellen Inhalt zu sein.

Viertens und abschließend sei auf eine paradoxe bzw. äußerst unplausible Konsequenz des Leibnizschen Gedankenganges hingewiesen. Nehmen wir an, es gebe tatsächlich diesen sich selbst erklärenden Grund des Universums. Will man diesem die klassisch christlichen Eigenschaften der Allmacht, Allwissenheit und Allgüte zuschreiben, so folgt daraus zwingend, dass die von diesem Wesen geschaffene Welt die beste aller möglichen sein muss! Denn welchen (zureichenden) Grund gäbe es für so ein Wesen, etwas anderes als eine absolut vollkommene Welt zu erschaffen? Genau das hat Leibniz als Konsequenz seines Argumentes auch behauptet. Angesichts der im 7. Kapitel diskutierten Theodizee-Problematik dürfte diese Überlegung seiner Variante des kosmologischen Argumentes von vorneherein einen guten Teil einer Attraktivität entziehen.[203]

---

[203] Genau aus diesem Grund hat auch Leibniz sich der Theodizee-Problematik angenommen. G. W. Leibniz: **Die Theodizee**. Hamburg, 1968, 2. Auflage, (Übersetzung von A.Buchenau, 1925). Wesentlich vergnüglicher zu lesen ist Voltaires Sicht der Dinge in: **Candide oder der Optimismus**. Frankfurt, 1972. Diese Satire

Mein Verdacht ist, dass sowohl das Prinzip vom zureichenden Grund als auch der Begriff eines notwendig existierenden Wesens schlicht und einfach „Diskussionsstopper" sind. Diese Annahmen bzw. Begriffe werden eingeführt, um die alternative Antwort zu vermeiden, dass das Universum für uns einfach ein factum brutum sei und jede unserer Erklärungsketten (vermutlich) irgendwann an ihr Ende komme. Mit anderen Worten: Sie sind Ausdruck eines bei Theologen wie Thomas von Aquin und Philosophen wie Leibniz tief verwurzelten Wunschdenkens, alles müsse für den menschlichen Verstand (hier und jetzt) in einem sehr starken Sinne „metaphysisch verständlich" sein. Nimmt man deren vor jeder Beweisargumentation gefasste Überzeugung hinzu, der christliche Schöpfergott existiere, so lässt sich der kosmologische Beweisversuch im Sinne des katholischen Katechismus deuten. Es ist der Versuch, die Existenz des uns bekannten Universums mit der Vorstellung von der Existenz des christlichen Schöpfergottes vereinbar zu machen. Damit ist aber – außer vielleicht einem gewissen Trostgefühl für gläubige Christen – nichts gewonnen. Die Existenz des Universums ist in diesem Sinne mit einer Vielzahl möglicher Götter vereinbar – und eben auch mit der Vorstellung, es gebe keine einzige dieser Gottheiten, sondern nur das Universum.

Der teleologische Gottesbeweisversuch

Ein sehr bekanntes und in gewissen christlichen Kreisen (allerdings kaum noch bei uns) sehr gebräuchliches Analogieargument soll die Existenz Gottes und einige seiner Eigenschaften beweisen.[204] Ich meine den teleologischen Gottesbeweisversuch; dieser geht etwa so:

---

ist erstmals 1758 erschienen und wurde gleich im Jahr danach in Genf verbrannt und in Paris verboten. Raten Sie mal, von wem …

204 Bei sehr konservativ-bibeltreuen Christen ist dieses Argument ganz oben auf der Hitliste zu finden. Diese zum Teil recht abstrusen „Debatten" um „Intelligent Design" skizziert Richard Dawkins: **Der Gotteswahn**. Berlin, 2008 (engl. Original 2006).

8. Kapitel

Betrachtet man unsere Welt genauer, so wird man unschwer ein sehr komplexes und sehr gut funktionierendes System erkennen. Die unzählig vielen Teile dieses Systems greifen perfekt ineinander, sind harmonisch aufeinander abgestimmt: Das menschliche Auge, unser Kreislauf, die Rolle der Biene für die Natur und unsere Ernährung .... Unsere ganze Erfahrung zeigt außerdem, dass hinter allen komplexen Systemen dieser Welt intelligente Wesen als Planer und Konstrukteure stehen. Können wir uns vorstellen, dass ein BMW durch Zufall entsteht, ein Roman oder auch nur so relativ einfache Dinge wie ein Wiener Schnitzel mit Kartoffelsalat? Nein, natürlich nicht. Und um wieviel komplexer und verschachtelter als diese menschlichen Produkte ist unsere Welt als Ganze! Also bleibt nur eine Schlussfolgerung: Hinter so enorm viel Abstimmung, Harmonie und System muss ein allweises, allgütiges und allmächtiges Wesen stehen. Wir wissen also, wenn wir ehrlich und vorurteilsfrei unsere Welt betrachten, dass Gott existieren muss!

Grundsätzlich gilt: Bei Analogieschlüssen sollte man sehr genau hinschauen, ob die Schlussfolgerung tatsächlich aus den Annahmen folgt – oder wir nicht fehlgeleitet werden (sollen). Trivialerweise ist nämlich alles mit allem in irgendeiner Hinsicht analog oder ähnlich. Deshalb bedarf jeder Analogieschluss eines präzisen Kommentares, der die jeweils relevanten von den irrelevanten Ähnlichkeiten scheidet und uns das Unterscheidungskriterium erläutert. Ohne einen substantiellen Kommentar sind Analogieargumente so einfach aufzustellen wie schwach in ihrer Durchschlagskraft. Die Struktur eines Analogieargumentes lässt sich so skizzieren:

Die Annahmen:

- In Situation A war/ist die Aussage Y richtig/falsch.
- Situation B ist in relevanter Hinsicht wie Situation A.

Der Schluss:

- Deshalb ist auch in Situation B die Aussage Y richtig/falsch.

Speziell der teleologische Beweisversuch bzw. der Kern seiner Analogieüberlegung kann auf Basis unseres heutigen Wissensstandes so schnell wie gründlich gekippt werden. Die Evolutionstheorie nach Darwin erklärt die angesprochenen Phänomene von Ordnung und (vermeintlicher) Zielgerichtetheit so umfassend wie zufriedenstellend. Und sie kommt ohne eine „außerweltliche", zentralistische Planungs- und Ordnungsinstanz aus.[205] Aber auch schon vor Darwin gab es keinen Grund, diesen Beweisversuch als gelungen einzuschätzen. Die meines Erachtens bis heute unterhaltsamste und gleichzeitig lehrreichste Diskussion dieser Fehlschlussvariante haben wir dem schottischen Philosophen David Hume zu verdanken. Er gibt sich viel Mühe, die zentralen Denkfehler dieses Beweisansatzes aufzudecken.[206]

Wie weit trägt eigentlich diese Analogie?

Es stimmt natürlich, dass sehr viele komplexe Strukturen aus menschlicher Planung hervorgegangen sind. Autos, Fahrräder, Flugzeuge, Universitäten, die Fußballbundesliga, Computer und Smartphones etc. Würde während eines Orkans im Wald aus den umgefallenen und verwehten Bäumen und Ästen nur durch Windeinwirkung eine Holzhütte entstehen, wären wir tatsächlich ziemlich überrascht. Die Frage ist aber, wie weit diese Analogie trägt. Kann sie auf das Universum als Ganzes übertragen werden? Dieser Schritt müsste eigentlich gesondert begründet werden, denn bezüglich des Entstehens von Universen fehlt uns das Erfahrungswissen und somit die Analogiebasis. Wir wissen ganz einfach nicht, wie Universen entstehen. Hier wird also versucht, einen Analogieschluss von den Teilen eines Ganzen auf dieses Ganze selbst zu vollziehen – dabei fehlt der Kommentar, warum dieser Schritt sinnvoll ist bzw. zu Recht erfolgt. Aus der Tatsache, dass jeder Spieler

---

205 Richard Dawkins: **Der blinde Uhrmacher: Warum die Erkenntnisse der Evolutionstheorie zeigen, daß das Universum nicht durch Design entstanden ist.** München, 2008.

206 David Hume: **Dialoge über natürliche Religion.** Stuttgart, 1981 (Übersetzung von Norbert Hoerster). Humes Abhandlung ist 1779 erschienen. Sie ist ein klassisches Lehrstück nüchterner, klarer und transparenter Argumentation.

einer Fußballmannschaft eine Nase hat, folgt sicher nicht, dass auch die ganze Mannschaft eine Nase haben muss. Genausowenig folgt aus der Tatsache, dass jeder Spieler Vater und Mutter hat, dass auch die Mannschaft als Ganze Vater und Mutter haben muss. Für das Universum als Ganzes könnte man auf Basis dieser Analogie also auch zwanglos eine Form der Evolution mit den verschiedenen Phasen wie Geburt, Jugend, Erwachsenenalter, Alter und Tod heranziehen. Diese These wäre absolut vereinbar mit der Existenz vieler durch Planung entstandener Teile der Welt.

Außerdem gilt in unserer Welt folgende Faustregel: Je komplexer ein Konstrukt, desto mehr Planer waren involviert. Das gilt für Software, Autos und ICE-Züge. Da das ganze Universum aber jedes einzelne dieser Konstrukte an Komplexität weit übertrifft, müsste man eigentlich von einer ganzen Götterlegion als Planungsstab ausgehen. Mit welchen Recht wird dieser Aspekt der Analogie im Falle des Universums missachtet und ein einziger Planer – nämlich der christliche Gott – in Anschlag gebracht? Passt da eine polytheistische Konzeption prima facie nicht viel besser? Schließlich gälte es auch, dem folgenden Phänomen Rechnung zu tragen. Viele menschliche Erzeugnisse überleben ihre Planer. Die Pyramiden Ägyptens, die Bewässerungssysteme in den Bergen Südtirols, die Aquädukte Roms, die chinesische Mauer: Es gibt sie noch – und ihre Planer sind nicht mehr. Mit welcher Berechtigung folgert man also für unser Universum einen Planer, der immer noch existiert? Und dies angesichts der Tatsache, dass das Universum ganz offensichtlich sehr, sehr alt ist. Zumindest viel älter als 6000 Jahre.

Also: Der teleologische Beweisversuch scheint seine Analogien ad hoc zu gewinnen. Was passt, wird verwendet, auch wenn es nur ein bisschen passt. Was nicht passt, wird ignoriert. Einen Kommentar, warum auf bestimmte Analogien zurückgegriffen wird und auf andere nicht, erhalten wir nicht. Insofern stellt er ein Musterbeispiel christlicher Argumentationskunst dar.

Warum nicht auch eine Defizit-Analogie entwickeln?

Im letzten Kapitel habe ich bereits auf das Problem des Übels in dieser Welt für die christlich inspirierten Gottesbeweisversuche hingewiesen. Die teleologische Variante ist davon natürlich auch betroffen. Es lassen sich sehr einleuchtende und für den Beweisversuch fatale Gegen-Analogien formulieren. Sieht man nämlich etwas genauer hin, so erkennt man in unserer Welt nicht nur perfekte Funktion und Abstimmung, sondern auch zahlreiche natürliche Defekte: Unheilbare Krankheiten, angeborene Krankheiten, lästige Krankheiten (Schuppenflechte), Naturkatastrophen, bestenfalls zweitbeste Lösungen wie das menschliche Knie oder überflüssige Ärgernisse wie Stechmücken. Kurz: Die gesamte Palette moralischer und natürlicher Übel harrt nach wie vor einer Erklärung.

Diverse Erklärungen für Defekte und Pfusch kennen wir aus unserer Erfahrung. Planungsirrtümer, Fehlkonstruktionen, Dummheit und Verbohrtheit, Umsetzungsfehler und Schlamperei. Die Deutsche Bahn, sozialistische Staaten und die Versuchsbaustelle Flughafen Berlin verkörpern diese Phänomene in vorbildlicher Klarheit und zähester Langlebigkeit. Also bleibt in Bezug auf das Universum nur eine Schlussfolgerung: Hinter alledem steht ein Wesen, das nicht allwissend und allmächtig sein kann. Vielleicht eine eher unterqualifizierte Gottheit, die in unsere abgelegene Ecke des Universums abgeschoben (oder strafversetzt) wurde, damit sie woanders keinen großen Schaden anrichten kann? Vielleicht auch eine ziemlich unmotivierte Gottheit, die mit ihren Gedanken ganz woanders oder stark verkatert war? Oder vielleicht ist unsere Welt ja der erste und somit zwangsläufig mangelhafte Versuch einer ansonsten ganz vielversprechenden Schöpfergottheit, die nach einiger Übung an anderer Stelle im Universum bessere Welten geschaffen hat? Betrachtet man auch noch die moralischen Übel, z. B. das Ausmaß an Niedertracht, Grausamkeit, Hass und Feindseligkeit in unserer Welt, dann liegt zudem der Schluss auf eine eher boshafte und sadistische Schöpfergottheit sehr nahe – jedenfalls näher als der auf eine allgütige. Also, es sei noch einmal vor Analogieschlüssen gewarnt! Sie können funktionieren – müssen aber sehr genau und präzise ausgearbeitet werden, um wirklich belastbar zu sein. Und auf diese Ausarbeitung durch christliche Denker warten wir bis heute.

Mein Fazit: Keiner der skizzierten Ansätze zu einem Beweis der Existenz Gottes und seiner Eigenschaften ist von nennenswerter Überzeugungskraft. Die im 7. Kapitel erläuterten Hindernisse überwindet keiner. Sie können im allerbesten Fall einen Gläubigen in seiner Meinung bestärken, sein Gottesbild sei mit der Existenz dieses Universums irgendwie vereinbar. Dabei dürfte es sich aber kaum um mehr als eine unreflektierte „psychologische Vereinbarkeit" handeln. Was die zahlreichen Gottesbeweisversuche sicher nicht leisten können, ist eine vernünftige Plausibilisierung dieses Gottesbildes.

9. Kapitel: Was nun?

Zum Abschluss meiner Untersuchung möchte ich erläutern, welche Konsequenzen sich aus der Einsicht ergeben, dass die moralische Kompetenz des Christentums der seiner naturwissenschaftlichen entspricht, also im Rahmen verantwortungsvoller und vernünftiger Diskussion vernachlässigbar ist. Ich knüpfe damit an die Forderung aus dem 1. Kapitel an, die Säkularisierung in Staat und Gesellschaft sei konsequent weiterzuführen.

Meine Thesen sind sehr leicht zu widerlegen

Ich weiß aus vielen Diskussionen, wie schwer es den allermeisten Christen fällt, meine These von der Beliebigkeit und Orientierungslosigkeit der „christlichen Moral" auch nur ansatzweise zu akzeptieren. Vor allem, wenn sie zum ersten Mal damit konfrontiert werden. Sollte ich mich irren, so gibt es allerdings einen sehr einfachen und direkten Weg, meine Thesen zu widerlegen. Es reicht aus, ein christliches Moralsystem zu formulieren, das den Minimalanforderungen genügt, die ich im 3. Kapitel skizziert habe! Das ist keine unüberwindbare Hürde – falls es die „christliche Moral" tatsächlich geben sollte (was wiederum die allermeisten Christen glauben). Die besten Moralsysteme, die wir aus der Philosophie kennen, erfüllen diese Minimalforderungen selbstverständlich. Es handelt sich also sicher nicht um extrem anspruchsvolle oder gar unfaire Bedingungen. Es sollte für Christen demnach recht einfach sein, die folgenden Fragen zu beantworten:

- Wie sieht die von Umfang und Inhalt her klare, in sich stimmige Menge der christlichen Grundannahmen aus?

- Mit welchem transparenten und nachvollziehbaren Entscheidungsverfahren kommt man auf Basis dieser Grundannahmen zu Entscheidungen im Einzelfall?
- Warum sollen wir uns an diesem „christlichen Moralsystem" orientieren – und nicht an einer der zahlreichen Alternativen?

Unverzichtbar wäre in diesem Zusammenhang ein Argument, warum die jeweils genannte christliche Variante allen anderen christlichen Vorschlägen überlegen sein soll. Natürlich ist es einfach, aus der unübersehbaren Fülle potentieller christlicher Grundannahmen eine abgeschlossene und in sich stimmige Menge herauszupicken und diese dann als „die christliche Moral" zu präsentieren. Ein trivialer Vorschlag dazu wäre es, das Gebot der Nächstenliebe zur einzigen Grundannahme zu erklären und den Rest der Bibel (und das Naturrecht) als moralisch irrelevant oder weniger bedeutend einzustufen. Was wir in diesem Fall aber wissen wollen ist, warum wir diese Variante den vielen anderen Möglichkeiten vorziehen sollten, die Christentum und Bibel selbst bieten, z. B. den klassischen Zehn Geboten oder der Bergpredigt. Und wie dann auf dieser sehr schmalen Basis des Gebotes der Nächstenliebe zentrale klassisch-christliche Positionen begründet werden können. Ich wage die Prognose, dass es nicht gelingen wird, dieses „christliche Moralsystem" anzugeben – weil es nicht gelingen kann! Meine Gründe dafür habe ich ausführlich erläutert.

Ist das Christentum eine friedliche Religion?

Ich schreibe diese Zeilen im Januar 2015, wenige Tage nach den Pariser Terroranschlägen auf die Satirezeitschrift *Charlie Hebdo* und einen jüdischen Supermarkt. Als Reaktion darauf haben Vertreter der bei uns größten Religionen, also des katholischen und evangelischen Christentums, des Islam und des Judentums in der Bildzeitung eine gemeinsame Erklärung unter dem Titel *Im Namen Gottes darf nicht getötet werden!* veröffentlicht.[207] Das ist eine sehr positive Botschaft

---

[207] **Bildzeitung** vom 9.1.2015.

und ich unterstütze diese Stellungnahme natürlich. Sie ist allerdings auch ein klarer Bruch mit der Vergangenheit. Seit vielen Jahrhunderten erklären uns maßgebliche Vertreter dieser Religionen ja immer wieder in aller Ausführlichkeit und Bestimmtheit, dass und wen man unter gewissen Umständen im Namen ihrer jeweiligen Gottheit massakrieren darf und bisweilen sogar muss. Bei welchem Krieg in Europa hätten christliche Geistliche nicht auf allen Seiten die Waffen und die Soldaten gesegnet? Der Focus hat zu diesem Thema auch eine Meinung und tut diese auf dem Titelblatt kund: *„Das hat nichts mit dem Islam zu tun."* Doch! [208] Dies sind zwei kleine Mosaiksteine einer schon lange recht engagiert geführten Debatte. Sie markieren sehr anschaulich mögliche Positionen. Sind die großen Religionen per se friedlich, tolerant und weltoffen? Werden sie perfiderweise von finsteren Mächten für Terror, Krieg und Unterdrückung missbraucht? Oder sind sie nur bedingt friedlich, laden unter bestimmten Rahmenbedingungen tatsächlich zu Krieg und Diskriminierung ein? Berufen sich vielleicht Gewalttäter (bisweilen) zu Recht auf eine Religion bzw. deren Lehren? Oder sind Religionen generell eine Gefahr für Frieden, Toleranz und Offenheit – und nur unter bestimmten Bedingungen und mit einer gewissen Anstrengung unter Kontrolle zu halten? Sind vielleicht die friedlichen Phasen eher die Ausnahme als die Regel?

Unabhängig vom Tagesgeschehen oder der aktuellen Islamismusdebatte möchte ich der Frage nachgehen, ob das Christentum, wie so oft beteuert, friedlich und tolerant sei. Als erstes fällt auf, wie oft Vertreter dieser Religion in der Öffentlichkeit deren friedlichen und toleranten Charakter betonen (müssen). Mich macht das ähnlich stutzig wie die regelmäßigen Beteuerungen eines Politikers, er wäre eine durch und durch ehrliche Haut und ausschließlich um das Wohl der Bürger besorgt. Mit derartigen Verlautbarungen wird in aller Regel ein skandalbedingter Rücktritt eingeleitet. Kommunistische Parteien bzw. deren traurige Restbestände und Diktatoren jeder Couleur betonen ihren unermüdlichen Einsatz für Frieden und Toleranz übrigens auch sehr gerne.

---

208 Focus Nr. 04/15, 17. Januar 2015.

Als zweites fällt auf, dass die Fragestellung präzisiert werden muss. Genauer: Es handelt sich um ein Bündel unterschiedlicher Fragen, die getrennt voneinander bearbeitet werden sollten. Zuerst wäre die historische Frage zu klären: Hat das Christentum eine eher friedliche, gemischte oder eher kriegerische Geschichte? Es gilt, Rolle, Einflüsse und Anteile des Christentums und seiner Kirchen auf und in Phasen von Krieg oder Frieden zu analysieren. Hier sind Historiker gefragt, keine Theologen oder Philosophen. Dann geht es um inhaltliche Fragen: Sind die Lehrinhalte des Christentums klar als ein Plädoyer für Frieden, Offenheit und Toleranz zu verstehen? Kann es vielleicht auch anders interpretiert werden? Muss es vielleicht sogar auf Basis seiner Heiligen Schrift anders interpretiert werden? Falls es mehrere geben sollte – welche Interpretation ist die plausibelste? Diese Untersuchung benötigt philosophischen und „theologischen" Sachverstand. Davon trennen sollte man wiederum den dritten Fragenkomplex: Welchen Anteil haben die Lehrinhalte des Christentums an seiner geschichtlichen Wirkung? Welche Zusammenhänge sind im Laufe der Geschichte dominant gewesen – wurden die Lehrinhalte konsequent umgesetzt, missverstanden, verfälscht oder gar verraten und missbraucht? Diese Fragen werden interdisziplinär beantwortet.

Die historische Frage

Hat das Christentum eine eher friedliche, gemischte oder eher kriegerische Geschichte? Diese immer noch abstrakte Fragestellung wäre weiter zu präzisieren und zu erweitern: Welchen Einfluss hatten und haben im Laufe von fast 2000 Jahren christliche Organisationen wie Kirchen und Orden, Institutionen wie dezidiert christliche Regierungen oder Universitäten, führende und einflussreiche christliche Personen wie Theologen, Päpste oder christliche Herrscher auf unsere Geschichte gehabt? Natürlich ist gar nicht daran zu denken, an dieser Stelle in eine inhaltliche Diskussion einzusteigen. Das ist auch gar nicht nötig. Denn das Gesamtbild kann aus heutiger Sicht nicht bezweifelt werden.[209] Krieg, Unterdrückung, Ausbeutung, Betrug, skrupelloses Machtstreben sind zu jeder Zeit Kernelemente der Geschichte des Christentums und seines historischen Einflusses. Seine Geschichte kann für keine längere Phase ohne den Rekurs auf zahlreiche Kapitalverbrechen geschrieben werden, in die christliche Kirchen, Orden, Theologen, Staaten (Vatikan), Herrscher und Regierungen aktiv und als (Mit-)Täter verwickelt waren. Sind die Kreuzzüge, die Ketzerverfolgungen und ständigen Glaubenskriege, die „Missionierung" der Indios, systematisch betriebene und legitimierte Sklaverei, der brutale Kampf gegen Wissenschaft und Aufklärung, der Widerstand gegen Menschenrechte und Demokratie, die engagierte Unterstützung der faschistischen und nationalsozialistischen Diktatoren im 20. Jahrhundert und diverer Potentaten in Afrika und Asien nach dem 2. Weltkrieg Randerscheinungen der Geschichte des Christentums oder dafür sogar irrelevant? Wie steht es denn mit dem weniger spektakulären aber ebenso wirkmächtigen Kampf gegen nichtchristliche Bildung, Ideen und Bücher, dem alltäglichen Psychoterror der Höllenlehre des Christentums, seiner abstrusen „Sexualmoral", seiner Diskriminierung der Frauen, Homosexuellen und Nichtchristen? Wie vielen Menschen wurde dadurch ein erfülltes Leben unmöglich gemacht, wie viele Existenzen zerstört? Wie viel mögliche und harmlose Lebensfreude im Keim erstickt? Sind das vernachlässigbare Fußnoten eines ansonsten dominant auf Frieden, Toleranz und Menschenliebe gerichteten historischen Einflusses? Natürlich gab und gibt es letztere Einflüsse auch – ich vertrete im 2. Kapitel ja selbst die These, dass wohl zu keiner Zeit von einem monolithisch ausgerichteten Christentum die Rede sein kann. Alle seine Verbrechen wurden auch von Christen kritisiert, bekämpft und zu verhindern gesucht. Es gab in allen Lebensbereichen

---

209 Die wohl umfangreichste Materialsammlung findet sich in Karlheinz Deschner: **Kriminalgeschichte des Christentums, Band 1–10.** Reinbek, 1986 bis 2013. Viel kürzer aber auch sehr informativ sind seine beiden Überblicksdarstellungen: Karlheinz Deschner: **Abermals krähte der Hahn.** München, 1996 (6. Auflage). Karlheinz Deschner: **Das Kreuz mit der Kirche. Eine Sexualgeschichte des Christentums.** 1974, Düsseldorf (überarbeitete Neuausgabe 1992). Dazu auch Uta Ranke-Heinemann: **Eunuchen für das Himmelreich.** München, 1999 (aktualisierte Ausgabe). Weitere Daten finden sich in der umfangreichen Literatur zu den Kreuzzügen, der Inquisition, der Missionierung der Indios usw.

immer wieder Christen, die sich so entschlossen wie mutig, zum Teil auch wirkungsvoll, für Frieden und Toleranz eingesetzt haben. Daran besteht kein Zweifel. Nur haben sie meistens gegen ihre aggressiven und intoleranten Glaubensbrüder den kürzeren gezogen. Und ihre Opposition mildert diese Verbrechen nicht ab.

Das Fazit: Selbst bei einer Betrachtung unter maximal beschönigend-apologetischem Flutlicht, wäre es bewusste Geschichtsverfälschung, dem Christentum einen dominant friedlichen und toleranten Einfluss auf unsere Geschichte zuzuschreiben. Man kann seinen so zahlreichen wie unbestreitbaren Kapitalverbrechen durchaus positive historische Einflüsse entgegenstellen und sollte dies für eine ausgewogene Betrachtung auch tun. Das hat mit einer moralisch fragwürdigen „Aufrechnung" erst einmal nichts zu tun, mehr mit der Suche nach historischer Wahrheit und Ausgewogenheit. Dadurch werden die ganzen schrecklichen Verbrechen ja nicht ungeschehen gemacht oder in ihrer Bedeutung relativiert.

Sind die Lehrinhalte des Christentums klar als ein Plädoyer für Frieden, Offenheit und Toleranz zu verstehen?

Diese Frage habe ich in diesem Buch implizit beantwortet. Ich glaube gezeigt zu haben, dass die Diskussion über die wahren Inhalte der christlichen Morallehre so sinnvoll ist wie die Debatte über die wahre Farbe der neuen Kleider des Kaisers im bekannten Märchen. Die Heilige Schrift der Christenheit ist schlicht und einfach in jeder Hinsicht beliebig interpretierbar. Im Sinne von Frieden und Toleranz ebenso wie im Sinne von Krieg und Unterdrückung. Im Sinne von Hass wie auch im Sinne von umfassender Menschenliebe. Es kommt halt einfach darauf an, welche Grundannahmen man sich gerade heraussucht, was man dabei unberücksichtigt lassen oder als weniger relevant erachten will und wie man aus diesen Grundannahmen moralische Entscheidungen ableiten möchte. Also: Nein, die Lehrinhalte des Christentums sind definitiv nicht als ein klares Plädoyer für Frieden, Offenheit und Toleranz zu verstehen. Sie sind beliebig interpretierbar und sollten deshalb in verantwortungsvolle und ernsthafte Debatten über normative Fragen gar nicht einbezogen werden.

Welchen Anteil haben die Lehrinhalte des Christentums an seiner geschichtlichen Wirkung?

Auch diese Frage kann auf Basis meiner Untersuchung sehr leicht und plausibel beantwortet werden. Sicher hat es im Laufe seiner Geschichte Menschen gegeben, die das Christentum und die Bibel gezielt und bewusst benutzt haben, um andere zu manipulieren, ihre Pläne und Machenschaften besser durchsetzen zu können, Macht zu gewinnen. Wäre es anders, wären wir alle wohl sehr erstaunt. Diese Zeitgenossen treten ja immer und überall auf. Dafür, also für gezielten Missbrauch seiner Lehren, trägt das Christentum per se keine oder nur eingeschränkte Verantwortung. Aber bei allem, was wir über religiös motiverte Menschen und deren Handeln wissen, ist es höchst unwahrscheinlich, das für die Mehrzahl aller Fälle oder Zeitalter anzunehmen. Viel plausibler ist es doch, davon auszugehen, dass überzeugte Christen nach bestem Wissen (um die Bibel) und Gewissen (also nach „Rücksprache mit Gott") das in die Tat umgesetzt haben, was ihrer Ansicht nach Gottes Wunsch oder Befehl war! Sowohl die Kapitalverbrechen als auch die Opposition dagegen wurden in der Regel von tief gläubigen, bestens ausgebildeten und geschulten christlichen Denkern oder Theologen mit den ihrer Ansicht nach besten christlichen Argumenten vertreten. Von Überzeugungstätern. Und sie hatten und haben alle Recht! Denn die „richtige" oder „wahre" moralische Botschaft der Bibel oder des Christentums gibt es einfach nicht. Genau deshalb darf man aber das Christentum und seine Inhalte nicht aus der Erklärung verbrecherischer und fataler Taten ausklammern. Im Gegenteil: Seine normative Beliebigkeit und moralische Orientierungslosigkeit machen es zum idealen apologetischen Werkzeug für Alles. Und somit zu einer veritablen Gefahr! Das zeigt doch – unabhängig von Detailfragen – seine Geschichte in aller Deutlichkeit.

Die implizit von vielen Christen (bei uns) vertretene These, das Christentum habe etwa seit 1945 in Deutschland endlich (!) seine wahre moralische Botschaft erkannt und der ganze Rest der weniger aufgeklärten Christenheit solle sich bitteschön daran orientieren, ist genau das, wovon wir schon genug haben: Ein neuer Rock für die Garderobe des Kaisers, also Quatsch. Genau das haben doch die allermeisten Christen immer schon ganz fest geglaubt: *Ich bzw. wir haben hier und heute die wahre moralische Botschaft Gottes erkannt.* Das war zu keiner Zeit anders.

Mein Fazit: Die These, das Christentum sei eine friedliche und tolerante Religion, ist historisch grundfalsch. Seine fast 2000 Jahre alte, tiefrote Blutspur ist nicht zu übersehen. Inhaltlich betrachtet ist diese These so beliebig bzw. zutreffend wie die gegenteilige Behauptung, das Christentum sei kriegerisch und intolerant. Diese inhaltliche Beliebigkeit ist wiederum ein wesentlicher Teil der Erklärung für die zahlreichen Kapitalverbrechen, die von Christen im Namen ihres Gottes begangen wurden. Und damit kommen wir zur eigentlichen Problematik der „christlichen Moral".

Der christliche Giftcocktail

Es bleibt noch die Frage zu klären, warum das Christentum bzw. seine „Moral" so gefährlich ist, seine Geschichte so voller Gewalt, Menschenverachtung, Hass und Brutalität. Nicht jedes Sammelsurium von Unstimmigkeiten führt ja zwangsläufig zu abscheulichen Entscheidungen und Taten. Grimms Märchen, die Rocky Horror Picture Show und die Bücher um Harry Potter sind auch unstimmig – aber harmlos. Okay, das stimmt so vielleicht nicht ganz. Gabriele Amorth, der Chef-Exorzist des Vatikans, sieht z. B. eine riesige Gefahr in den Büchern um Harry Potter:

> „Allen, die in dem Buch nur eine nette, mitreißende Geschichte sehen, wissen nicht, dass der Satan sich immer hinter dem versteckt, was auf den ersten Blick harmlos und wie das Gute aussieht. Satan ist schlau,

und ich fürchte, er benutzt Harry Potter, um sich über die Welt auszubreiten."[210]

Bisher haben wir also wohl einfach Glück gehabt. Meines Wissens wurde im Namen Harry Potters noch niemand verbrannt, in der realen Welt noch kein Kreuzzug gegen die *Muggles* ausgerufen. Aber Satan ist ja geduldig. Und zum Glück passen Herr Amorth und seine Exorzistenkollegen gut auf.

Zudem lesen jeden Tag Millionen von Deutschen ihr Horoskop. Der Astrologie darf man guten Gewissens ein ähnliches Ausmaß an Beliebigkeit zuschreiben wie dem Christentum. Die Kriminalgeschichte der Astrologie ist aber vermutlich viel langweiliger. Das gilt für die gesamte Wirrnislandschaft der zeitgenössischen Esoterik. Stimmigkeit und andere Rationalitätskriterien haben dort in etwa so viel Gewicht wie ein Schneekristall. Trotzdem sind keine signifikanten Trends hin zu großflächigen Kapitalverbrechen festzustellen. Warum ist das beim Christentum anders?

Moralische Fragen sind sehr wichtig

Das erste Element meiner Erklärung dürfte unstrittig sein. Moralische Fragen sind sehr wichtig und konstitutiv für unser Selbstverständnis als Menschen und Bürger. Dieses hohe Maß an Relevanz bringt ein hohes Maß an emotionalem Engagement mit sich. Fragen zu Abtreibung und Sterbehilfe, zur Todesstrafe, zur Diskriminierung bestimmter Gruppen, zu „erlaubten" Spielarten der Sexualität, zu Kinderarbeit, Sklaverei und Meinungsfreiheit lassen uns nicht kalt. Das zeigt jede kontroverse Diskussion. Nicht ohne Grund nimmt die Frage nach Gestaltung und Rolle unserer Emotionen und Leidenschaften eine zentrale Stelle im Gebäude der antiken Moralphilosophie ein.

---

210 http://www.kath.net/news/1263

Moralische Fragen können im Christentum nicht vernünftig beantwortet werden

Das ist die ausführlich begründete Kernthese dieses Buches. Zu jedem Argument für oder gegen eine moralische Position kann im Rahmen der „christlichen Morallehre" leicht ein genauso „plausibles und gut begründetes" Gegenargument gefunden oder aufgebaut werden. Die Beispiele dafür sind keineswegs auf die Vergangenheit beschränkt; in diesem Buch habe ich viele davon angeführt. Während Frau Käßmann für einen umfassenden Pazifismus als Ausdruck des wahren Christentums plädiert, gibt es viele ebenso gut ausgebildete, ebenso reflektiert „argumentierende" Theologen, die auf Basis derselben Heiligen Schrift zu ganz anderen Ergebnissen kommen. Während der Theologe Bultmann die christliche Höllenlehre so weit wie nur irgend möglich zu entschärfen versucht, kann sie vielen evangelikalen Christen bei uns und in den USA gar nicht hart, schwefelig und konsequent genug sein. Während Papst Franziskus Homosexuelle und Geschiedene als Bereicherung der römisch katholischen Kirche versteht, sind zahlreiche Bischöfe und Kardinäle derselben Konfession bzw. Kirche ganz anderer Ansicht. Und so weiter und so fort ....

Das Christentum beansprucht absolute Gewissheit für seine moralischen Positionen

Im 7. und 8. Kapitel habe ich den klassisch-christlichen Begründungsansatz skizziert und seine (fehlende) Plausibilität diskutiert. An diesem Punkt haben wir es beim Christentum mit einer signifikanten und fatalen Diskrepanz zu tun. Auf der einen Seite ist die Behauptung, es gebe einen Gott mit bestimmten Eigenschaften auf Basis rationaler Argumentation nicht plausibel zu machen, schon gar nicht zu begründen. Auf der anderen Seite behauptet das Christentum die absolute Wahrheit und Gewissheit der gesamten Bibel. Diese Position wird zwar in Bezug auf die darin enthaltenen pseudo-naturwissenschaftlichen Thesen mittlerweile (bei uns) nicht mehr offensiv vertreten. Für normative Fragen und bestimmte Glaubensinhalte wie die Auferstehung, die Jungfrauengeburt oder die Transsubstantionslehre steht ein „offizieller" Rückzieher aber noch aus. Deren Gewissheit wird als Glaubensgewissheit verstanden, als eine Art felsenfester und gerade nicht intersubjektiv prüfbarer Erkenntnis. Um Missverständnisse zu vermeiden: Es handelt sich hier tatsächlich um die Kombination der Behauptung absolut sicherer, unerschütterlicher Erkenntnis mit der ebenso klaren Behauptung, diese könne prinzipiell nicht intersubjektiv geprüft werden, sei grundsätzlich der Methodik intersubjektiver Prüfung nicht zugänglich! Damit ist aber der „Highway to Hell" beschritten.

In Verbindung mit der (tatsächlich) unbestreitbaren Tatsache, dass Christen zu allen Zeiten und an allen Orten nicht miteinander vereinbare moralische Positionen für absolut gewiss halten, ist das Fundament für eine umfangreiche Kriminalgeschichte gelegt. Welche „Begründung" gibt es denn für das, woran ich als Christ glaube? Ich glaube aufgrund göttlicher Offenbarung in Form einer Heiligen Schrift, oder aufgrund einer persönlichen Interaktion mit Gott, z. B. im Rahmen von Gebet oder Gewissenserforschung. Mein Kriterium dafür, Gott und seine Botschaft richtig verstanden zu haben, ist in letzter Analyse also das Gefühl der absoluten Sicherheit, der absoluten Zweifelsfreiheit. Es ist für einen gläubigen Christen kaum vorstellbar, auf diese erkenntnistheoretischen Ansprüche zu verzichten. Wie sonst könnte er seine Ansichten gegenüber möglichen Alternativen auszeichnen und als wahr „begründen"? In sich stimmig ist diese christliche Erkenntniskonzeption. Natürlich wird ein allmächtiger und allgütiger Gott wollen, dass ich seine Botschaft richtig verstehe und dass ich Wahrheit von Irrtum unterscheiden kann. Es ist nicht anzunehmen, dass er mich bei wichtigen Fragen regelmäßig foppt und aufs Glatteis führt. Das aber würde er, wäre dieses Gefühl der absoluten Sicherheit, die Wahrheit erkannt zu haben, systematisch unzuverlässig. Ein allgütiger Gott kann das also nicht zulassen! Ein Verzicht auf die Erkenntnisquelle dieser Glaubensüberzeugung würde den gläubigen Christen auf intersubjektive Begründungsansätze verweisen – und die funktionieren für religiöse Inhalte schlicht und einfach nicht. Kurz: Sein Glaube wäre dann ohne jeden Wahrheitsanspruch und somit ohne jeden Anspruch.

Welche Erklärung gibt es aber unter diesen Bedingungen für Irrtum bzw. dafür, dass andere (skandalöserweise) das Gegenteil von dem behaupten, was ich z. B. in Zwiesprache mit Gott als absolut sichere Wahrheit erkannt habe? Entweder hat Gott den Geist dieser Menschen verwirrt, z. B. weil er möchte, dass sie sich an Falschheiten orientieren. Ein naheliegender Grund dafür findet sich an mehr als einer Stelle in der Bibel. Gott hat diese Menschen mit Blindheit geschlagen, um sie zu bestrafen.[211] Und vielleicht möchte er ja, dass ich zum Werkzeug seiner Strafe werde? Dafür waren und sind viele Christen erfahrungsgemäß gerne bereit – vor allem, wenn sie nach Zwiesprache mit Gott die absolute Gewissheit gewonnen haben, von ihm als strafende Instanz ausdrücklich berufen zu sein.

Falls Gott den Geist dieser Irrenden aber nicht verwirrt haben sollte, so unterliegen sie vielleicht einer Fehlwahrnehmung. Dann muss man halt mit ihnen reden, um sie auf den rechten Weg zu führen. Das Problem: Da im Rahmen der „christlichen Moral" vernünftige Argumentation kaum möglich ist, wird bloßes Reden sehr oft an dem Gefühl der absoluten Gewissheit aller Beteiligten abprallen. Dies vor allem, wenn die andere Seite mir mit gleichem emotionalen Engagement und gleicher Sicherheit, über die christliche Wahrheit zu verfügen, meinen Irrtum ausreden möchte. Kurz: Für diesen Fall gibt es keine Methode der intersubjektiven, argumentativ akzeptablen Klärung der strittigen Frage. Gewissheitsgefühl prallt auf Gewissheitsgefühl – und erfahrungsgemäß prallen dann auch sehr schnell die Köpfe aufeinander. Zahlreiche Religionskriege und Ketzertötungen zeugen davon. Und wenn das christlich inspirierte Gewissheitsgefühl ungebremst auf nüchterne säkulare Argumentation trifft, zeigt die Erfahrung auch, wie das ausgeht.

Vielleicht liegt aber gar keine Fehlwahrnehmung, sondern bewusste Täuschung, Manipulation, ein böser Plan vor? Dann ist Argumenta-

---

[211] Jahwe verblendet des öfteren Menschen, mit denen er gerne mal ein Hühnchen rupfen möchte, z. B. Pharao. Die in dieser Verblendung begangenen Untaten werden vom Allgütigen dann konsequent bestraft. Die Ägypter erwischt es in dieser Hinsicht ziemlich oft.

tion ja erst recht sinnlos und fruchtlos. „Die anderen" erkennen die Wahhreit ja, wollen sie aber nicht bekennen. Was für eine Schändlichkeit, was für eine Sünde, die heiligsten und tiefsten Wahrheiten – Gottes Wort – absichtlich zu leugnen oder zu verdrehen! Auch dieser Ansatz führt bei Abwesenheit restriktiver Rahmenbedingungen, z. B. eines säkularen Rechtsstaates, schnell und direkt zur nonverbalen Intervention. Dazu zähle ich auch vergleichsweise gewaltfreie Vorgehensweisen wie den Entzug der Lehrerlaubnis oder Zensur.

Kurz: Konflikte in Bezug auf Glaubensüberzeugungen sind einer intersubjektiven, rationalen Klärung nicht zugänglich. Es bleiben also nur der Weg radikaler Toleranz oder der Weg der nicht argumentativen Konfliktlösung. Wie facettenreich und brutal letzterer sein kann, dokumentiert die Kriminalgeschichte des Christentums in aller Ausführlichkeit. Und wie schwer es fällt, Toleranz zu üben angesichts der absoluten Gewissheit, selbst über die allerwichtigsten Wahrheiten zu verfügen, wissen wir auch. Auch dafür bietet die Geschichte des Christentums über Jahrhunderte hinweg eindrucksvoll-schreckliches Anschauungsmaterial.[212]

Die Erklärung, so seien die Menschen halt, deren freier Wille sei Schuld an dem ganzen Schlamassel und das Christentum könne nichts dafür, ist viel zu kurz gegriffen. Naturwissenschaften und Philosophie liefern die Gegenmodelle. Die zeitgenössische Esoterik übrigens auch! Was heißt das? Physik, Kosmologie oder Biologie sind keineswegs als monolithische Theoriegebäude zu verstehen. Auch dort gibt es Meinungsverschiedenheiten, grundsätzliche Differenzen, sowie ein hohes Maß an emotionalem Engagement auf Seiten der Forscher. Der zentrale Unterschied zur Religion des Christentums besteht darin, dass die Teilnehmer am Diskurs dieser Disziplinen bzw. der Naturwissenschaften über einen Kanon an intersubjektiven (!) Methoden und Vorgehensweisen verfügen, um offene Fragen zu klären. Galileis Thesen wur-

---

212 Zwei lehrreiche Detailstudien eines christlichen Autors dazu: Malcolm Lambert: **Geschichte der Katharer. Aufstieg und Fall der großen Ketzerbewegung.** Darmstadt 2001 (engl. Original 1998). Malcolm Lambert: **Häresie im Mittelalter. Von den Katharern bis zu den Hussiten.** Darmstadt, 2001 (engl. Original 1992).

den von der Kirche zensiert und verboten, er wurde bestraft. Newtons Thesen wurden später von einer besseren Theorie, der Einsteinschen, durch methodische Argumentation in ihrer Begrenzung erkannt und abgelöst. Ohne Zensur und ohne Strafe für die beteiligten Physiker. Die Anhänger Newtons haben auch keinen Krieg gegen die Vertreter der Relativitätstheorie ausgerufen (oder umgekehrt). Sie haben sich auch nicht gegenseitig aus der Gemeinschaft der Physiker ausgeschlossen. Darüber hinaus verfügen die Wissenschaften über einen offizell anerkannten Ethos der Toleranz. Meinungsverschiedenheiten werden nicht nur zugelassen, sondern sogar als förderlich für unser Erkenntnisstreben betrachtet. Unklarheiten, Dissonanzen, Anomalien dürfen nicht vertuscht werden. Die Fälschung von Daten ist ein schweres Vergehen. Kritische Fragen, Skepsis und Zweifel sind keine Sünden.[213] Niemand hat versucht, Russell mundtot zu machen, zum Widerruf zu zwingen oder gar zu bestrafen, weil er in Freges System die berühmte Antinomie gefunden hatte. Man hat nach der ersten Verblüffung einfach die Ärmel hochgekrempelt und sich daran gemacht, die Grundlagen der Mathematik zu verbessern. Absolut gewaltfrei.

Ähnliches gilt für die Philosophie. Wir verfügen über keinen Kanon an experimentellen Methoden – aber diskutiert wird bis zur körperlichen, geistigen und emotionalen Erschöpfung. Bisweilen sogar bis zur tiefsten Verzweiflung aller Beteiligten. Auch hier herrscht natürlich keine Einheitlichkeit der Meinungen und Positionen. Es gibt aber anerkannte Vorgehensweisen: Definitionslehre und Logik, die Präzisierung von Argumentformen, die genaue Textexegese gehören zu unserem Handwerkszeug. Fragetabus darf es keine geben. In gewisser Weise ist heute noch das sokratische Ideal die Leitidee der Philosophie: Stelle auch und gerade die (vermeintlichen) Selbstverständlichkeiten auf den Prüfstand kritischen Nachdenkens! Kurz: Sowohl die Wissenschaften als auch die Philosophie lösen ihre Meinungsverschiedenheiten ohne Gewalt und Unterdrückung, ohne Kriege, Zensur, Lehrverbot und Zwangsmissionierung.

---

213 Der Philosoph Karl Popper betont diese Aspekte und ihre wichtige Rolle in den Wissenschaften immer wieder, z. B. in Karl Popper: **Conjectures and Refutations**. London, 1963.

9. Kapitel

Wie sieht es bei Astrologie, Tarot und der Esoterik insgesamt aus? So bunt und verrückt dieses Sammelsurium auch sein mag – Absolutheitsansprüche werden kaum erhoben. Falls doch, werden sie nicht institutionell verteidigt. Der Grundtenor ist ein anderer. Man wird „als Suchender" eingeladen auszuprobieren, „was einem gut tut und weiterhilft". Wenn einem das Tarot nichts sagen kann, probiert man es halt mit dem Pendel oder einer Rückführung, gerne ins alte Ägypten. Dort war man in einem früheren Leben mindestens von hohem Adel, meistens sogar Prinz oder Prinzessin – und das ist doch was Schönes. Kloakenreiniger oder Sklaven werden übrigens so gut wie nie wiedergeboren. Wie dem auch sei: Gewissheitsansprüche werden in der Esoterik zwar erhoben, aber nur ganz selten verbiestert verteidigt. Ob der Grund dafür in einer tief verwurzelten Toleranzmoral oder in der Einsicht liegt, feindselige Grundsatzdebatten seien schlecht für das Geschäft, mag der Leser selbst entscheiden. Aber: Auch dort geht es ohne Gewalt.

Mein Fazit: Das christliche Gebräu aus der unbestreitbaren Wichtigkeit normativer Fragen, eines intersubjektiv nicht überprüfbaren, aber absoluten Gewissheitsanspruchs und das Fehlen jeder rationalen Methode zur Lösung von Meinungsdifferenzen erklärt zu einem guten Teil die Dynamik hinter der in weiten Teilen unfriedlichen und intoleranten Geschichte des Christentums. Diese Religion verfügt nicht über die Möglichkeiten, Meinungsverschiedenheiten rational und vernünftig zu lösen. Und der Anspruch auf absolute Gewissheit in den so wichtigen Glaubens- und Moralfragen macht es sehr schwer, substantielle Toleranz zu entwickeln. Ein aussagekräftiges und anschauliches Beispiel dafür liefern uns die beiden großen christlichen Kirchen in Deutschland. Eine so triviale und angesichts der Übel und Probleme dieser Welt völlig unbedeutende Angelegenheit wie ein gelegentlicher gemeinsamer Gottesdienst wird bereits als Heldentat christlicher Toleranz und Zeichen radikaler Offenheit verkauft. Zu mehr hat es bis heute nicht gereicht.

Das Märchen von den christlichen Grundlagen unserer Gesellschaft

Oft und gerne wird behauptet, unsere Gesellschaft ruhe auf christlichen Werten und Traditionen, unsere politische Kultur sei stark oder sogar dominant durch christliche Einflüsse geprägt. Diese These halte ich für genauso falsch wie die vom friedlichen und toleranten Christentum. Um sie zu prüfen, stelle und beantworte ich folgende Fragen: Von welchen christlichen Werten ist eigentlich die Rede? Welche Werte oder Normen sind für unsere Gesellschaft bzw. unsere politische Kultur tatsächlich prägend? Handelt es sich dabei um christliche Werte oder entstammen sie anderen Quellen? Hat sich das Christentum in seiner Geschichte für diese Werte eingesetzt oder war es eher dagegen?

Von welchen christlichen Werten ist eigentlich die Rede?

Die Antwort darauf ist so einfach wie nichtssagend und dem Leser mittlerweile bekannt: Irgendwie ist alles ein christlicher Wert, was man dafür halten mag. Ansonsten weiß man nichts Genaues. Der konjunktivgetränkte Versuch bei Wikipedia, diese Werte näher zu bestimmen, ist recht unterhaltsam zu lesen und veranschaulicht das Problem in aller Deutlichkeit:

> Christliche Werte wird als Begriff auf Wertvorstellungen angewendet, denen ein Bezug zum Christentum unterstellt werden soll. Dies kann im Rahmen der theologischen Ethik zu begründen versucht werden (damit ist auch die Forderung verbunden, dass der christliche Glaube die Grundlage für soziales Handeln und soziale Normen bilden sollte), aber es wird auch in der politischen Rhetorik als Schlagwort gebraucht, oftmals ohne tiefergehende theologische Analyse. Wie auch im Christentum selbst unterschiedliche theologische, ethische und exegetische Schwerpunktsetzungen vorhanden sind, so gibt es auch unterschiedliche ethische, moralische und religiöse Aspekte eines im christlichen Glauben verankerten oder in diesen integrierbaren Werteverständnisses. Darüber hinaus unterliegen auch die Werte der Kirchen selbst

dem Wertewandel. Ein allgemein akzeptiertes, in heutiger Terminologie genau konkretisiertes Verzeichnis christlicher Werte ist daher kaum realisierbar.[214]

Welche Werte oder Normen sind für unsere Gesellschaft bzw. unsere politische Kultur tatsächlich prägend?

Im ersten Schritt möchte ich die Fragestellung präzisieren. Natürlich war das Christentum in unserer Geschichte sehr einflussreich und in diesem empirischen Sinne prägend für die Gegenwart. Und natürlich sind die Folgen dieser historischen Einwirkungen – ob positiv oder negativ – heute noch vorhanden oder zu erkennen. Das gilt aber genauso für zahlreiche andere Faktoren. Auch die Hohenzollern und Wittelsbacher, Turnvater Jahn und Sepp Herberger, die Familien Daimler, Siemens und Mann, Russland, Frankreich und die USA, Sozialismus und Nationalsozialismus usw. haben unsere Geschichte beeinflusst und ihre Spuren hinterlassen. Die Frage sollte also besser so gestellt werden: Welche Werte oder Normen sind die Leitideen unserer Gesellschaft bzw. unserer politischen Kultur? Anders ausgedrückt: An welchen Werten orientieren wir uns als Ideal?

Betrachtet man die europäische Geschichte der letzten Jahrhunderte, so ist die These sehr plausibel, die ich am Anfang des ersten Kapitels formuliert habe: Historisch gesehen besteht Europas größte zivilisatorische Leistung in der Säkularisierung von Staat, Gesellschaft und individueller Lebensführung. Es ist uns im Laufe der letzten Jahrhunderte und vor allem Jahrzehnte gelungen, Religion als dominantes Element unserer Zivilisation weitgehend zu entmachten.

Hinter dieser Entwicklung weg von der Religion stehen die eigentlich bestimmenden Werte für unser heutiges Selbstverständnis als Bürger und moralisch Verantwortliche. Sie entstammen der Aufklärung. Die beiden Grundpfeiler, auf denen das normative Konzept des liberalen

---

214 Wikipedia: Stichwort „Christliche Werte".

Rechts- und Verfassungsstaates ruht, sind zum einen die individuelle Freiheit und moralische Eigenverantwortlichkeit jeder einzelnen Person. Zum anderen die grundsätzliche normative Gleichheit aller Personen, also ein Recht und eine Moral, die frei sind von Privilegien und Diskriminierung. Diese Gedanken führen zum Konzept einer offenen, pluralistischen und toleranten Gesellschaft. Moralischer und staatlicher Zwang kann und darf auf jemand nur dann ausgeübt werden, wenn die Freiheit anderer Personen durch ihn oder sein Verhalten signifikant gefährdet ist oder tatsächlich verletzt wurde. Oder wenn deren prinzipielle normative Gleichwertigkeit angegriffen wurde. Der nächste Aspekt ist so wichtig wie oftmals in seiner Bedeutung unterbewertet: Staatliche Eingriffe müssen argumentativ sauber begründet werden – und zwar auf Basis von individueller Freiheit und normativer Gleichheit. Konkret heißt das, dass das Recht auf freie Lebensgestaltung, verschiedene Handlungsfreiheiten und intellektuelle Freiheiten Mittel zum Zweck sind, jedem Einzelnen Freiraum zu sichern, um das eigene Leben an den eigenen Wertvorstellungen und Idealen auszurichten. Gerade das Recht auf Glaubens- und Religionsfreiheit spielt dabei eine wichtige Rolle. Genau wie der Gedanke der klaren Trennung von Staat und Religion.[215] Unsere Verfassung bringt diese Leitideen in ihrem Bezug auf die Menschenwürde und die ersten 20 Artikel relativ klar zum Ausdruck. Dabei ist uns allen bewusst, dass die Umsetzung dieser Leitideen sicher nicht perfekt gelungen ist und wohl auch nie vollkommen gelingen wird. Umso wichtiger ist es, sie nie aus den Augen zu verlieren und sich immer wieder an ihre Bedeutung zu erinnern.

Um die Diskussion der nächsten Abschnitte vorzubereiten, möchte ich auch kurz erläutern, was nicht mit diesen Leitideen vereinbar ist. Privilegien für bestimmte Religions- oder Glaubensgemeinschaften sind damit ebensowenig vereinbar wie eine generell privilegierte Stellung von Religion per se, religiöser Gruppen oder Institutionen. Das heißt konkret, dass deren handfeste finanzielle Förderung aus Steuermitteln

---

215 Andreas Edmüller: **Plädoyer für die Freiheit und gegen die Gleichheit**. Amazon (KDP), 2013.

dem Kern unserer Leitwerte widerspricht. Es heißt auch, dass rechtliche Sonderstellungen für religiöse Institutionen kaum zu begründen sein dürften. Christliche oder islamische Einrichtungen haben sich, z. B. im Bereich des Arbeitsrechtes, an denselben säkularen Gesetzen zu orientieren wie alle anderen auch. Schließlich bedeutet es, dass keine Religion Anspruch darauf hat, ihre Inhalte, z. B. bestimmte Moralvorstellungen, in die Gesetzgebung oder Rechtssprechung einfließen zu lassen. Legislative und Judikative haben die Pflicht, ihre Entscheidungen auf Basis der säkularen Verfassung und Gesetze zu treffen und zu begründen. Religiöse Befindlichkeiten dürfen dabei, wenn überhaupt, nur eine stark untergeordnete Rolle spielen. Konkret: Es ist überhaupt nicht zu sehen, warum z. B. eine eheliche Partnerschaft nach christlichen, islamischen oder jüdischen Ideen in irgendeiner Weise vom Staat privilegiert werden sollte und dürfte.

Handelt es sich dabei um christliche Werte oder entstammen sie anderen Quellen?

Diese Frage lässt sich schnell und eindeutig beantworten. Die Beliebigkeit der „christlichen Moral" stellt sicher, dass man irgendwie irgendeinen Zusammenhang der Leitideen unserer politischen Kultur mit der Bibel herstellen kann. Die Betonung liegt dabei auf „irgendwie" und „irgendeinen". Nur: Gleiches gilt, wie gesehen, für die Leitideen jeder anderen politischen Ordnung, die wir bisher in Europa hatten. Und somit ist dieser Zusammenhang, falls er sich tatsächlich finden lassen sollte, von recht trivialer Bedeutung. Zudem dürfte eines klar sein: Es ist sehr leicht, auf Basis der Bibel absolutistische und ständestaatliche Ordnungen zu begründen und eine religiös einheitlich durchgestaltete Gesellschaft zu fordern, in der religiöse Riten eine wichtige Rolle spielen. Diese Begründungen, ausgearbeitet über Jahrhunderte hinweg von den klügsten Köpfen und besten Theologen der Christenheit, kann man nicht einfach als Irrtum oder zeitalterbedingte geistige Fehlleistung wegwischen. Sie stellen die mit Abstand stärkste christliche Tradition zu Fragen der politischen Gerechtigkeit und Moral dar. Und von Säkularisierung, Freiheit und Gleichheit ist da nirgendwo die

Rede. Genausowenig wie in den zahlreichen Abhandlungen, in denen von christlichen Theologen messerscharf und in aller Ausführlichkeit die tiefe Wesensverwandtschaft von Nationalsozialismus und Christentum „bewiesen" wurde.

Wesentlich klarer, eindeutiger und stärker ausgeprägt ist die Traditionslinie, die unsere Leitwerte, also Säkularisierung, individuelle Freiheit und normative Gleichheit mit der Aufklärung verbindet. Wichtige intellektuelle Wegmarken sind die Werke eines Thomas Hobbes, der klar und entschlossen die Irrelevanz der Religion für Fragen von Moral und staatlicher Gerechtigkeit vertreten hat, die politische Konzeption eines Rousseau, der den freiheits- und gleichheitsbasierten Rechtsstaat entwirft und die Werke von David Hume, der das Phänomen der Religion in mehr als einer Hinsicht „entzaubert".[216] Die zentralen politischen Ereignisse wiederum sind die amerikanische und die französische Revolution. Das sind die tatsächlichen intellektuellen und politischen Quellen unserer Leitideen: Die Aufklärung und die beiden großen Revolutionen des 18. Jahrhunderts.

Hat sich das Christentum für diese Werte eingesetzt oder war es dagegen?

Der entschlossene Kampf weiter Teile des Christentums gegen Aufklärung, Säkularisierung und die damit verknüpften Werte ist bekannt und historisch einwandfrei dokumentiert. Ich möchte noch einmal an den Kommentar des christlichen Sozialethikers Friedhelm Hengsbach zur Papstrede im Bundestag erinnern:

---

216 Dieses Verständnis der Philosophie Rousseaus vertrete ich in Andreas Edmüller: **Rousseaus politische Gerechtigkeitskonzeption.** Zeitschrift für philosophische Forschung Band 56 Hrsgg.: Ottfried Höffe mit Christif Rapp). Heft 3, Juli – September 2002.

9. Kapitel

Die Menschenrechtsideen und ihre Realisierung aus dem christlichen Schöpferglauben abzuleiten, gelingt wohl nur mit Hilfe einer Geschichtsklitterei, die den erbitterten kirchlichen Widerstand verklärt.[217]

Der Kampf gegen die säkularen Wissenschaften ist eine der ausgeprägtesten Traditionslinien des Christentums der letzten Jahrhunderte. In den USA tobt diese Schlacht noch immer; der Feind sind nach wie vor Kosmologie, Physik und Biologie.[218] Gleiches gilt für die normative Ebene. Individuelle Freiheit – auch der Bereich der Sexualität gehört dazu –, Gleichheit vor dem Recht, eine tolerante und offene Gesellschaft: Wann und wo haben sich denn starke christliche Strömungen oder Organisationen dauerhaft und konsequent für diese Werte eingesetzt? Wo sind denn in unserer Geschichte die christlichen Bestrebungen für die Gleichberechtigung von Frauen und Homosexuellen, für eine offene Gesellschaft nachzuweisen?[219]

In Deutschland haben die christlichen Kirchen und die Mehrzahl ihrer Gläubigen erst nach dem 2. Weltkrieg ihren Frieden mit diesen Leitideen der Aufklärung gemacht. Durchaus widerwillig – es blieb nach ihrem mehrheitlichen moralischen Versagen in der Weimarer Republik und dem Dritten Reich auch kaum eine andere Wahl. Man hat sich halt, wie meistens, auch mit der Bundesrepublik arrangiert. Diese Haltung sollte man nicht mit glühender Begeisterung für Freiheit, Gleichheit und Toleranz verwechseln. Das zeigt bereits der EU-interne Blick nach Ungarn. Dort sind die einflussreichsten christlichen Kirchen in Zusammenarbeit mit Premierminister Orbán gerade wieder einmal dabei, das Recht auf Glaubens- und Religionsfreiheit

---

217 Friedhelm Hengsbach: **Mit der Arroganz des Vatikans.** Süddeutsche Zeitung, 25. 9. 2011.

218 Einen exzellenten Einblick in den Irr- und Aberwitz dieser „Debatten" verdanken wir Richard Dawkins: **Der Gotteswahn.** Berlin, 2008 (engl. Original 2006).

219 Eine ausgewiesene theologische Expertin wie Uta Ranke-Heinemann kann sie jedenfalls nicht finden.

massiv einzuschränken – und die Pressefreiheit gleich mit.[220] An der Lauterkeit ihres christlichen Gewissens und ihrer unerschütterlichen Überzeugung, damit Gottes Werk zu tun, zweifle ich nicht.

Mein Fazit: Die Behauptung, die Leitideen unserer Gesellschaft und politischen Kultur würden dem Christentum entstammen, ist ideengeschichtlich grundfalsch. Wir verdanken sie der Aufklärung und deren mutigem und langem Kampf gegen das Christentum. Eine nennenswerte Verbindung der christlichen Religion mit diesen Leitideen gibt es bei uns erst seit Ende des 2. Weltkrieges. In anderen Ländern, wie in den USA, kann davon immer noch nicht die Rede sein – zu stark sind dort die christlichen Strömungen, die nach wie vor alles radikal ablehnen, was mit Aufklärung und Säkularisierung zu tun hat.

Weitere Säkularisierungsschritte

In diesem Buch geht es mir nicht darum, die Folgen meiner grundsätzlichen Kritik an der christlichen Religion für sämtliche politischen Alltagsfragen zu entwickeln. Mir geht es hier um Grundsätzliches. Ich glaube zudem, es dürfte klar sein, wie ich im konkreten Einzelfall argumentieren würde. Deshalb beschränke ich mich darauf, die meiner Meinung nach wichtigsten nächsten Schritte des Projektes der Säkularisierung kurz und knapp zu skizzieren.

Die Säkularisierung unserer Universitäten und Schulen

Es gibt keinen vernünftigen Grund, theologische Fakultäten an Universitäten aus Steuermitteln zu finanzieren. Die Lehrstühle, an denen ernsthaft historisch oder sprachwissenschaftlich gearbeitet wird, sollte man den entsprechenden anderen Fakultäten zuordnen. Lehrstühle,

---

220 Andreas Meyer-Feist: **Kritik an Ungarns neuem Kirchengesetz. Fast 100 Glaubensgemeinschaften haben Status als anerkannte Kirche verloren.** www.deutschlandfunk.de/kritik-an-ungarns-neuem-kirchengesetz.795.de.html?dram:article_id=119550.

an denen Glaubensdogmatik oder „Moraltheologie" betrieben wird, haben mit Wissenschaft und seriösem Erkenntnisstreben nicht einmal im weitestmöglichen Sinne zu tun und sind Restbestände vergangener Kirchenmacht.[221] Deshalb sollten sie nach Ablauf der bestehenden Verträge mit dem Lehrpersonal aufgelöst werden. Das Argument, es gebe in Deutschland sehr viele gläubige Christen, für die „moraltheologische Forschung" bzw. die Ausbildung von Priestern sehr wichtig sei, ist nicht haltbar. Schließlich lesen auch jeden Tag Millionen und Abermillionen Menschen ihr Horoskop und glauben mehr oder weniger stark und reflektiert an die Astrologie.[222] Diese Bevölkerungsgruppe hätte sicher auch gerne an der Universität ausgebildete Diplomastrologen, Diplompendler und Diplomtarotleger. Erkenntnistheoretisch sitzen Christentum und Astrologie im selben Boot. Belastbare rationale Begründungen gibt es für keines dieser Glaubenssysteme; beide beruhen auf Tradition und subjektiver Glaubensgewissheit. Das reicht für einen Platz an der Universität aber nicht aus. Anders ausgedrückt: Warum haben wir eigentlich keine Lehrstühle für Astrologie (oder Tarot und Pendeln) an der Ludwig-Maximilians-Universität in München oder der Humboldt-Universität in Berlin?

Zudem sollten sämtliche Konkordatslehrstühle abgeschafft bzw. von kirchlicher Mitsprache bei der Besetzung befreit werden. Das Recht der katholischen Kirche, bei deren Besetzung mitzureden, ist nichts anderes als ein moralisch ausgesprochen fragwürdiges Relikt vergangener Macht, das unter anderem 1933 von Adolf Hitler bestätigt und ausgebaut wurde. Vermutlich geschah dies als Dank für die handfeste vatikanische Unterstützung des Nationalsozialismus zu dessen Machtergreifung (aus der Hoffnung des Vatikans geboren, den Nationalso-

---

221 Zu den Glaubensdogmen des Christentums habe ich in diesem Buch wenig gesagt. Eine so kompetente wie ausführliche Analyse dazu liefert Heinz-Werner Kubitza: **Der Dogmenwahn: Scheinprobleme der Theologie. Holzwege einer angemaßten Wissenschaft.** Marburg, 2015. Sehr zu empfehlen ist auch Kurt Flasch: **Warum ich kein Christ bin: Bericht und Argumentation.** München, 2013.

222 Das tägliche Horoskop der Bildzeitung ist im Vergleich zur „christlichen Moral" allerdings das reinste Präzisionsinstrument. Überdies sind keine Fälle bekannt, in denen darin zu Gewalt und Diskriminierung aufgerufen würde.

zialismus gegen die eigenen Gegner instrumentalisieren zu können).[223] Einerseits betont die katholische Kirche immer wieder ihre Aufgabe als moralischer Mahner und Bewahrer, ihre Stellung als herausragende moralische Instanz. Dies vor allem angesichts der unbändigen Gefahren eines moralischen Relativismus, der angeblich in der säkularen Gesellschaft immer schneller um sich greife. Ganz zu schweigen natürlich von der zunehmenden Verbreitung der Geschichten um Harry Potter. Andererseits schämt sie sich nicht, immer noch die Vorteile ihrer Zusammenarbeit mit Adolf Hitler und dem Nationalsozialismus in Anspruch zu nehmen. Vielleicht schämt man sich aber (endlich) doch wenigstens ein bisschen? Seit 2013 verzichten die katholischen Bischöfe offiziell darauf, von ihrer Mitsprache bei der Stellenbesetzung der Konkordatslehrstühle Gebrauch zu machen. Wie edel und weltoffen – warum geben sie eigentlich nicht ganz die Bindung dieser Lehrstühle an die Kirche auf? Wäre das nicht schlicht und einfach ein Gebot der Anständigkeit und Redlichkeit?

Auf Religionsunterricht, der Schüler zu Christen erziehen soll, ist selbstverständlich zu verzichten. In den Geschichtsunterricht gehören die religionsbezogenen historischen Themen wie die nach Rolle und Einfluss des Christentums in verschiedenen Epochen der Geschichte. In den Ethik-, Politik-, oder Sozialkundeunterricht gehört eine Sensibilisierung für die Varianten und Möglichkeiten vernünftigen normativen Diskurses: Welche Moralsysteme und Gerechtigkeitskonzeptionen gibt es? Worin unterscheiden sie sich? Wie sind sie zu begründen? Eine Sonderbehandlung des Christentums und seiner „Moral" im Lehrplan kann nicht sinnvoll gefordert werden. Deren normative Inhalte sind ja beliebig und führen letztlich zu einem verantwortungslosen und irrationalen moralischen Relativismus, dessen fatale Folgen die Geschichte lehrt. Dafür brauchen wir wirklich keinen Unterricht.[224]

---

223 Karlheinz Deschner: **Mit Gott und den Faschisten. Der Vatikan im Bunde mit Mussolini, Franco, Hitler und Pavelic.** Stuttgart, 1965. Wikipedia: Stichwort „Bayerisches Konkordat (1924).

224 Dies ist auch ein Anliegen von Richard Dawkins: **Der Gotteswahn.** Berlin, 2008 (engl. Original 2006). Kapitel 9: Kindheit, Kindesmisshandlung und wie man der Religion entkommt.

9. Kapitel

Die Säkularisierung unseres Rechtssystems

Welche Begründung kann es in einem säkularen Rechtsstaat geben, der dem Ideal religöser Neutralität verpflichtet ist, über staatliche Finanzämter die Kirchensteuer für einige Kirchen einzuziehen? Die Antwort ist klar: Keine. Deshalb ist dieses Privileg gewisser Kirchen und Religionen so schnell wie möglich abzuschaffen. Und bei der Gelegenheit könnte man auch gleich den Paragrafen zur Religionsbeschimpfung streichen.[225] Oder – will man konsequent und konsistent sein – neue Verbote zum Thema Beschimpfung von Astrologie, Pendel, Tarot, Borussia Dortmund, Schalke 04 usw. in unser Strafgesetzbuch aufnehmen. Die Regeln und Gesetze, die wir für Meinungsfreiheit und Satire haben, sind in diesem Zusammenhang völlig ausreichend.

Gleiches gilt für das restriktive und diskriminierende „christliche Arbeitsrecht" für Einrichtungen in kirchlicher Trägerschaft. Solange deren Etat sich zum allergrößten Teil oder ganz aus Steuermitteln zusammensetzt, sollte selbstverständlich auch für deren Mitarbeiter der Schutz vor Diskriminierung und das Recht auf Glaubens- und Meinungsfreiheit gelten. Es ist nicht zu begründen, warum ich als Steuer- oder Beitragszahler „christliche" Kindergärten oder Krankenhäuser mitfinanzieren muss, die eine Scheidung oder einen Kirchenaustritt als Kündigungsgrund betrachten.

Und schließlich ist nicht zu erkennen, warum die Gehälter von Bischöfen und anderem Kirchenpersonal aus Steuermitteln bezahlt werden sollen. Auch das ist ein Relikt aus einer Zeit, die zum Glück überwunden ist und hoffentlich nie, nie wieder kommen wird.

---

225 Paragraf 166, Strafgesetzbuch.

Die Säkularisierung der „christlichen Moral"

Ich kann und möchte bei aller Kritik an dieser Religion und ihren normativen Ansprüchen selbstverständlich niemandem sein Recht auf Glaubens- und Religionsfreiheit beschneiden oder gar nehmen. Nichts liegt mir als überzeugtem Liberalen ferner. Wenn eine Regierung versuchen würde, die Ausübung der christlichen Religion einzuschränken oder gar zu verbieten, stehe ich auf der Seite der Christen und gehe mit ihnen auf die Straße. Versprochen. Der säkulare Rechtsstaat darf sich nicht gegen gläubige Menschen und Religionen richten. Er darf sie aber auch nicht aktiv fördern. Glaube und Religion sind Privatsache, kein staatlich zu zensierendes oder zu förderndes Anliegen.

Ich habe schon mehrfach darauf hingewiesen, wie weit das Christentum (bei uns) schon säkularisiert und entschärft wurde. Falls Sie, lieber Leser, gläubiger Christ sind und das Buch bis hierher gelesen haben, habe ich ein Kompliment und eine Frage für Sie. Zuerst meine Anerkennung: Ihre Nehmerqualitäten sind herausragend. Nun die Frage: Was spricht eigentlich für gläubige Christen dagegen, die säkulare Moral und deren Kerninteressen konsequent als Interpretationsfilter für ihre „christliche Moral" einzusetzen?

Heinz-Werner Kubitza

Der Dogmenwahn. Scheinprobleme der Theologie
Holzwege einer angemaßten Wissenschaft

2015, 400 Seiten
Hardcover
19,95 € [D] / 20,60 € [A]
ISBN 978-3-8288-3500-9

Die Theologie steht an Universitäten unter Denkmalschutz. Und wenig hilfreich scheinen auch die Beiträge zu sein, die die Theologie zu einer modernen Weltsicht beisteuern kann. Denn wo andere Fakultäten seit der Aufklärung die Welt real verändert haben, wird es in der Theologie schon als Innovation gefeiert, wenn ein alter Holzweg von Zeit zu Zeit mit viel verbalem Aufwand wieder frei geräumt oder eine neue Schule begründet wird.

Ist die Theologie als „gläubige Wissenschaft" nicht eigentlich ein Relikt aus längst vergangener Zeit? Und was bedeutet es für das Ansehen einer Universität, wenn sie ein Fachgebiet in ihren Reihen duldet, dessen Vertreter nicht einmal in der Lage sind, ihren Gegenstand nachzuweisen? Womit beschäftigen sich Theologen an staatlichen Universitäten überhaupt?

Heinz-Werner Kubitza, selbst „gelernter Theologe", macht sich auf in die Parallelwelten aktueller Dogmatiken und spürt den verschlungenen Denkwegen „moderner" Universitätstheologen hinterher. Kubitza benennt das Elend der Theologie, die Scheinprobleme und Scheinlösungen einer an Bibel und theologische Tradition gefesselten und selbsternannten Wissenschaft, die sich zwangsläufig immer wieder in innere Widersprüche verstricken muss und der es unmöglich ist, sich aus den theologischen Fesselspielen aus eigener Kraft wieder zu befreien. Und der Leser staunt, welche absurden Denkwege hoch gehandelte Theologen auch heute noch weitgehend kritiklos beschreiten, und wie sie verzweifelt versuchen, den löcherigen Kahn der Theologie schwimmfähig zu halten.

Dr. theol. Heinz-Werner Kubitza ist Inhaber des Tectum Wissenschaftsverlags in Marburg. Er ist u. a. Autor des Buches *Der Jesuswahn. Wie sich die Christen ihren Gott erschufen. Die Entzauberung einer Weltreligion durch die wissenschaftliche Forschung*. Kubitza ist Mitglied im Beirat der Giordano-Bruno-Stiftung, die sich für Aufklärung und eine humanistische Ethik einsetzt.

Hubertus Mynarek

Papst Franziskus
Die kritische Biografie

2015, 336 Seiten
Hardcover
19,95 € [D] / 20,60 [A]
ISBN 978-3-8288-3583-2

Die Begeisterung für Papst Franziskus scheint kaum Grenzen zu kennen. Seine im Vergleich zu seinem Vorgänger ungezwungene und sympathische Art nötigt selbst Kirchenfernen eine gewisse Bewunderung ab. Und Gläubige wollen in ihm einen Reformator oder gar einen religiösen Revolutionär sehen. Wo bleiben da die kritischen Stimmen?

Hubertus Mynarek bietet mit seinem Buch eine echte Alternative zu den zahlreichen unkritischen Papstbüchern. Ausgehend vom Werdegang Franziskus' fragt Mynarek: Wer ist und woher kommt dieser Papst? Was denkt er und was ist von ihm zu erwarten? Und finden sich bei ihm wirklich Ansätze zu einer Veränderung? Oder ist dieser Papst doch nur ein Kind der Medien und von Wunschbildern, die Gläubige nach der eher spröden Amtszeit von Benedikt XVI. an ihn herantragen?

Mynareks Antworten auf diese Fragen machen sein Buch über Franziskus zu einer spannenden, ehrlichen und echten Alternative zu den vielen Lobeshymnen auf diesen Papst.

Prof. Dr. Hubertus Mynarek war Dekan der Katholisch-Theologischen Fakultät der Universität Wien. Er hatte eine glänzende Zukunft, auch in der Hierarchie der katholischen Kirche vor sich. Es bedeutete einen peinlichen Skandal für die katholische Kirche, als er 1972 als erster Universitätsprofessor der Theologie im zwanzigsten Jahrhundert aus Gewissensgründen aus der katholischen Kirche austrat. Mynarek ist Autor von über vierzig Werken zu einer breiten Palette weltanschaulicher, philosophischer, theologischer, ökologischer und kultureller Themen. Er ist Mit-Herausgeber der renommierten Philosophie-Zeitschrift *Aufklärung und Kritik* und Träger des Sir-Karl-Popper-Preises für Verdienste um die Offene Gesellschaft.

Harald Specht

Das Erbe des Heidentums

Antike Quellen des christlichen Abendlands

2015, 700 Seiten
Paperback
22,95 € [D] / 23,60 [A]
ISBN 978-3-8288-3561-0

Das „Abendland" hat sich aus uralten, längst vergessenen Quellen entwickelt. Der Sieg des Christentums über heidnische Kulte, Mysterienbünde und gnostische Religionsgemeinschaften, aber vor allem die unheilige Liaison von Staat und Religion führten zu einem jähen Bruch mit vielen dieser antiken Traditionen. Was okkulte Bruderschaften oder mysteriöse Orden wie Alchimisten, Rosenkreuzer und Freimaurer als „Arcanum" hüteten oder man als Geheimnis der Tempelritter vermutete, wurde aber seit der Antike unauffällig auch in den Werken der Wissenschaft, Literatur und Kunst als heidnisches Erbe tradiert. Künstler und Gelehrte der Renaissance und Vordenker der Aufklärung wurden so zu den wahren Hütern dieses Vermächtnisses. Die verborgene Symbol-Sprache ihrer Werke enthält unerwartete Hinweise auf einen lang gehüteten Wissensstrom, der die Entwicklung des Abendlands begleitete und unterschwellig die heidnischen Weltbilder und deren kosmologische, philosophische, naturwissenschaftliche und kulturelle Traditionen weiterführte. Doch welche Geheimnisse wurden über die Jahrhunderte bewahrt, um diese uralten Weisheiten und Erkenntnisse vor Vergessen und Vernichtung zu retten?

Was hat antike Himmelskunde mit Religion und biblischen Figuren wie Jesus, Johannes oder Maria zu tun? Welche heidnischen Wurzeln verbergen sich hinter unserem abendländischen Gedankengut bis hin zu den christlichen Feiertagen? Was verraten uns versteckte Botschaften in alten Kunstwerken, wie etwa im scheinbar harmlosen Schäferidyll „Et in Arcadia ego" des genialen Malers Nicolas Poussin? Eine Fülle ähnlicher Fragen führt Harald Specht auf eine spannende Reise von der Antike bis hin zum aufgeklärten Europa.

Harald Specht (Dr. rer. nat. et Dr.-Ing. habil.) ist Naturwissenschaftler und Autor. Neben mehr als 70 Fachpublikationen schrieb er auch Drehbücher, Filmkommentare, Romane und Sachbücher. Insbesondere durch sein viel besprochenes Buch *Jesus? – Tatsachen und Erfindungen* wurde er einer breiteren Leserschaft bekannt.

Burger Voss

Vom Anfang und Ende aller Dinge

Eine Entdeckungsreise durch die Geschichte der Wissenschaften

2015, 320 Seiten
Hardcover
19,95 € [D] / 20,60 [A]
ISBN 978-3-8288-3455-2

Wie entsteht das faszinierende Farbenspiel bei einem Sonnenuntergang? Wie sieht ein romantischer Abendhimmel auf dem Mars aus? Wie lang dauert eigentlich ein Moment? Was passiert mit uns, wenn wir Schmerz empfinden? Kann es eine zweite Erde geben? Und wenn ja, gibt es dort Leben?

Burger Voss lädt ein zu einem Streifzug durch die Geschichte der Forschung und macht Lust auf die Entdeckung der Geschichte unseres Planeten und des Universums. Von den ersten Biomolekülen bis zum Ende von Raum und Zeit – das Leben bietet viel Raum zum Staunen!

Ein leidenschaftliches Plädoyer für ein naturwissenschaftliches Weltbild und ein kluges und lehrreiches Buch!

Burger Voss' Einstieg in die Fragen der Kosmologie waren die Bücher von Hoimar von Ditfurth und Isaac Asimov. Er ist studierter Lebensmittelchemiker und verhinderter Astrophysiker. Seit nunmehr 20 Jahren trägt er beruflich den Laborkittel und beobachtet Tag für Tag die Schönheit der um uns wirkenden Naturgesetze. Er lebt mit Frau und Hund vor den Toren Hamburgs.